国家社科基金
后期资助项目
GUOJIA SHEKE JIJIN HOUQIZIZHU XIANGMU

社会治理的基层经验

——以北京市回天大型社区治理实践为例

Community Experience of Social Governance
Taking the Practice of Huitian Large Community
in Beijing as an Example

刘妮娜　著

社会科学文献出版社
SOCIAL SCIENCES ACADEMIC PRESS (CHINA)

国家社科基金后期资助项目
出版说明

后期资助项目是国家社科基金设立的一类重要项目，旨在鼓励广大社科研究者潜心治学，支持基础研究多出优秀成果。它是经过严格评审，从接近完成的科研成果中遴选立项的。为扩大后期资助项目的影响，更好地推动学术发展，促进成果转化，全国哲学社会科学工作办公室按照"统一设计、统一标识、统一版式、形成系列"的总体要求，组织出版国家社科基金后期资助项目成果。

全国哲学社会科学工作办公室

前　言

　　党的二十大报告指出，要"推进国家安全体系和能力现代化，坚决维护国家安全和社会稳定"。① 基层社会治理能够消弭风险、增进团结、改善民生，更好地满足居民的各类需求，建立动态均衡系统②，这是维护国家安全和社会稳定的基础。与过去相比，社会环境发生了重大变化，处于剧烈变动之中。一方面，中国全面建成小康社会，进入新发展阶段，人民的收入水平及受教育水平明显提高，人口素质不断提升；另一方面，新冠肺炎疫情加速了世界多极对抗的显化，人口急速老龄化、家庭小型化、市场经济和数字经济浪潮带来的冲击不断叠加，集体与个人、依赖与独立的矛盾导致人们的不安全感、不平衡感增加。在新的个体 - 环境互动中，人们对低成本、集体化、参与式、不虞匮乏的健康长久生存及安全稳定的工作和生活的需求将更加强烈。

　　那么，如何通过基层社会治理达到实现人民对美好生活的向往、维护基层社会和谐稳定的社会建设目标？营造能够容纳帮助基层社会互助自治成长并与政府和市场形成合作的动态均衡的环境可能是根本方式。历史地来看，中国自古就主张把民众看作社会发展的主体，只是当时更倾向于将其作为统治阶级维护自身统治的手段，如今则强调人民生活幸福与国家长治久安的辩证统一，在古代民本思想的基础上拓展出以人民为中心的人民逻辑。③ 不同于资本主义国家，中国作为社会主义国家，

---

① 习近平：《高举中国特色社会主义伟大旗帜　为全面建设社会主义现代化国家而团结奋斗——在中国共产党第二十次全国代表大会上的报告》，人民出版社，2022，第52页。

② 笔者认为，可以称人的需求满足状态为一种个体身心的均衡状态，是个体与外界环境互动产生的生存、交往、安全、尊重以及自我实现的生理和心理需求得到满足的均衡，这一均衡并非指所有需求都处于外溢式满足的状态，而是指每个方面的需求获得满足并且相互促进所形成的一种内心舒适富足的平衡状态。

③ 刘康：《习近平以人民为中心发展思想的逻辑阐释》，《河南大学学报》（社会科学版）2021年第5期；王丽平：《中国共产党人民至上的理论逻辑、历史逻辑和实现方式》，《新疆师范大学学报》（哲学社会科学版）2022年第3期。

其特色就在于可以通过党委领导、政府负责、居民自治、专业赋能、市场经营，建设以人民为中心、以满足人民日益增长的美好生活需要为根本目的的基层社会治理体系。系统思维和体系建设是社会建设的中国特色和中国底气，也是人民逻辑的根本体现。

从治理结构角度分析，笔者认为，党的领导、社会组织体系、新型市场经济、集体主义文化是基层社会治理体系建设的"四个轮子"（主要构成）。

首先，党的领导是基层社会治理体系建设的关键和主线。中国共产党具有总揽全局、协调各方的政治优势，党的领导能够有效推动社会整合。与社会建设需求具有内在一致性的是，中国共产党需要保持与人民群众的血肉联系。党的领导的行动主体是广大党员和各级党组织，其政治社会整合、政治经济整合等功能的发挥主要体现在以下几方面。第一，各级党组织是中国共产党深入政府、社会、市场、城乡、区域实现领导功能的抓手。第二，可以通过发挥党组织的政治引领作用，以及党员先锋模范作用，围绕城乡垃圾分类、环境整治、弱势群体关怀等议题，完善基层协商民主、网格化治理、互助志愿服务等基层治理机制。第三，可以通过党建引领多方共建，利用"12345 接诉即办"、吹哨报到、成立业委会、建立微信群等手段，创新党建引领的政府－社会－市场合作模式。第四，要建设均衡的社会系统，党需要与人民站在一起、想在一起、干在一起，推动居民共治，组织人民实现真正的互助合作，让人民共同参与到美好生活的建设之中。

其次，社会组织体系是基层社会治理体系建设的重要根基。组织是社会的基本构成单位，社会建设需要在社会领域形成各种良性调节政治、经济、社会关系的社会组织和社会力量，以筑牢社会系统的根基。党的十七大报告将基层群众自治制度正式确立为中国特色政治制度的组成部分。村（居）民委员会与村（居）党委（支部）通过交叉任职等方式，成为党的领导贯穿基层社会治理的重要载体，保证了党政等各类事务的上下通达，保证了村（居）民依法直接行使民主选举、民主协商、民主决策、民主管理和民主监督以及自我管理、自我教育、自我服务、自我监督的权利，构成了具有中国特色的基层民主政治架构。与此同时，包括社会团体、基金会、民办非企业单位（社会服务机构）在内的社会组织，作为一类在政府机关正式登记注册的组织形式不断规范发展，民政部也出台了《关于大力培育发展社区社会组织的意见》《培育发展社区社会组织专项行动方案（2021—2023 年）》等文件，推动实现社区社会组织的政府备案与规范管理。综合考量中国社会组织体系兼具政治属性和社会属性的特点，可以将其划分为基层自治组织体系和专业社会组织体系两大类。基层自治组织体系主要由代表人的共同体的组织构成，处于基础性地位。专业社会组织体系主要由运用专业技能开展社会服务的组织构成，处于补充性（赋能性）地位。[①]

再次，中国特色基层社会治理体系建设需要与之相适应的新型市场经济的有效驱动。市场对于社会建设而言，具有重要意义，一方面能够满足个体的多元需求，另一方面能够激活个人和集体对于自身利益的追求，以有效提高个人和集体社会参与的积极性。但是，新型市场经济不同于纯市场经济。社会建设关系社会治理和民生保障，关涉文化重建、政治稳定、经济发展、社会进步、生态保护，可以通过耦合于政治建设、经济建设、文化建设、生态文明建设等获取资源，但不能任由市场掠夺式发展，不能损害居民的社会生活状态、发展提升机会、基本权益保护、社会福利保障等。同时，社区生活和福利供给需要探索个体参与劳动互助（调动闲散劳动力和闲暇时间）、资金互助等模式，由此提升社会信任、社会参与，降低民生成本。本书在第八章"走向居民共治：社区互助合作治理"部分，从居民互助合作角度讨论了互助合作经济的一些典型模式；在第十章"公益与商业：社会企业经营性治理"部分，立足社会企业的多元样态，分析了社会企业的主要业务和调适策略。总而言之，互助合作经济的基础是社会，引擎是市场，除了要关注互助效用的结果之外，还要关注个体在互助共享过程中的利他主义的表现，以及收获的精神上的满足感。正是因为我国的社会和市场都在国家领导之下，互助合作经济应用于福利经济、集体经济、社区经济领域，才有在全国推广的可能。

[①]　需要做两点说明。一是民办非企业单位（社会服务机构）目前也划分在社会组织体系中，笔者认为应当还原其企业属性，使其通过社会企业认证的方式，享受社会组织的相关优惠待遇；二是要强调专业社会工作（包括社会工作机构、社会工作者、社会工作方法和理念）的普遍推广意义和社区社会组织的互助共同体意义。

最后，集体主义文化是基层社会治理体系的内源规制。正如毛泽东同志所说："一定的文化（当作观念形态的文化）是一定社会的政治和经济的反映，又给予伟大影响和作用于一定社会的政治和经济。"① 文化作为一种结构性的内源规制，可以使社会系统在持续的内部变化和外部新输入的情况下，仍然保持自己特有形构的深层力量。② 虽然在工业文明和全球化、市场化浪潮冲击下，中国社会看似从熟人社会向陌生人社会变迁，但国家根本的政治结构和社会结构实际上仍然是集体主义的，"人民"本身就是一个集合体的概念。③ 故就中国社会而言，人际关系陌生化并不意味着要适应或致力于建设陌生人社会，反而应当立足传统，找回责任伦理体系的现代社会话语，构建新的社会团结。与之相关的四个关键词是"互助合作""共同富裕""共建共治共享""共同体"。第一，互助合作是现代社会的美德和生存法则。互助合作既是一种涵盖而又超越传统家国文化的品格，也是对家庭小型化、人口流动化、经济市场化的现代社会的主动适应。第二，共同富裕是社会主义的本质要求。《关于〈中共中央关于制定国民经济和社会发展第十四个五年规划和二〇三五年远景目标的建议〉的说明》中就明确指出，"我们推动经济社会发展，归根结底是要实现全体人民共同富裕"。④ 习近平总书记对共同富裕的内涵作出阐释，实现共同富裕是"中国式现代化的重要特征"，⑤"不仅是经济问题，而且是关系党的执政基础的重大政治问题。我们决不能允许贫富差距越来越大、穷者愈穷富者愈富，决不能在富的人和穷的人之间出现一道不可逾越的鸿沟"。⑥ 第三，共建共治共享是现代社会建设的应有之义。党领导并协调政府、社会、市场关系的目的还在于激发基层组织的内生动力，让人民参与到家园建设之中。第四，中国特色的

---

① 《毛泽东选集》（第2卷），人民出版社，1991，第663~664页。
② 丁学良：《"现代化理论"的渊源和概念构架》，《中国社会科学》1988年第1期。
③ 林尚立：《论以人民为本位的民主及其在中国的实践》，《政治学研究》2016年第3期。
④ 中共中央党史和文献研究院编《十九大以来重要文献选编》（中），中央文献出版社，2021，第784页。
⑤ 《在高质量发展中促进共同富裕 统筹做好重大金融风险防范化解工作》，《人民日报》2021年8月18日，第1版。
⑥ 习近平：《论把握新发展阶段、贯彻新发展理念、构建新发展格局》，中央文献出版社，2021，第480页。

共同体理念是中国社会建设的思想内核。这个共同体并非上下对立的，而是有着上下一致的共同意志、归属感、威严或权威的圈层化的情感利益共同体。共同体中的每个人既是家庭/组织的一员，也是国家的一员，每个人都为更好的自我发展和家庭/组织/国家建设而努力，家庭/组织/国家也在为每个人更好的自我发展和家庭/组织/国家建设而努力，几者具有共同的目的，是团结、互助而非对立的。

总而言之，本书有两个具有中国特色的理论背景。一是系统思维，是党领导的城市均衡基层社会治理体系；二是广义的基层社会治理概念，是包括党委、政府、社会组织体系、新型市场经济在内，集管理与服务、民生保障、民主参与于一体，推动居民参与共治的基层社会系统。在以上理论思考的基础上，笔者建构了中国城市基层社会治理体系的理论分析框架，并以北京市回天大型社区的基层实践为例，从党建引领大型社区治理、社区网格化治理、社区协商民主治理、社区互助合作治理、专业社会组织赋能式治理、社会企业经营性治理六个方面，分析城市基层社会治理机制、模式和可行策略，提出存在的问题和相关对策建议。

目 录

第一章 导论

党的十九大报告指出，从 2020 年到 2035 年，在全面建成小康社会的基础上，再奋斗 15 年，基本实现社会主义现代化。到那时，人民生活更为宽裕，中等收入群体比例明显提高，城乡区域发展差距和居民生活水平差距显著缩小，基本公共服务均等化基本实现，全体人民共同富裕迈出坚实步伐；现代社会治理格局基本形成，社会充满活力又和谐有序。从 2035 年到本世纪中叶，在基本实现现代化的基础上，再奋斗 15 年，把我国建成富强民主文明和谐美丽的社会主义现代化强国。"到那时，我国物质文明、政治文明、精神文明、社会文明、生态文明将全面提升，实现国家治理体系和治理能力现代化，成为综合国力和国际影响力领先的国家，全体人民共同富裕基本实现，我国人民将享有更加幸福安康的生活，中华民族将以更加昂扬的姿态屹立于世界民族之林。"[1] 党的二十大报告进一步提出以中国式现代化全面推进中华民族伟大复兴，并阐释了：中国式现代化是人口规模巨大、全体人民共同富裕、物质文明和精神文明相协调、人与自然和谐共生、走和平发展道路的现代化。中国式现代化的本质要求是：坚持中国共产党领导，坚持中国特色社会主义，实现高质量发展，发展全过程人民民主，丰富人民精神世界，实现全体人民共同富裕，促进人与自然和谐共生，推动构建人类命运共同体，创造人类文明新形态。[2]

从国家治理角度而言，中国式现代化不是由资本逻辑主导的现代化，而是由人民逻辑主导的现代化，[3] 是人民中心逻辑与国家治理体系建设逻辑相统一的体制建构。人民生活工作在基层，要以人民为中心，就要

---

[1] 中共中央党史和文献研究院编《十九大以来重要文献选编》（上），中央文献出版社，2019，第 20～21 页。

[2] 习近平：《高举中国特色社会主义伟大旗帜 为全面建设社会主义现代化国家而团结奋斗——在中国共产党第二十次全国代表大会上的报告》，人民出版社，2022。

[3] 李爱龙：《从资本逻辑到人民逻辑：生命政治本土化的主题与方向》，《深圳大学学报》（人文社会科学版）2021 年第 1 期。

重视基层、稳固基层，故笔者认为，实现基层社会治理的稳固，达到基层政治、经济、社会、文化、生态治理之间的平衡，逐步形成现代社会治理格局，这对于实现国家治理体系和治理能力现代化至关重要。换言之，随着国家治理体系和治理能力现代化进程的推进，国家治理重心应当逐步下移至基层社会。

第一节　研究背景

党的十八大以来，社会治理，特别是基层社会治理体系建设在国家治理体系建设中的地位和作用不断提高、日益凸显。国家统计局发布的数据显示，2021年末我国城镇常住人口达到9.14亿，常住人口城镇化率已经达到64.72%。① 与传统农村土地、村社、家族的非正式的包容和规制相比，现代城市社会的正式制度结构和多元复杂意识面临更多风险。2020年初，席卷全球的新冠肺炎疫情既检验了城市基层社会治理的组织能力，也对城市基层社会治理的能力和水平提出了更高的要求。

一　城市居民产生新的互助自治需求

互助是人的本能，互助合作是个体最本质的生存、交往、安全、尊重以及自我实现的需要。从人类进化角度分析，克鲁泡特金在《互助论：进化的一个要素》中写道，"人天生就有合群的需要"，"在一个集体之中，并非以竞争为主，而是以互助为主，互助性强的生物群才能得以延续"。② 孙中山提出分期进化论，他认为，互助能够体现出人与动物的区别，物种以竞争为原则，人类则以互助为原则。③ 李大钊提出，人类社会历史就是一个向"互助"方向发展的长过程。④ 从社会建设角度分析，马克思指出，"物质生活的生产方式制约着整个社会生活、政治生活和精神生活的过程……社会的物质生产力发展到一定阶段，便同它们一直在

---

① 《中华人民共和国2021年国民经济和社会发展统计公报》，国家统计局官网，http://www.stats.gov.cn/sj/zxfb/202302/t20230203_1901393.html，2022年2月28日。
② 克鲁泡特金：《互助论：进化的一个要素》，李平沤译，商务印书馆，2009，第27页。
③ 何星亮：《孙中山的"互助"思想与当代社会》，《中南民族大学学报》（人文社会科学版）2012年第2期。
④ 中国李大钊研究会编注《李大钊全集》，人民出版社，2006。

其中运动的现存生产关系或财产关系（这只是生产关系的法律用语）发生矛盾"。① 卡尔·波兰尼在《大转型：我们时代的政治与经济起源》中亦言，"社会主义是工业文明的内在倾向，在自发调节的市场体系所固有的威胁面前，社会在奋起保护自己"。② 故无论是出于共同应对艰苦环境还是共同抵御资本市场的冲击，抑或是更高层次的自我实现的需要，无论是自发的、自治的，还是国家的、家族的、集体的，人类社会总是通过各种方式组织起来以更好地满足人们生存的各种需要，社会建设的本质和目的即是如此。

中国传统乡土社会的个人身处因血缘、亲缘、地缘而形成的非正式互助自治网络中，身处"父慈子孝、兄友弟恭、朋义友信"等儒家伦理道德规范之下，主要在非正式互助自治网络中进行差序格局、主次有序的农业生产合作与生活交往。如费孝通提出，中国传统政治结构有中央集权和地方自治两层，乡村基层的主要管理者是当地自治团体（其领导者是乡绅和宗族首领），③ 宗族也是乡村非正式经济社会系统的基本单位。④ 进入现代城市社会后，宗族成员身份转变为城市居民，面对中国经济高速增长之后的经济转型升级、人口急速老龄化等新形势，人们的互助自治需要也产生新变化。一方面，人们互助合作的本能需要仍然存在，但各类无组织的无效社会参与、有组织的形式性社会参与让参与者难以获得与心理预期相符的有效保障，原子化的个体依然在寻找集体化的归属；另一方面，人们受教育水平和生活水平提升，对现代社会风险、阶层差距的敏感度不断提高，对于权利保护、政治参与、公共监督的基层自治需要随之增加。同时，人们对于美好生活的需要不再仅仅停留于追逐物质，还包括对精神富足的追求，人们希望获得更多参与基层社会治理的机会。

二 亟待创新中国特色现代社会建设道路

改革开放以来，我国始终坚持以经济建设为中心，经济社会取得了

---

① 《马克思恩格斯选集》（第2卷），人民出版社，2012，第8页。
② 卡尔·波兰尼：《大转型：我们时代的政治与经济起源》，冯钢、刘阳译，浙江人民出版社，2007，第66页。
③ 费孝通：《乡土重建》，岳麓书社，2012，第38页。
④ 费孝通：《社会学的探索》，天津人民出版社，1984，第22页。

长足发展，从农业的、乡村的、封闭的半封闭的传统社会，向工业的、城镇的、开放的现代社会转型。然而，坚持以经济建设为中心，效率优先兼顾公平的发展模式也在一定程度上导致了社会建设的相对滞后。乌尔里希·贝克曾将中国社会转型特点总结为"压缩饼干"——以历史浓缩的形式，呈现出传统与现代、历史与现实、本土与西方多重因素复杂交织的风险图景。① 其中突出的表现就是西方式个人主义、自由主义意识形态的席卷式影响。但西方自下而上、试图与国家和市场分立的社会建设道路已经充分暴露出诸多问题，包括充斥着组织化的不负责任态度，工具理性盛行和价值理性衰微，以及从以人为主的信任变为对抽象体系的过分依赖，传统价值规范的失效与现代行为准则的缺乏等结构性风险和个体意识风险等。②

改良于西方的市民社会在我国也经历了多年的探索，但中国的发展变迁和改革实践证明了它的"水土不服"和难以发展。③ 笔者认为，西方道路之所以不适合中国，主要还是因为中西方存在文化、结构、制度上的根本差异：西方文化崇尚个人主义、理性主义，以竞争为本，中国文化崇尚集体主义、伦理责任，以互助为本，以有效治理为目的；西方社会是以无限追逐剩余价值和扩大再生产为根本目的的竞争型社会，中国社会是中国共产党领导下的讲究家国责任的互助社会。④

故立足于中国互助社会传统，借鉴西方现代社会建设经验，笔者认为，我们亟待探索的是中国式现代社会建设道路：建设以党的领导为核心，以人民为中心，由国家主导、协调各方，全体人民共同参与建设的现代社会系统。

---

① 薛晓源、刘国良：《全球风险世界：现在与未来——德国著名社会学家、风险社会理论创始人乌尔里希·贝克教授访谈录》，《马克思主义与现实》2005 年第 1 期；乌尔里希·贝克：《风险社会：新的现代性之路》，张文杰、何博闻译，译林出版社，2018。

② 杨君、彭少峰：《超越与反思：风险社会的三种研究传统及创新尝试》，《哈尔滨工业大学学报》（社会科学版）2013 年第 4 期。

③ 正如人类学家玛丽·道格拉斯在《制度是怎样思维的》一书中所言："制度塑造了人的思维习惯。制度化的社区塑造了人们的好奇心，安排了公众的记忆，大胆地在不确定之上设置了确定性。"经济可以迅速发展，但文化形态、国家结构、制度安排以及由此影响的个体思维方式很难快速改变。

④ 刘妮娜：《中国现代互助社会建设的逻辑溯源与创新方向》，《武汉科技大学学报》（社会科学版）2021 年第 5 期。

三　城市基层社会治理从体制机制建设向体系建设转变

党的十八届三中全会以后，我国城市基层社会治理逐步从体制机制建设转向了体系建设。这次会议指出，全面深化改革的总目标是完善和发展中国特色社会主义制度，推进国家治理体系和治理能力现代化。同时，将基层社会治理纳入国家治理体系和治理能力现代化的总目标。会议提出，要创新社会治理体制和提高社会治理水平，加快形成科学有效的社会治理体制，即党委领导、政府主导、社会各方参与，实现政府治理和社会自我调节、居民自治良性互动的系统治理机制和方式。

2016 年 10 月，民政部、国家发展改革委等 16 部门联合印发《城乡社区服务体系建设规划（2016—2020 年）》，提出要提高社会治理能力与水平，创新城乡社区治理体制，将社区建设成效纳入各级党委、政府部门的工作目标考核。2017 年 6 月，中共中央、国务院印发《关于加强和完善城乡社区治理的意见》，进一步提出要实现党领导下的政府治理和社会调节、居民自治良性互动，全面提升城乡社区治理法治化、科学化、精细化水平和组织化程度，促进城乡社区治理体系和治理能力现代化。

党的十九大报告《决胜全面建成小康社会 夺取新时代中国特色社会主义伟大胜利》提出要打造共建共治共享的社会治理格局。要加强社会治理制度建设，完善党委领导、政府负责、社会协同、公众参与、法治保障的社会治理体制，提高社会治理社会化、法治化、智能化、专业化水平。要加强社区治理体系建设，推动社会治理重心向基层下移，发挥社会组织作用，实现政府治理和社会调节、居民自治良性互动。党的十九届四中全会进一步完善了党的十九大报告的论述，提出要完善党委领导、政府负责、民主协商、社会协同、公众参与、法治保障、科技支撑的社会治理体系，建设人人有责、人人尽责、人人享有的社会治理共同体，确保人民安居乐业、社会安定有序，建设更高水平的平安中国。党的十九届五中全会审议通过的《中共中央关于制定国民经济和社会发展第十四个五年规划和二〇三五年远景目标的建议》进一步将"社会治理特别是基层治理水平明显提高"作为"十四五"时期经济社会发展的主要目标。

2021 年 7 月，中共中央、国务院下发《关于加强基层治理体系和治理能力现代化建设的意见》，对基层治理体系和治理能力现代化建设的主要目标作出详细说明：力争用 5 年左右时间，建立起党组织统一领导、政府依法履责、各类组织积极协同、群众广泛参与，自治、法治、德治相结合的基层治理体系，健全常态化管理和应急管理动态衔接的基层治理机制，构建网格化管理、精细化服务、信息化支撑、开放共享的基层管理服务平台；党建引领基层治理机制全面完善，基层政权坚强有力，基层群众自治充满活力，基层公共服务精准高效，党的执政基础更加坚实，基层治理体系和治理能力现代化水平明显提高。在此基础上力争再用 10 年时间，基本实现基层治理体系和治理能力现代化，中国特色基层治理制度优势充分展现。

第二节　研究目标、研究思路与研究方法

城市基层社会治理关系着人民生活幸福、百姓安居乐业，也关系着国家长治久安和党的长期执政。我国的国家治理重心在逐步向基层社会治理体系建设下移，但探索时间相对较短，缺乏具有中国特色的基层社会治理系统理论；基层社会治理实践局限于星星点点的创新，有的地方的基层社会治理实践形式大于内容；没有形成上下联动、多元参与的均衡体系建设的有效机制和路径。本书即通过理论研究和实践研究相结合的方法，提出基层社会治理的系统逻辑和体系规律，并利用北京市回天大型社区治理实践的实地调研案例，展现基层社会治理的主要模式、机制和可行策略，搭建实践与理论之间的桥梁。

一　研究目标

（一）理论目标

通过引入社会系统理论、结构化理论、协同治理理论，建立中国特色城市基层社会治理体系的理论分析框架；梳理党委、政府、社区、专业社会组织、企业的结构关系，党组织体系、行政管理体系、基层自治组织体系、专业社会组织体系、企业体系的体系定位；对我国基层社会治理典型模式、机制、策略进行实践总结和理论提升。整体、系统地探索如何深入推动均衡基层社会治理体系建设，丰富在实践中不断创新的

城市基层社会治理体系建设的中国化理论、模式及途径。

（二）实践目标

回天地区是北京市创新社会治理模式的试验区。2018年，北京市出台《优化提升回龙观天通苑地区公共服务和基础设施三年行动计划（2018—2020年）》，2021年又进一步出台《深入推进回龙观天通苑地区提升发展行动计划（2021—2025年）》。本书利用北京市回天地区党政部门、街道、社区及专业社会组织和社会企业调研案例，对城市基层社会治理体系建设典型模式、策略、特点进行总结，借鉴国外、北京市其他区及我国其他省份和区县的典型经验，指出存在的问题，提出发展路径。同时，力图形成基层社会治理案例集和工作箱，助推实现城市基层社会治理体系和治理能力现代化。

二 研究思路和主要观点

（一）研究思路

根据前述研究目标，本书研究思路如图1-1所示。

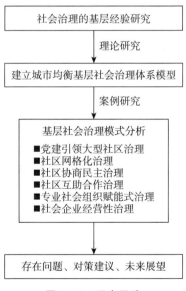

图1-1 研究思路

（二）主要观点

1. 以系统思维看待中国特色基层社会治理体系建设

中国特色基层社会治理体系是以集体主义为特点、以居民需求为导向、以有效治理为目的的党领导的均衡社会系统，这一均衡体现在个人、共同体、组织、系统的共生和均衡上。其内涵可以概括为：以党建引领为领航和主线，以生成居民主体的情感利益共同体为根本归属，以管理与服务、民生保障、民主参与为三个重点面向，以战斗堡垒、多方共建、监督制约、互助合作、专业赋能、市场经营、法治保障、智治支撑为八个主要抓手，以党建引领大型社区治理、社区网格化治理、社区协商民主治理、社区互助合作治理、专业社会组织赋能式治理、社会企业经营性治理为六项重点机制，建设多维均衡、居民共治的社群/社区/社会共同体、社群/社区/社会经济体、福利共同体和福利经济体、数字共同体和数字经济体。

（1）主要结构：党委领导、政府负责、居民自治、市场经营、专业赋能

中国特色党政社企关系应当明确为中国共产党统领全局，协调政府、社会、市场的关系。以人民为根本，市场在资源配置中起决定性作用。社会包括自治和专业两个方面，人参与其中的各类基层自治组织发挥综合性、基础性作用。在党委领导、政府负责下，社会与市场、组织与资本协同发展。同时，企业和专业社会组织作为工具，一方面在社区中经营、发展，另一方面经营、赋能社区各类组织、社群。

（2）重点面向：管理与服务、民生保障与民主参与

要做好基层社会治理，管理与服务、民生保障和民主参与寓于其中。面对社会主义初级阶段的现实国情，中国特色基层社会治理应当是居民切实参与网格治理、协商民主、服务供给的治理、保障、服务，也是以建设共建共治共享的共同体为目的的治理、保障、服务。

（3）根本归属：生成居民主体的情感利益共同体

居民生活幸福是中国特色基层社会治理体系建设的逻辑起点和终点。中国特色基层社会治理的根本归属是生成居民主体的情感利益共同体，从社区意义上讲，这也是圈层化的社区共同体和社区集体。其需要在依法治理和党建引领下，以党的领导为核心，以人民为中心，保障基层的

民主选举、民主协商、民主决策、民主管理、民主监督权利，推动形成人人有责、人人尽责、人人享有局面，让居民能参与到每一个现实共同体 – 组织的共建共治共享之中，切实创造自己的现实共同体和美好生活。

（4）动力源泉：建设中国特色社会经济体

中国特色基层社会治理体系不仅指社会组织建设，也包括发展社会经济：在市场与社会协同发展的基础上引入市场经营社会理念，发展适应中国社会建设的约束性市场工具和新型市场经济形式。笔者认为其重点有二。一是发展互助合作型福利经济，在党委领导、政府负责下的集体组织共同体中，通过资金、服务、物品等互助合作的方式满足本共同体 – 组织成员福利服务的供给。二是在互助合作型福利经济的基础之上，发展更加广泛的互助合作经济。二者也因为互联网数字技术的发展而变得更为可行。未来可以探索建立党的社会组织和社会企业领导部门，建设具有中国特色的专业社会组织体系、互助合作 – 社会经济体系和基层社会治理线上平台。

2. 以动态均衡思维看待中国特色基层社会治理过程

基层社会治理体系是一个动态均衡的治理系统，是要素、环境互动和运转的过程，这一治理过程与治理结构、系统、制度相互影响、相互转化。通过对调研材料进行编码整理，本书提取出党建引领大型社区治理、社区网格化治理、社区协商民主治理、社区互助合作治理、专业社会组织赋能式治理、社会企业经营性治理六项重点机制，进行理论建构和具体分析。①

党建引领大型社区治理：以党建引领为主线，以居民共治为着眼点，通过战斗堡垒、多方共建、监督制约、互助合作四个战略路径，达到内外结合、相互强化、层层递进地建设社区均衡治理体系的目的。

社区网格化治理：依托社区"网"，立足社区"格"，以人口网格为基础，以空间网格为支撑，以组织网格为抓手，通过党建引领、资源下沉、居民参与、组织培育，推动纠纷处理、监督服务、互助志愿、文化娱乐等功能实现。

---

① 需要说明的是，限于学科视角及调研资料所及，本研究并未穷尽所有基层社会治理机制、模式。

社区协商民主治理：协商民主通过政策嵌入、技术嵌入和认知嵌入等方式嵌入基层社区，社区治理通过结构嵌入、功能嵌入等方式嵌入协商民主过程，二者通过政治与治理、手段与体系的互嵌互构，推动建立常态化的社区公共事务治理决策系统。

社区互助合作治理：在党委领导、政府负责之下，通过村（居）"两委"支持、专业社会组织管理赋能、企业经营等方式，推动社区互助类组织自我成长和体系化发展，整合邻里、互助志愿者等社区互助资源，联动个体商户、中小企业等社区服务主体，提供互助志愿服务（保障），探索互助合作经济的社区治理模式。

专业社会组织赋能式治理：专业社会组织的机构特色在于独特的价值理念、非营利属性、枢纽平台意义，其通过寻求政府支持、联合商业、深入社区以及组织合作等，意图助力建设互依共生的基层社会治理体系，推动实现平台搭建、专业服务、组织培育等赋能基层的功能使命。

社会企业经营性治理：社会企业通过公益规制、企业文化、互依互惠网络等适应性调试，明确义利并举属性，在此基础上，进行社区服务供给并推动创新经营。

三　数据来源和研究方法

（一）数据来源

本书数据主要来自笔者团队于2018～2022年面向北京市回天地区的相关党政部门、1镇6街道、31个典型社区（村）、7家社会组织、8家社会企业相关负责人进行的个案访谈和小组座谈材料。笔者团队整理形成了社区、专业社会组织、社会企业典型个案60余个，撰写了150余万字的访谈转录稿，回收了25份社区问卷、10份社会企业问卷。在此期间，笔者团队进一步到北京市西城区、石景山区，四川省成都市，广东省广州市、深圳市调研了当地基层社会治理典型模式。社区调研内容包括社区基本情况、党的领导、网格化治理、志愿服务、协商民主、物业管理、垃圾分类、养老服务以及社区防疫情况等；社会组织和社会企业调研内容包括基本情况、功能型党组织和党员数量、资源整合、开展项目、自我造血（经营业务）、特色亮点以及面临困难等。调研对象主要包括社区党组织（副）书记、社区居委会（副）主任、其他社区工作人员、在职党员、楼门长、社区党员、社区居民代表、社区居民、街道办事处工作人员、党政部门工作人员、社会组织负责人及员工、社会企业负责人及员工等。

所获数据具有以下几个特点。一是代表性。回天地区既有大型社区从党建引领大型社区治理、专业社会组织体系建设、社会企业体系建设等方面进行的整体性创新，又有单个社区进行的自主性创新，为我们提供了很好的研究素材。二是典型性。通过典型抽样的方式获取社区、社会组织、社会企业样本。三是数据可得性。笔者所在单位地处回天地区，且成立回天治理研究院，与回天地区各街道、社区、社会组织和社会企业等建立有合作共建关系。四是可信度高。本书中的问卷和访谈材料均为一手资料，每次访谈至少有 5~7 名小组成员参加，以避免主观因素影响。五是完备性。每次访谈过后，第一时间会对访谈材料进行整理，利用微信公众号、网络报道等二手材料进行相互印证，无法认证的模糊性表达则剔除或通过追踪访谈进一步补充。

(二) 研究方法

1. 文献法

文献法是指通过阅读、分析、整理有关文献，全面、正确地研究某一问题的方法。其主要目的在于依据现有的理论、事实和需要，对有关文献进行分析整理，了解现有研究的情况，并在此基础上，根据文献研究所得到的知识和启发，结合实际调研材料，不断修正和补充研究目标、研究设计，最终形成自己的理论逻辑，建立理论框架。笔者对社会系统理论、结构化理论、协同治理理论、其他治理理论以及相关文献进行了系统梳理和理论阐释。

2. 问卷调查法

问卷调查法是调查者运用统一设计的问卷向被选取的调查对象了解情况或征询意见的社会调查方法。问卷调查法的主要优点在于标准化和成本低，易于控制。笔者对社区、社会组织、社会企业的相关负责人进行了问卷调查，对三者的客观信息进行了数据收集。

3. 访谈法

本书采用的访谈法包括半结构式访谈法、焦点组座谈法。半结构式访谈法指按照一个粗线条式的访谈提纲而进行的访谈，访谈者可以根据现实情况调整、增减提纲问题。焦点组座谈法是采用小组座谈会的形式，挑选一组具有代表性的访谈对象，由主持人就某个专题对访谈对象进行统一询问，从而获得对有关问题的深入了解的社会调查方法。笔者对社区工作人员、居民等进行了访谈，深入了解了社区治理典型模式、机制、策略和存在的问题。

4. 扎根理论程序化研究规范

扎根理论是在无理论假设的前提下，对以访谈记录为主的原始材料逐级编码、系统提炼，进而构建理论的质性分析方法。其基本思路在于通过开放式编码对材料赋予概念（关系内涵），通过主轴编码寻找概念间的相互关系、划分类属并加以命名、寻找核心类属，最后通过选择性编码，用"故事线"的形式将各概念范畴串联起来，构建出理论框架，同时使用丰富的案例资料对理论框架进行阐释和说明。本书对基层社会治理过程的建构和解构即遵循这一研究规范。

第二章　文献综述

回顾以往研究成果，社会学、管理学、政治学等领域的学者主要从两个切入点描绘了城市社会建设图景。一是国家与社会二元分立关系框架和市民社会研究，以及由此衍生的合作治理、多元共治、多中心治理等治理研究。国家与社会二元分立关系框架在过去很长一段时间内指导着基层社会治理的相关研究，但21世纪以来，不少中国学者也尝试从其他角度着手研究：第一，立足中国基层社会治理实践分析国家与社会的关系；第二，将政党带入中国特色"国家－社会"的关系研究；第三，以系统协同的观点看待中国特色基层社会治理体系建设。二是互助合作－社会经济研究。这类研究相对较少，主要与西方自组织/社群、合作经济－社会经济研究对话。互助合作－社会经济研究的珍贵之处主要在于：将市场带入中国特色"国家－社会"的关系研究。本章尝试综合现有研究视角，从城市社区治理、专业社会组织、社会经济和社会企业三个方面，对以往文献进行梳理和述评。

第一节　城市社区治理相关研究

20世纪90年代后期以来，中国的城市社区治理替代单位治理，成为国家治理的基层逻辑，政府与社区的职能得到相对分离，这种社区治理强调社区自治、社区服务与社区功能，以期实现社区的自我治理。[①] 民政部在2000年发布了《关于在全国推进城市社区建设的意见》，明确了推进社区建设的重大意义。同时，西方市民社会理论由于发源于个人主义和分立制衡的西方现实社会，其在中国缺乏合适的生发土壤，不少学者对其

[①] 宋道雷：《转型中国的社区治理：国家治理的基石》，《复旦学报》（社会科学版）2017年第3期。

应用于中国的有效性提出了质疑。① 进入 21 世纪以后，围绕基层社会治理的研究逐步丰富起来，有学者提出了如"层级的正式制度和丰富的非正式生活""国家中的社会""共生型国家社会关系"等中国话语，② 在国家－社会二元框架下，政府权力与社会权力如何相互衔接与融合成为研究重点。

一 国内外治理理论源流

治理理论的兴起源自 20 世纪 70 年代以后的西方福利国家改革，理论共性在于：面对社会主动参与治理的需求以及政府和市场失灵，治理话语作为一种理论倡导，代表了多元协作共治的共同选择。它是在某种社会结构之中，围绕增进公共利益、满足公共需要这一核心目标，使国家、社会、市场遵循各自规则开展互动协商的过程。中西方的区别则在于治理结构上的差异以及由此带来的治理过程的不同。

（一）治理理论在西方的发展

"治理"（governance）一词源于拉丁文和古希腊语，原意是控制、引导和操纵，长期与"统治"（government）一词交叉使用。而随着现代化和全球化进程的推进，西方福利国家管理危机、市场失灵等问题纷纷涌现，治理问题引起越来越多的学者、政治家、政治组织的关注，继发地出现了多中心治理、自主治理、协同治理、整体治理等不同的治理学派。发展至今，西方治理理论已经非常丰富，相关论争虽有殊异，却也有着共同的逻辑，即治理不再是单纯的政府活动，更加强调社会自主治理以及多方之间的平等互动，表现为从垂直到水平、从单一制到多中心的转变，既关注理想意义上的治理价值，也体现实践意义上的治理现实。

治理理论创始人之一罗西瑙在《没有政府的治理》一书中提出治理与统治的区别：政府统治意味着由正式权力和警察力量支持，以保证其

---

① 张静：《私人与公共：两种关系的混合变形》，《华中师范大学学报》（人文社会科学版）2005 年第 3 期；贾西津：《以私权的名义：公民意识崛起》，《决策》2008 年第 4 期。

② 肖瑛：《从"国家与社会"到"制度与生活"：中国社会变迁研究的视角转换》，《中国社会科学》2014 年第 9 期；侯利文：《国家与社会：缘起、纷争与整合——兼论肖瑛〈从"国家与社会"到"制度与生活"〉》，《社会学评论》2018 年第 2 期；宋道雷：《共生型国家社会关系：社会治理中的政社互动视角研究》，《马克思主义与现实》2018 年第 3 期。

适时制定的政策能够执行；治理则既包括政府机制，也包含非正式、非政府的机制，各色人等和各类组织可以借助这些机制满足各自所需。同时，罗西瑙对治理进行了具体阐释，他认为治理是依赖各主体同意的规则体系，各主体通过竞争与协作，制定出为大多数人所接受的规则，实现共同目标。① 库依曼和范·弗利埃特也认为，治理所要创造的结构和秩序不能由外部强加，治理作用的发挥要依靠多种进行统治的以及互相发生影响的行为者的互动。② 在关于治理的众多定义中，全球治理委员会的解释颇具代表性和权威性，其在《我们的全球伙伴关系》（*Our Global Neighborhood*）研究报告中指出，治理是各种公共或私人机构在管理共同事务时所采用的方式总和，是在调和各种社会冲突和利益矛盾时采取联合行动的持续性过程。它有四个特征：治理不是一整套规则和一种活动，而是一个过程；治理过程的基础不是控制，而是协调；治理既涉及公共部门，也包括私人部门；治理不是一种正式的制度，而是持续的互动。③

以罗兹为代表的学者从作为最小国家的治理、作为公司治理的治理、作为新公共管理的治理、作为社会－控制系统的治理和作为自组织网络的治理等角度对治理进行了具体定义。罗兹提出自组织网络治理，它以组织间相互依赖、网络成员间持续性博弈性互动和高度自主权为特征。④ 埃莉诺·奥斯特罗姆、拉里施罗德、苏珊·温从公共经济角度提出自主治理理论和多中心治理理论，主张采用分级、分层、分段的多样性制度，使政府、市场和社区协调合作，形成多个权力中心组成的治理网络，从而摆脱公共事务治理困境。⑤ 萨贝尔认为，治理作为一种结构，重点在于国

---

① 詹姆斯·N. 罗西瑙主编《没有政府的治理》，张胜军、刘小林等译，江西人民出版社，2001；李汉卿：《协同治理理论探析》，《理论月刊》2014 年第 1 期。

② 参见张宝锋《现代城市社区治理结构研究》，中国社会出版社，2006。

③ Commision on Global Governance：*Our Global Neighborhood*（New York：Oxford University Press，1995）.

④ R. A. W. Rhodes, "The New Governance: Governing without Government," *Political Studies* 44.4（1996）：652－667；何翔舟、金潇：《公共治理理论的发展及其中国定位》，《学术月刊》2014 年第 8 期；田凯、黄金：《国外治理理论研究：进程与争鸣》，《政治学研究》2015 年第 6 期。

⑤ 埃莉诺·奥斯特罗姆、拉里施罗德、苏珊·温：《制度激励与可持续发展：基础设施政策透视》，毛寿龙译，上海三联书店，2000；张克中：《公共治理之道：埃莉诺·奥斯特罗姆理论述评》，《政治学研究》2009 年第 6 期。

家与非国家行动者之间有关组织与制度的安排；皮特斯则认为治理作为一种过程，涉及政府、社会的互动，应重视社会具备理解自身事务、寻求解决方案的良好的能力等。[①]

（二）治理理论在中国的发展

结合中国现状，国内学者从不同角度对治理理论进行了本土化研究。毛寿龙、李梅、陈幽泓将治理与统治、行政、管理相区分，认为治理介于负责统治的政治与负责具体事务的管理之间，它是对以韦伯的官僚制理论为基础的传统行政的替代。[②] 俞可平认为，治理是一种公共管理活动或过程，包括必要的公共权威、管理规则、治理机制和治理方式，它是指官方的或民间的公共管理组织在一个既定范围内运用公共权威维持秩序，并在各种不同的制度关系中运用权力去引导、控制和规范公民的各种活动，以最大限度地增进公共利益，满足公众需要。[③] 陈振明、张成福、周志忍则强调治理是上下互动的管理过程，实质是建立在市场原则、公共利益和认同之上的合作。[④] 顾建光从公共政策角度将公共治理定义为相关各方为影响公共政策的结果而开展协商互动的过程，认为良好的公共治理旨在改进公共政策成果、达成一致的治理原则。[⑤] 任勇认为，治理是围绕国家（政府）、社会、市场的关系展开的，以社会秩序可持续和公共利益最大化为目标，重点关注公共权力及其相关主体的参与及协调的互动过程。[⑥]

整体来看，国内学者关于治理理论有以下几种理论倾向。第一种倾向主张通过政府内部诸如沟通机制、层级结构的改革来实现治理；[⑦] 第

[①] C. Sabel, "A Quiet Revolution of Democratic Governance: Towards Democratic Experimentalism," *Governance in the 21st Century* (2000); B. G. Pertes, "Governance: A Garbage Can Perspective," *IHS Political Science Series* 84 (2002).

[②] 毛寿龙、李梅、陈幽泓：《西方政府的治道变革》，中国人民大学出版社，1998。

[③] 俞可平主编《治理与善治》，社会科学文献出版社，2000。

[④] 陈振明、张成福、周志忍：《公共管理理论创新三题》，《电子科技大学学报》（社科版）2011年第2期。

[⑤] 顾建光：《从公共服务到公共治理》，《上海交通大学学报》（哲学社会科学版）2007年第3期。

[⑥] 任勇：《治理理论在中国政治学研究中的应用与拓展》，《东南学术》2020年第3期。

[⑦] 徐勇：《精乡扩镇、乡派镇治：乡级治理体制的结构性改革》，《江西社会科学》2004年第1期；李文星、郑海明：《论地方治理视野下的政府与公众互动式沟通机制的构建》，《中国行政管理》2007年第5期。

二种倾向主张通过发展非政府组织、社会组织等来实现对公共事务的治理;[①] 第三种倾向更具有综合性，认为必须进行国家和社会的整体性改革，通过具有紧张关系的多方主体的互动才能实现治理。[②] 近年也逐步形成了进一步的共识，即有效治理需要在党的领导下，通过制度与结构调整、多元主体的协同互动过程，建立各行为主体主动参与公共事务，维护公共利益的有序状态。

二　国内城市社区治理的分析路径

国内城市社区治理研究主要围绕政府、社会、市场在社区的权力关系展开。

(一) 政府权力与社区自治

社区治理已经成为当下中国国家治理、社会治理与城市治理的重要支撑机制，其也受到政府权力的明显影响。[③] 杨敏认为，社会转型和社区建设背景下的中国城市社区，是为了解决单位制解体后城市社会整合与社会控制问题，自上而下建构起来的国家治理单元，而不是一个可以促进市民社会发育的地域社会生活共同体。[④] 田毅鹏提出，在城市社区推行的网格化管理模式是社区行政化的典型代表，在社区自治尚不完备的情况下，该模式的推进可能强化基层行政力量，弱化社区自我管理功能，进而对社区自治进程产生消极影响。[⑤]

另外，不少研究指出社区被纳入政府层级管理，从而导致社区自治属性缺乏伸展空间。如黄晓星、杨杰认为，社区缺乏工作自主性，基本上是围绕上级政府在运转。在社区承接的任务中，部分任务常规开展，

---

① 何增科:《政治合法性与中国地方政府创新:一项初步的经验性研究》,《云南行政学院学报》2007 年第 2 期;陈剩勇、马斌:《温州民间商会:自主治理的制度分析——温州服装商会的典型研究》,《管理世界》2004 年第 12 期。

② 胡象明、唐波勇:《整体性治理:公共管理的新范式》,《华中师范大学学报》(人文社会科学版) 2010 年第 1 期。

③ Van Leeuwen, *Mutual Insurance 1550 – 2015: From Guild Welfare and Friendly Societies to Contemporary Micro - Insurers* (London: Palgrave Macmillan, 2016).

④ 杨敏:《作为国家治理单元的社区——对城市社区建设运动过程中居民社区参与和社区认知的个案研究》,《社会学研究》2007 年第 4 期。

⑤ 田毅鹏:《城市社会管理网格化模式的定位及其未来》,《学习与探索》2012 年第 2 期。

但还有大量的政府中心工作，由于开展过程不固定，社区不能自主安排时间。① 王春光和周雪光认为，在"压力型"体制下，乡镇、街道承担了大量的工作，也将任务分摊给（村）社区，几乎所有的部门在（村）社区都有下派任务，（村）社区成为事实上最基层的科层组织，承担了大量行政职责。② 陈家建、赵阳提出城市社区"低治理权"的问题，他们认为现实中的社区延续了政府体系中的治理权层级分配逻辑，社区作为最基层的单位，其权限有限。在科层体系中，治理权限决定着向下级分派任务的能力，也决定着转移本级责任的能力。对社区而言，在治理权有限的情况下，其承担的行政压力无法像上级政府那样向下分解转移，只能自行承担。③

（二）国家权力和社会权力

也有学者提出，国家和社会力量的消长并不是等值互补的，行政权力的扩张不一定意味着社会自治空间的减少，单纯的"去行政化"也不一定可以使社会的力量得到增强。如林尚立就提到，社会自主性和独立性的发展程度不单纯由国家权力从社会中退出的程度来决定，它在很大程度上还取决于社会结构的变化、社会发展的水平、社会个体的素质以及社会动员的程度。④ 李友梅则指出，在社区建设的过程中，市场和社会力量获得了更大的体制空间，并初步形成了自身的资源汲取、获得机制与利益表达途径，基层政权建设也得到不断加强，二者之间是持续的互动过程。⑤ 朱健刚也认为，在中国城市的基层社会，国家与社会正在向强国家和强社会的方向发展，国家的行政力量下沉，渗透到基层社区，同时，社会组织网络也在政府扶持下不断扩展，扩大了社会自治空间。⑥

---

①　黄晓星、杨杰：《社会服务组织的边界生产——基于 Z 市家庭综合服务中心的研究》，《社会科学文摘》2016 年第 2 期。

②　王春光：《城市化中的"撤并村庄"与行政社会的实践逻辑》，《社会学研究》2013 年第 3 期；周雪光：《中国国家治理的制度逻辑——一个组织学研究》，《读书》2017 年第 2 期。

③　陈家建、赵阳：《"低治理权"与基层购买公共服务困境研究》，《社会学研究》2019 年第 1 期。

④　林尚立：《基层群众自治：中国民主政治建设的实践》，《政治学研究》1999 年第 4 期。

⑤　李友梅：《社区治理：公民社会的微观基础》，《社会》2007 年第 2 期。

⑥　朱健刚：《城市街区的权力变迁：强国家与强社会模式——对一个街区权力结构的分析》，《战略与管理》1997 年第 4 期。

王汉生、吴莹研究发现，在业委会换届、社区日常集体活动、反污染维权等活动中，虽然展现了民主自治的发育，但此过程一直是在政府的"参与"和"在场"下实现的。这种参与或直接或间接，或文字或话语；既有制度的刚性规定，也有主体间的直接博弈和柔性沟通。因此，基层社会自治的发育也是国家干预和制度安排的产物，社会并非国家的对立物，而是浸透着国家的身影和力量。① 黄锐在对"居站分离"社区治理创新实践进行分析时发现，国家力量的退出并没有自动产生一个自主的、富有活力的城市社区。②

（三）政府－社会－市场关系

社区中的政府－社会－市场关系主要体现在业主委员会进行的维权斗争研究中。陈鹏提出，就商品房社区而言，业主和业主组织代表社会的力量，房地产商和物业服务企业代表市场的力量，建委系统、街道办、居委会代表政府的力量。社区层面的这三种力量的互动、博弈和融合实际上构成了宏观结构的微观基础。政府治理（层级治理）的主要机制是科层结构、命令系统以及法律规章，市场治理的主要机制是价格机制和合约，自组织（网络）治理的主要机制是信任关系与协商。对于商品房社区而言，这三种治理机制都不同程度地存在并运转，而良好的城市社区治理则常常是这三种治理机制的结合和互为补充。③ 李友梅将业主委员会、居民委员会和物业服务企业视为一个商品房小区里的三个基本组织，它们的合作构成了拉动小区治理的"三驾马车"。④ 王汉生、吴莹认为，相关政策和法规通过对"三驾马车"的权力空间的划分以及相互关系的规定，不仅限定了以业主委员会为代表的业主自治的范围，同时也为居委会参与小区管理及对小区进行干预提供了合法的渠道。鉴于此，作为"三驾马车"之一的业主委员会，对维护居民利益、促进小区建设起了很大作用，其性质与功能决定了其在社区治理中不可或缺的地位。

① 王汉生、吴莹：《基层社会中"看得见"与"看不见"的国家——发生在一个商品房小区中的几个"故事"》，《社会学研究》2011 年第 1 期。
② 黄锐：《城市社区治理中的公共性构筑》，《人文杂志》2015 年第 4 期。
③ 陈鹏：《城市社区治理：基本模式及其治理绩效——以四个商品房社区为例》，《社会学研究》2016 年第 3 期。
④ 李友梅：《基层社区组织的实际生活方式——对上海康健社区实地调查的初步认识》，《社会学研究》2002 年第 4 期。

保持业主委员会的良性运行是业主自治的核心内容。①

桂勇等学者提出，成功的业主委员会，真正具备了群众自治、民间联合的意识，在一定程度上实现了城市居民的自我治理，并得到了居民的认同，不少业主委员会成员本身也表现出了极强的权益意识、法律意识和组织意识。在这个国家与社会力量共同调节的新空间里，事务运作的原则是自治和契约，因此小区是具有市民社会性质的"新公共空间"。业主委员会在培养城市居民民主意识和公民权益意识中所起到的积极作用，使得小区成为实现基层民主、促进市民社会生长的沃土。② 张磊认为，业主维权成功需要有完善的中观、微观动员机制，维权骨干和积极分子的领导、业主委员会的建立、业主委员会的有效动员、适当的策略、业主的丰富资源，这是业主动员起来击败房地产商利益集团、维权成功的核心因素，这五个因素组成了业主成功维权的中观、微观动员机制。业主只有通过动员机制获得相关政府部门的支持，克服房地产商利益集团设置的障碍，才能使自身正当权益由"合法"向"合法化"转变。③石发勇研究亦显示，业主委员会的出现改变了中国城市基层政治参与的形势。在业主委员会运作良好的街区，一些业主能够利用这些市民组织参与社区政治，为市民大众相互合作、维护共同利益提供了重要保障。石发勇还进一步探索了影响业主委员会运作的主要因素，他认为，虽然业主委员会的建立源自国家启动的正式制度变迁并以法律为支撑，但要真正发挥作用，一个至关重要的影响因素就是所在社区的社会网络发育状况。④

当然，不少研究也显示，非正式网络是一把"双刃剑"，拥有非正

---

① 王汉生、吴莹：《基层社会中"看得见"与"看不见"的国家——发生在一个商品房小区中的几个"故事"》，《社会学研究》2011年第1期。

② 桂勇：《略论城市基层民主发展的可能及其实现途径——以上海市为例》，《华中科技大学学报》（社会科学版）2001年第1期；张静：《公共空间的社会基础——一个社区纠纷案例的分析》，载倪安和主编《社会转型与社区发展——社区建设研讨会论文集》，《现代领导》杂志社，2001；张磊、刘丽敏：《物业运作：从国家中分离出来的新公共空间——国家权力过度化与社会权利不足之间的张力》，《社会》2005年第1期。

③ 张磊：《业主维权运动：产生原因及动员机制——对北京市几个小区个案的考查》，《社会学研究》2005年第6期。

④ 石发勇：《业主委员会、准派系政治与基层治理——以一个上海街区为例》，《社会学研究》2010年第3期。

式网络是业委会的领导者获得成功的基础，但也可能成为形成社区派系政治的温床。

第二节　专业社会组织、社会经济和社会企业相关研究

非营利组织、第三部门研究主要来自英美等以多元主义政治哲学理念为主的国家。社会经济研究主要来自德法等以法团主义、合作主义、社团主义政治哲学理念为主的国家。根据王名、贾西津的介绍，国外NGO 最早见于 1945 年签署的联合国宪章，一般认为现代意义上的 NGO 出现于第二次世界大战前后。NGO 的英文原文为 "Non-Governmental Organization"，直译为 "非政府组织"。除 "非政府组织" "民间组织" 之外，国内通常使用的类似用语还包括非营利组织（Non-Profit Organization，NPO）、第三部门（Third Sector）等。[①] 社会经济、社会企业则源于合作社、互助协会和社团等的转型发展。20 世纪 60 年代末，社会企业在美国首次被使用。[②] 随着 20 世纪 70 年代以来福利国家危机的出现，社会经济、社会企业受到包括欧盟和国际劳工组织等很多国家政府和国际组织机构的认可。根据欧盟统计，截至 2011 年，共有 200 万家社会企业（占欧洲企业的 10%），超过 1100 万员工（占欧洲总劳动力的 6%）从事社会经济活动。社会企业已经成为解决很多社会问题的潜在力量。[③] 虽然在我国，专业社会组织和社会企业有所交叉且都归为社会部门，但笔者还是尝试从偏重专业性的专业社会组织及偏重市场性的社会经济和社会企业两个维度进行文献梳理，以更清晰地指导本书研究中国基层社会治理的两类重要组织及其发展方向。

一　专业社会组织的国内外研究

从国内外研究来看，目前国际上并没有形成通用的、规范的非政府

---

① 王名、贾西津：《中国 NGO 的发展分析》，《管理世界》2002 年第 8 期。
② 徐君：《社会企业组织形式的多元化安排：美国的实践及启示》，《中国行政管理》2012 年第 10 期。
③ 刘志阳、金仁旻：《社会企业的商业模式：一个基于价值的分析框架》，《学术月刊》2015 年第 3 期。

组织、非营利组织的定义，不同的国家、不同的学者、不同的组织，往往使用不同的用语，并对这些概念作出不同的解释。同时，很多国家的社会组织也包括各类社区里的没有正式登记注册的基层组织。

（一）专业社会组织的发展

从全球角度来看，20 世纪 80 年代以后，以美国、英国为代表的西方社会非营利组织开始呈现蓬勃增长之势，萨拉蒙将其称为一种全球性的"结社革命"。西方非营利组织实际上属于中世纪以来的宗教慈善等西方传统组织的现代转型，成为政府处理社会问题的伙伴、公平分配资源的手段、公民民主参与的形式，并创造大量就业机会，在社会生活中发挥了十分重要的作用。与此同时，不少国家已经出台专门规范非营利组织和非营利行为的法规，如英国的《慈善法》和《救济法》、日本的《非营利组织法》、南非的《特定非营利活动促进法》、德国的《结社法》、匈牙利的《公益组织法》、捷克的《公益法人法》等。[①]

萨拉蒙分析了非政府组织近年在全球广泛发展的五个原因。一是支配了发展思想 20 多年的主流现代化理论和激进的独立理论已失去了吸引力；二是政府在反贫困问题上的表现让人们越来越意识到寻找公共部门行动和政府支持之外的发展模式成为一项必须优先进行的事务；三是非政府组织本身的崛起；四是国际形势影响，包括全球经济一体化推动政府间就国内政策问题开展更频繁的谈判，冷战结束改变了世界围绕两个超级大国运转的两极格局，全球化媒体系统的出现为非政府组织表达它们的观点提供了平台，民主原则的传播增强了公众参与决策和要求决策透明的愿望；五是非政府组织对自由主义、偏向自由主义的中间派和左派等各个政治派别都有吸引力。[②]

从国内发展来看，专业社会组织真正进入中国主要源自 1995 年第四次世界妇女大会在北京的召开。其间，媒体大量报道并使用"非政府组织"一词，相应书籍开始出版，出现了一批自称"NGO"的草根组织，[③]官方文件中也陆续出现"非政府组织"和"民间组织"等用语。1998 年

---

① 贾西津：《国外非营利组织管理体制及其对中国的启示》，《社会科学》2004 年第 4 期。
② 莱斯特・M. 萨拉蒙等：《全球公民社会——非营利部门视界》，贾西津、魏玉等译，社会科学文献出版社，2002。
③ 王名：《中国非政府组织的发展和现状》，《中国社会科学》（英文版）2007 年第 2 期。

"社团和民办非企业单位管理司"更名为"民间组织管理局",开始对非政府组织进行统一管理。根据民政部发布的《2021 年民政事业发展统计公报》,截至 2021 年底,我国共有社会组织 90.2 万个。

(二)政社关系走向合作共生

从政社关系角度来看,国内学术界总体上延续了从国家－社会分立关系以及政府权力优势地位的视角来思考专业社会组织的发展问题的思路,探讨了政府对专业社会组织的管理和利用,如行政吸纳社会[①]、既控制又支持[②]、行政借道[③]、行政吸纳服务[④]、党政双重吸纳[⑤],以及社会组织嵌入行政、嵌入社区、行政与社会组织双向嵌入[⑥]等。夏建中、张菊枝指出,我国社会组织成为一个蓬勃发展的领域,但总体上尚处于发展初级阶段,呈现出诸如强政府主导、结构不平衡、治理结构不完善、监管不规范、缺乏专业人才及自身能力不足等特点。[⑦] 也有研究认为,社会组织面临"政治化"和"行政化"倾向,存在合法性不足、独立性不强、使命偏移等问题。黄晓春提出,目前社会组织发展与治理转型其他领域间难以形成相互促进的有机联系,应当从总体性理论角度反思中国社会组织的发展,现代社会组织发挥理想的治理和服务功能需要得到诸如基层民主、公共资源配置、政府运行机制优化等多领域改革的配套和支持。[⑧]

---

① 康晓光、韩恒:《行政吸纳社会——当前中国大陆国家与社会关系再研究》,《中国社会科学》(英文版)2007 年第 2 期。
② 陶传进:《控制与支持:国家与社会间的两种独立关系研究——中国农村社会里的情形》,《管理世界》2008 年第 2 期。
③ 黄晓春、周黎安:《政府治理机制转型与社会组织发展》,《中国社会科学》2017 年第 11 期。
④ 蔡长昆、沈琪瑶:《从"行政吸纳社会"到"行政吸纳服务":中国国家－社会组织关系的变迁——以 D 市 S 镇志愿者协会为例》,《华中科技大学学报》(社会科学版)2020 年第 1 期。
⑤ 黄六招、尚虎平、张国磊:《双重吸纳与空间扩展:社会组织的一个生存模型——基于 S 市 M 区的多案例比较研究》,《公共管理与政策评论》2021 年第 2 期。
⑥ 张紧跟:《从结构论争到行动分析:海外中国 NGO 研究述评》,《社会》2012 年第 3 期;陈晓运、黄丽婷:《"双向嵌入":社会组织与社会治理共同体建构》,《新视野》2021 年第 2 期。
⑦ 夏建中、张菊枝:《我国社会组织的现状与未来发展方向》,《湖南师范大学社会科学学报》2014 年第 1 期。
⑧ 黄晓春:《当代中国社会组织的制度环境与发展》,《中国社会科学》2015 年第 9 期。

故近年来，不少学者反思了中国社会组织的生存问题，认为需要探索在中国国情下如何找寻一条社会组织的务实发展道路。如可以通过枢纽型社会组织带动社会组织群的建设，实现国家和社会组织之间的合作共赢；[1] 构建"政府 - 枢纽型社会组织 - 会员社会组织"的对称性、均衡性互惠合作共生关系；[2] 实现政府与社会的"双向嵌入"和"双向赋权"，凸显政府与社会的互塑逻辑等。[3]

二　社会经济和社会企业的国内外研究

社会经济主要来自欧洲天主教义和民族主义的法团主义传统。在政治领域，法团主义主张国家权威的主导性和控制力，强调国家与社会之间的模糊关系，[4] 倡导阶级和谐与有机团结，在全国性政策的制定和实施中，以层级方式组织和代表社会及功能团体的利益，并由这些团体对其成员进行内部规训。[5] 在一些国家，社会经济与社会企业是类似概念，主要指合作社经济；在一些国家，社会企业比社会经济的概念范围更宽泛。[6]

（一）社会经济的发展

"社会经济"这一术语于 19 世纪 30 年代首先出现在法国，开始定义相对模糊，后来随着第三部门运动的发展而逐步清晰，但它的外延要小于第三部门。其主要作用为：以多元的方式监督政府及市场的经济活动，

---

[1] 张荆红、丁宇：《互依联盟何以可能？——中国枢纽型社会组织与国家之关系及其改革走向》，《北京师范大学学报》（社会科学版）2018 年第 6 期。

[2] 刘耀东：《中国枢纽型社会组织发展的理性逻辑、风险题域与应对策略——基于共生理论的视角》，《行政论坛》2020 年第 1 期。

[3] 王川兰：《中间层和"双面胶"：枢纽型治理视角下政社关系的创新与重构——基于上海市 J 区基层社会治理实践的考察》，《西北师大学报》（社会科学版）2021 年第 6 期。

[4] 徐勇：《治理转型与竞争——合作主义》，《开放时代》2001 年第 7 期。

[5] 张汉：《"地方发展型政府"抑或"地方企业家型政府"？——对中国地方政企关系与地方政府行为模式的研究述评》，《公共行政评论》2014 年第 3 期。

[6] 在欧洲国家，如德国、法国、意大利、芬兰、葡萄牙等，一些"社会企业"倾向于选择合作社这一法人，这与他们的国家互助组织发展传统有关，17 ～ 18 世纪欧洲国家出现了行会、工会、相互保险公司、生产合作社、销售合作社、信用合作社等互助合作组织，虽然福利国家建立之后，很多西方互助组织解体，或处于补充性、辅助性的地位，但也有一些互助组织在北欧、南欧的一些国家成为福利制度框架的一部分，一些互助团体还有自己的医院、养老院和康复中心等。2003 年欧盟委员会将现代互助组织定义为：主要满足其成员需要而不是实现投资回报的自愿人员组织（自然或法律），这些组织是由成员参与治理，并按照成员之间的团结原则运作的。

并通过不同的路径于经济事务上实现社群赋权。其要旨包括：以人为本、立足小区、互助合作、民主参与、人与土地的和谐共生、生产不是为了消费而是为了解决民生问题、多元化的社会所有制等。①

不同学者对社会经济的边界界定不同，其涵盖范围大小不一。法国经济学家蒂埃里·让泰最早提出社会经济概念，他认为，社会经济不是以人们工资、收益等衡量资本主义经济的办法来衡量的。它的产出是把社会效果和间接的经济效益结合在一起的。"社会经济从社会效果的角度才能最好地加以理解，它极大地补充了传统经济学想衡量而又不知如何衡量的内容。"② 莫洛伊等学者对社会经济的界定范围相对宽泛，认为社会经济活动能够为当地居民和共同体（社群）提供参与当地经济复苏和就业创造的各个阶段的机会，包括从识别人们的基本需要，到将基本需要创造性转化成实践。社会经济覆盖了自助与合作社运动的经济潜力和活动，其组织形式包括合作社、自助项目、信用联社、住房协会、合作伙伴、社区企业和商业等。

我国学者杜园园从社会经济与市场经济区分的角度总结了社会经济特点，认为社会经济区别于主流市场的运作模式，重视经济活动背后的社群关系，提倡社群之间的互助合作及团结精神，对个体及社会目标的重视高于资本与利润，反对资本主义只着眼于狭隘的个人利益和对利润的追求，认为社会经济是真正回归社区和人的发展需求的。她将社会经济的特征总结为：一是依托第三部门，二是以服务先于营利为宗旨，三是经济活动嵌入地方社会与文化，四是强调经济民主。③

雅克·迪夫尼、帕特里克·德夫尔特雷、赵黎则将社会经济主要界定为合作社、社团和互助协会，④ 这一界定类似于对"合作经济"的界定。其相对严格的伦理标准包括：一是对成员或当地社会的服务应优先

---

① 潘毅、陈凤仪、阮耀启：《社会经济在香港——超越主流经济的多元性实践》，《开放时代》2012 年第 6 期。

② 参见杰里米·里夫金：《工作的终结——后市场社会的来临》，王寅通等译，上海译文出版社，1998，第 278 页。

③ 杜园园：《社会经济：发展农村新集体经济的可能路径——兼论珠江三角洲地区的农村股份合作经济》，《南京农业大学学报》（社会科学版）2019 年第 2 期。

④ 雅克·迪夫尼、帕特里克·德夫尔特雷、赵黎：《"社会经济"在全球的发展：历史脉络与当前状况》，《经济社会体制比较》2011 年第 1 期。

于营利；二是管理自治；三是实行民主决策机制；四是在盈余分配上奉行以成员及劳动为本，而非以收入分配为本。社会经济的目的是为其成员或当地社会提供服务，并不将其提供的服务作为资本投资的工具，因此，盈余的产生是一种提供服务的手段，而并非开展经济活动的主要驱动力。管理自治原则将社会经济与政府部门提供的产品和服务相区分。

（二）社会企业的发展

世界经济合作与发展组织（OECD）于 1994 年在一份报告中首次使用了社会企业的概念，其认为社会企业是指既利用市场资源又利用非市场资源以使低技术工人重返工作岗位的组织；① 而后在 1999 年的一份报告中完善了其先前对社会企业的定义，认为社会企业是任何为公共利益而进行的私人活动，可以为社会问题带来创新性的解决办法。② 同一时期，欧洲社会企业研究网络（EMES）提出，社会企业是社会经济的转型，社会企业包括合作社之非营利化和社团之企业化。③ 根据学者丹尼斯·杨对社会企业的界定，从社会企业的本质来讲，社会企业是处于纯慈善（非营利组织）与纯营利（私人企业）之间的连续体；从组织结构来讲，社会企业则具备两种界定方式，其一，营利的商业组织对于公共财政的贡献，其二，非营利组织通过商业化手段获得盈利。④

在美国，社会企业被理解为由各种非营利和营利组织所构成的一个连续统一体。从具备社会承诺的营利公司（如企业慈善），到协调利润和社会双重目标的公司（混合体），再到通过商业化方式获得利润来支持社会使命的非营利组织（如销售与使命相关或不相关的产品、成立营利子公司、与营利公司合作、从事与其事业相关的市场营销等）。⑤ 自2008 年起，美国各州颁布新的法律形式以应对社会企业的发展，主要包括：低利润有限责任公司（Low-Profit Limited Liability Company，L3C）、

① 潘小娟：《社会企业初探》，《中国行政管理》2011 年第 7 期。
② 时立荣：《转型与整合：社会企业的性质、构成与发展》，《人文杂志》2007 年第 4 期。
③ 刘继同：《社会企业》，社会科学文献出版社，2002，第 197 页。
④ Dennis R. Young, "Organizational Identity in Nonprofit Organizations: Strategic and Structural Implications," *Nonprofit Management and Leadership* 12.2 (2001): 139 – 157.
⑤ Dennis R. Young, "Social Enterprise in Community and Economic Development in the USA: Theory, Corporate Form and Purpose," *International Journal of Entrepreneurship and Innovation Management* 3 (2006): 241 – 255.

共益公司（Benefit Corporation，BC）、弹性目标公司（Flexible Purpose Corporation，FPC）、社会目的公司（Social Purpose Corporation，SPC）等。其中低利润有限责任公司和共益公司已为各州所采纳，低利润有限责任公司允许社会企业将部分利润分配给投资者。①

2005 年，英国颁布《社区利益公司条例》，该条例以列举的方式排除了非社区利益公司，进一步界定了为社区利益服务的行为，实际而言是对社会企业中的"社区利益"及其服务的领域进行规定。② 2013 年，英国成立了全球首家服务于社会企业的社会证券交易所（Social Stock Exchange），准入门槛是社区利益测试（Community Interest Company Test）。英国针对社会企业的认证创设了由国务大臣任命的独立的专门监管机构——社区利益公司监管人（The Regulator of Community Interest Company）。社会企业在设立前必须通过社区利益公司监管人的社区利益测试。社区利益测试考察的内容主要着眼于三个方面：公司目的、透明度以及业务范围。自 2012 年以来，英国制定的认证标准已被欧盟用于公开的合同招标。③

在中国香港，社会企业的发展也较为迅速，运作模式有许多种，包括企业模式、合作社、社区经济发展项目等，业务或服务性质涉及商品制作及销售（便利店、手工艺品、环保产品及健康食品）、家居服务（维修及保养、托儿服务）、一般清洁服务（汽车清洁及美容、办公室清洁）、餐饮服务（餐饮、小卖部、社会服务）、个人护理服务（剪发、按摩、美容、保健）、其他服务（商务支援服务、旅游服务、电话及市场调查服务、园艺及耕种服务）等。④

（三）社区经济与社区社会企业

除了社会经济、社会企业以外，一些研究和实践也使用了社区经济

---

① 马更新：《社会企业的法律界定与规制》，《北京联合大学学报》（人文社会科学版）2021 年第 3 期。

② 秦伟：《2005 年英国社区利益公司条例》，载顾功耘主编《公司法律评论 2015 年卷》，上海人民出版社，2015，第 272 ~ 273 页。

③ 王世强：《"社会企业"概念解析》，《武汉科技大学学报》（社会科学版）2012 年第 5 期。

④ 徐家良、黄珊：《社会经济发展模式分析——以小红帽社区志愿者协会为例》，《中共浙江省委党校学报》2008 年第 5 期。

或社区社会企业的说法。张琦认为，社区经济是从社会经济大环境中发育而成的，是社会经济的具体表现形式。社区经济的内涵是在社区范围内，由社区居民作为经济活动的主要参与者的一切经济活动，主要可分为营利型经济和非营利型经济。营利型经济指依照市场机制、遵循价格规律，追求经济利润最大化的经济活动，包括以前的街道经济。非营利型经济指以非营利组织为行为主体，以社区福利最大化为目标，以解决社区的社会必需，改善本社区的社会环境，提高本社区的生活质量为己任的经济活动。①

陈宪认为，社区经济之于社会经济，正如厂商之于市场经济。厂商是市场经济的微观组织，而社区则是社会经济的微观组织。社区经济是社会经济具体而微的表现形式，故社会经济的成因很大程度上就是社区经济的成因。② 胡伟认为陈宪的提法有其合理之处，使社区经济从区街的限制中跳脱出来，将着眼点转移到服务于居民生活、公共利益上来。但他也认为，这种对社区经济的定性超乎当前中国城市社区的发展现实，因而带有一定的理想化色彩。他指出，第三域指的是政府和企业都难以顾及的一个空间，在这个空间里个人可以发挥其精力为公共利益服务，但以中国城市目前的经济发展水平和居民的生活水平及思想觉悟，个人不可能以极大的热情参与到以非营利型经济为主的公共利益服务中去，特殊的体制背景下也极难发育非营利组织主体。③

2022 年，《成都市"十四五"城乡社区发展治理规划》界定了社区社会企业的概念，社区社会企业是指由城镇社区居民委员会发起设立，以社区党组织为引领、居委会为主导、社区资源活化利用为路径、实现社区公共利益为导向、服务社区居民为目标的，国有资本、社会资本参股的混合所有制新型社区经济组织。

从长远发展角度，笔者认为，在中国，社会经济等同于互助合作经济，其和社会企业均是相对广义的概念。社会企业是社会经济的参与主体，社区经济则是社会经济的主要组成部分，社区经济的参与主体包括社会企业，也包括社区社会企业等。

---

① 　张琦：《关于经济法的社会经济功能研究》，《山西青年》2016 年第 16 期。
② 　陈宪：《发展城市社区经济的思考》，《上海经济研究》2000 年第 7 期。
③ 　胡伟：《社会经济调查与政府战略决策研究》，《社会科学辑刊》2004 年第 4 期。

第三节　述评与小结

以往城市基层社会治理研究多沿袭西方的国家－社会分立制衡思想，期待生发中国本土的市民社会思想；随着国内研究的逐步深入，不少学者已经认识到中国以集体主义的社会为本，以维护国家长治久安为根本目的，也认识到迅速凸显的基层社会治理风险对国家安全有着重要影响，开始从整体、系统的角度分析多元主体参与城市基层社会治理的结构和过程。正如李友梅所言，政府行政治理所强调的纵向秩序整合机制与社会力量参与治理所借助的横向秩序协调机制，都暗含着一些相互矛盾的诉求，并自发排斥对方的涉入；[①] 在与政府、市场的互动中，社会组织虽然会不断成长，但政府、市场也会自发对其进行抵制，以防社会组织过分壮大。故面对中国基层社会快速增长的复杂需求，以及互联网化之后效应叠加的社会环境，面对中国基层社会理性认知与协商能力的不断提高，社会内部自发调解多方矛盾是难以实现的。如何通过党的领导、政府负责、多方参与协调，推动多方共同成长，形成一种能够自我调适的均衡稳定的基层社会系统，这亟待破题。

现有研究虽对基层社会治理的理论与实践进行了深入探索，为本书的写作提供了重要的理论启发，但笔者认为，现有研究存在明显的固有框架局限，导致其很难超越实践、指导实践。可将不足之处总结为以下四个方面：一是系统思维和党的领导逻辑、人民逻辑视角相对缺乏。党的领导逻辑、人民逻辑决定了中国基层社会治理需要系统思维。但现有研究多属于立足于西方理论的中国解释，尤其是受西方个人主义与分立制衡思想影响，以政府与社会互动研究为主，较少地将党、政府、社会、市场置于同一系统中进行研究，分析如何建设党领导的基层社会系统。同时，许多研究或是对宏观层面的顶层设计和政策解读，或是个人思想的阐发，或只涉及微观经验材料的经验性陈述，没有给出具有中国情景的普遍解释。二是将社会组织与专业社会组织等同起来，缺乏对党领导

---

① 李友梅：《中国社会管理新格局下遭遇的问题——一种基于中观机制分析的视角》，《学术月刊》2012 年第 7 期；李友梅：《关于城市基层社会治理的新探索》，《清华社会学评论》2017 年第 1 期。

的"人在组织中"的基层自治组织体系实现可持续运转的机制、策略、路径的研究，缺乏对党领导的基层互助合作的研究，更多地关注草根型的专业社会组织、社工机构等。三是缺乏市场经营社会思维。市场是基层社会治理的动力源泉。基层社会治理是以满足人民需求为核心的参与、福利、服务与保障，但这并非纯粹的"人"的组织，而是包含社区非正式工作、社会企业、社区经济等在内的社会经济体。四是对基层监督研究相对较少。一个均衡的社会系统不能只有合作，必须要有监督，并且以组织、制度、文化的形式体现出来，现有研究对基层监督的关注较少。

故本书认为，不同于西方国家 - 社会分立制衡的市民社会二元框架，中国特色基层社会治理体系是以集体主义和有效治理为目的的均衡社会系统；在具有中国特色的国家与社会关系中，应当将政党提取出来，把市场带入进去；在社会治理组织体系方面，应当包括国家领导下的社会与市场、党领导下的政府 - 社会 - 市场两层。后文也将依此思路进行理论研究和案例研究。

第三章　城市基层社会治理体系的结构分析

习近平总书记 2017 年在会见全国社会治安综合治理表彰大会代表时强调："要坚定不移走中国特色社会主义社会治理之路，善于把党的领导和我国社会主义制度优势转化为社会治理优势，着力推进社会治理系统化、科学化、智能化、法治化，不断完善中国特色社会主义社会治理体系，确保人民安居乐业、社会安定有序、国家长治久安。"[①] 党的十九届四中全会正式提出，"完善党委领导、政府负责、民主协商、社会协同、公众参与、法治保障、科技支撑的社会治理体系"。[②] 党的二十大报告进一步指出，"必须坚持系统观念"，[③] 要 "不断提高战略思维、历史思维、辩证思维、系统思维、创新思维、法治思维、底线思维能力，为前瞻性思考、全局性谋划、整体性推进党和国家各项事业提供科学思想方法"。[④] 同时，将完善社会治理体系作为推进国家安全体系和能力现代化，坚决维护国家安全和社会稳定的内容之一。

而之所以要以系统思维建构中国特色基层社会治理体系，主要原因就在于：中国作为人口规模庞大的社会主义国家，一方面，国家安全面临复杂多元的风险挑战，必须建立稳定均衡而非分立制衡的基层社会系统；另一方面，社会主义国家有能力集中力量去建设好基层社会系统。故中国特色基层社会治理体系建设的关键是以人民为中心、以社会为本，从满足人民美好幸福生活需求出发，在党委领导、政府负责之下，把现有资源最大限度地调动、整合起来，为发展所用，为人民所用，建设基

---

① 中共中央党史和文献研究院编《习近平关于总体国家安全观论述摘编》，中央文献出版社，2018，第 152 页。

② 中共中央党史和文献研究院编《十九大以来重要文献选编》（中），中央文献出版社，2021，第 287 页。

③ 习近平：《高举中国特色社会主义伟大旗帜 为全面建设社会主义现代化国家而团结奋斗——在中国共产党第二十次全国代表大会上的报告》，人民出版社，2022，第 20 页。

④ 习近平：《高举中国特色社会主义伟大旗帜 为全面建设社会主义现代化国家而团结奋斗——在中国共产党第二十次全国代表大会上的报告》，人民出版社，2022，第 21 页。

层均衡社会系统。本章将以社会系统理论、结构化理论、协同治理理论为理论指导，分析中国特色城市基层社会治理体系的具体构成和结构关系。

第一节 理论基础

本书的理论基础主要包括：社会系统理论、结构化理论、协同治理理论，本节将对其进行具体介绍并总结本书的理论框架。

一 社会系统理论和结构化理论

（一）社会系统理论

贝塔朗菲于 1937 年首次提出"系统"这一概念，认为系统是相互作用的诸要素的综合体。塔尔科特·帕森斯对社会系统进行了深入研究，并于 20 世纪 50 年代出版《关于一般行动的理论》和《社会系统》。他着重分析了社会系统结构和功能的协调整合，提出了功能主义模式（AGIL 模式），并将其应用于社会系统，分析了社会各功能、各层次亚系统之间的关系，为理解社会系统的运行提供了基本框架。

帕森斯社会系统理论认为，社会系统是多个行为主体（子系统）通过不同角色相互影响的动态模型，以一个整体、均衡、自我调适的样态维持着社会运转的自然秩序，行为主体（子系统）之间的关系结构形成了社会系统的基本结构，并以其自身的特有功能（适应功能、目标实现功能、整合功能和模式维持功能）对社会整体的发展和运行发挥作用。他认为，这四个"功能问题"实质上构成了说明任何一种社会系统的"延存问题"的基本条件，故不断迭代的每个子系统又由相应的四个亚系统组成，四个子系统之间也存在相互促进功能实现的关系。[①] 其中，适应功能是指从外部环境中汲取生存所需的物质和能量，从而维持系统的生存与发展；目标实现功能是指通过建立合适的目标，调动需要的资源，实现协调的互动与努力，以使系统与其环境的关系达到一个期望改

[①] 塔尔科特·帕森斯：《社会行动的结构》，张明德、夏遇南、彭刚译，译林出版社，2003。

变的过程，从而促进整个系统目标的达成；整合功能是指促进和加强系统的组成部分之间的协调，将其整合成一个大的运行系统，保证应付社会秩序运作中可能产生的各种不正常现象或病态状况；模式维持功能是指保证系统重新开始运作时能够照常恢复互动关系，即通过保存、传递文化维持基本的价值体系，使整个行动保持稳定。[①] 根据帕森斯的社会系统理论，每一个系统自身机能的实现，都是系统和环境、系统和系统之间多重迭合的相互作用的结果，所以，社会体系中角色的首要功能是适应，社会系统需要被组织得能够与其他系统相容、得到其他系统的支持、满足其行为主体的各种需要，并达到一种有意义的调适。[②] 从适应性变迁角度来看，社会系统需要提高自己满足功能要求的能力，激发其创造新结构、抛弃现行结构的自我组织化能力。[③]

帕森斯社会系统理论的不足之处在于，其认为总能通过各子系统的功能协调实现社会系统的稳定运行，从而将社会系统看作封闭的和静态平衡的。尼可拉斯·鲁曼从哲学的高度扬弃了帕森斯社会系统理论，进一步推动了社会系统理论的发展和完善。尼可拉斯·鲁曼的主要思想包括三点：一是强调社会系统对环境的依赖，他认为社会系统并非孤立和自我封闭的系统，而是与环境之间存在密切交往的开放系统，社会系统是在极端复杂的环境中减少选项的一种运行方式；二是认为社会系统是不断演化的，环境中任何系统的变化，都意味着其他系统要发生变化；三是强调社会系统内部各要素相互关系的重要性，系统内部相互关联的各要素之间必须存在一种中介，使相互关联的各要素能够通过这个中介协调起来。

总体而言，在社会学的系统论视角下，社会系统是开放的和动态的，它由若干要素组成。这些要素不是机械的零部件，而是人认识环境的前提和结果。这些要素组成多个维度、多个层次的子系统，这些子系统以某种结构关系连接组成内部系统，在相互作用以及与外部环境的互动下，共同影响和维持社会系统的存在和运行（见图 3 - 1）。

---

① 刘润忠：《试析结构功能主义及其社会理论》，《天津社会科学》2005 年第 5 期。
② 于海：《行动论、系统论和功能论——读帕森斯〈社会系统〉》，《社会》1998 年第 3 期。
③ 富永健一：《关于功能理论、社会系统理论及社会变动问题的再思考》，《社会学研究》1987 年第 1 期。

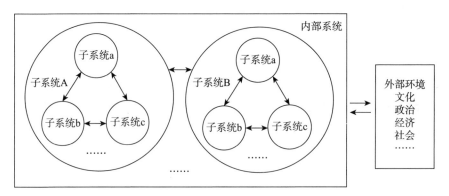

图 3 - 1　社会系统构成示意

（二）结构化理论

在社会系统理论基础上，20 世纪 70 年代中后期，吉登斯提出"结构化理论"，并在 1984 年出版的《社会的构成——结构化理论纲要》（*The Constitution of Society：Outline of the Theory of Structured*）中将宏观理论与微观分析相结合，为解释个人、组织与社会，行动与结构之间的关系提供了新的视角。

在吉登斯的结构化理论中，结构是"社会再生产过程中被循环反复组织起来的一系列行动的规则与资源"，规则是"在社会实践的实施及再生产活动中运用的技术或可加以一般化的程序"，[①] 主要由行动主体在行动时所依赖的各种正式制度、非正式制度以及各种有意义的符号构成。资源是对各种物质现象和行动主体产生控制的各类"转换能力"，是权力得以实施的媒介，可划分为两种，一种是配置性资源，即各种物质实体性资源，源于人类对自然的支配；另一种是权威性资源，即行动主体所拥有的权威和各种社会资本等，源于一些人对另一些人的支配。[②]

在对包括规则、资源的结构分析基础上，吉登斯构建了行动主体的行为框架，认为人的行动包含动机激发、理性化和反思性监控三个过程。

---

① 安东尼·吉登斯：《社会的构成——结构化理论纲要》，李康、李猛译，中国人民大学出版社，2016，第 20 页。

② 李红专：《当代西方社会理论的实践论转向——吉登斯结构化理论的深度审视》，《哲学动态》2004 年第 11 期；张云鹏：《试论吉登斯结构化理论》，《社会科学战线》2005 年第 4 期。

这意味着，基于某种动机，行动主体及时采取行动，习惯性地保持对自己活动的各种环境条件的理论性领悟，试图认识自身活动、他人的反应以及身处的外部环境，三个过程背后对应的意识层次分别是无意识、实践意识和话语意识。综合前文，结构与行动便具有了内在的二重性：一方面，行动主体具有能动性，结构是行动的产物；另一方面，结构是行动得以开展的前提条件，对行动具有约束性和使动性。[①] 而结构与行动之间这种相互依持、互为条件的辩证关系反映在处于时空之中的社会实践中，结构只有在实践的中介下才不是一种抽象的理论概念，即"作为时空在场的结构只是以具体的方式出现在这种实践活动中，并作为记忆痕迹导引着具有认知能力的行动者的行为"。[②] 需要注意的是，吉登斯所说的能动并非仅指个体拥有的特征，也是某种组织或集体的特征。[③]

此外，"系统"是跨越实践时空的行动主体或集合体之间的由结构组织起来的各种关系网络，可将其理解为被再生产出来的具有结构化特征的实践活动，"系统"在实践时空中延展到最大就成为"制度"。[④] 总体来看，吉登斯结构化理论提出了社会结构和社会行动互为建构的模式。结构和行动不是外在作用的二元关系，而体现为内在的二重性。结构是整合了各种规则和资源的不断再生产的结果，内在于行动，对行动具有约束性和使动性；行动主体在生产出结构性特征的同时，也通过对行动的反思性监控再生产出行动的条件，主体与客体在实践的媒介下得以统一。结构–行动互构示意，如图3–2所示。

[①] 于海：《结构化的行动，行动化的结构——读吉登斯〈社会的构成：结构化理论大纲〉》，《社会》1998年第7期；刘少杰主编《国外社会学理论》，高等教育出版社，2006；金小红：《吉登斯的结构化理论与建构主义思潮》，《江汉论坛》2007年第12期；乔丽英：《吉登斯结构化理论中"行动"概念的深度审视》，《江西师范大学学报》（哲学社会科学版）2007年第5期；董才生、王远：《论吉登斯结构化理论的内在逻辑》，《长白学刊》2008年第3期；吴予敏：《城市公共文化服务的结构二重性和社会行动者——以吉登斯结构化理论为视角》，《学术研究》2016年第10期。

[②] 陆春萍、邓伟志：《社会实践：能动与结构的中介——吉登斯结构化理论阐释》，《学习与实践》2006年第2期。

[③] 金小红：《安东尼·吉登斯的结构化理论与"第三条道路"》，《郑州大学学报》（哲学社会科学版）2007年第1期。

[④] 郎朗、林森：《结构化理论在"地方"研究中的应用——以北京三里屯的演变为例》，《地理研究》2017年第6期。

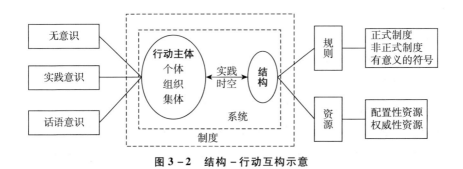

图 3 − 2　结构 − 行动互构示意

二　协同治理理论

相比于社会系统理论和结构化理论的宏观论述，协同治理理论聚焦治理问题，开创了在开放系统中寻找有效治理结构的研究范式，对于中国的基层社会治理具有较强的解释力。

协同学（Synergetics）最初由德国物理学家赫尔曼·哈肯于 20 世纪 70 年代创立，是研究普遍规律支配下的有序的、自组织的集体行为的科学。协同学认为，子系统之间的协同合作产生宏观的有序结构，协同形成结构，竞争促进发展，即在一个开放系统中，各个组成部分不断地相互探索新的位置、新的运动过程或反应过程，在外界能量不断地输入或新加入物质的影响下，集体的运动或反应过程压倒其他过程，这种过程不断地自我加强，最终支配其他运动形式，形成新的宏观结构。[①] 基于协同学和治理理论，国外学者对协同治理进行了定义。联合国全球治理委员会将协同治理定义为个人、各种公共或私人机构管理其共同事务的诸多方式的总和，它是使相互冲突的不同利益主体得以调和并且采取联合行动的持续的过程。[②] 安塞尔和加什对协同治理的定义被多次引用，他们认为协同治理是一种治理安排，即单一或多个公共机构与非国家部门利害关系人在正式的、以达成共识为目的的、协商的集体决策过程中

---

① 张立荣、冷向明：《协同治理与我国公共危机管理模式创新——基于协同理论的视角》，《华中师范大学学报》（人文社会科学版）2008 年第 2 期；李汉卿：《协同治理理论探析》，《理论月刊》2014 年第 1 期。

② Commision on Global Governance：*Our Global Neighborhood*（New York：Oxford University Press，1995）.

直接对话，以期制定或执行公共政策、管理公共项目或财产。[①] 其他学者对协同治理进行定义时，或强调公共目标的官选性、各参与方话语权和地位的平等性，或突出个人和组织的自主性、规则的重要性等。[②]

综合协同学和治理理论要义以及西方理论界定义，中国学者将协同治理概念引入国内，更加强调在中国系统的政治结构下的各行动主体为达到共同治理目标而进行的共同努力，同时指出，协同除了合作与协调之外，还包括竞争、冲突与博弈。[③] 笔者比较认同熊光清、熊健坤提出的多中心协同治理模式，[④] 即消除单一中心理论存在的局限性，解决治理主体的多元化问题，同时强调发挥系统整体中心与多元主体之间的协同效应，合理处理多元治理主体之间的关系。

三　本书的理论基础

本书结合社会系统理论、结构化理论、协同治理理论，将行动 – 过程 – 结构融入基层社会治理研究，分析在基层社会的整体开放系统中，以党组织、政府、企业、专业社会组织、社区、居民等为子系统，以各种规则和资源为控制参量，子系统或诸要素间相互协调、竞合，在共同参与、互动中推动治理过程的有效运转，并与治理结构、系统、制度相互转化的基层社会治理体系建设（见图 3 – 3）。在第二至第三章中着重对城市基层社会治理体系结构进行理论分析，第四至第十章则立足实践分析治理运转过程。

---

① C. Ansell & A. Gash，"Collaborative Governance in Theory and Practice," *Journal of Public Administration Research and Theory* 18（2007）：543 – 571.

② Pepper D. Culpepper，"Institutional Rules，Social Capacity，and the Stuff of Politics：Experiments in Collaborative Governance in France and Italy," *SSRN Electronic Journal*（2003）；Keon S. Chi，*Four Strategies to Transform State Governance*（Washington，DC：IBM Center for The Business of Government，2008）；Mark T. Imperial，"Using Collaboration as a Governance Strategy：Lessons from Six Watershed Management Programs," *Administration & Society* 37.3（2005）：281 – 320.

③ 何水：《协同治理及其在中国的实现——基于社会资本理论的分析》，《西南大学学报》（社会科学版）2008 年第 3 期；燕继荣：《社区治理与社会资本投资——中国社区治理创新的理论解释》，《天津社会科学》2010 年第 3 期；刘伟忠：《我国协同治理理论研究的现状与趋向》，《城市问题》2012 年第 5 期。

④ 熊光清、熊健坤：《多中心协同治理模式：一种具备操作性的治理方案》，《中国人民大学学报》2018 年第 3 期。

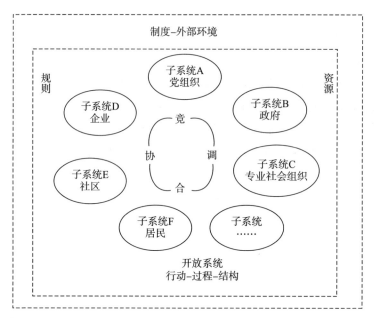

图 3 - 3　本书理论基础示意

第二节　概念界定

本节主要进行两组概念界定，一组为城市、基层社会和社区，一组为基层社会治理和社区治理。

一　城市、基层社会和社区

（一）城市

起初，"城"和"市"是两个不同概念，"城"主要表征人的政治社会集合，"市"则是地域的非农经济功能的体现。"城"早于"市"出现，汉字"国"的意思之一是城邑，"国"的字形直观显示出"城"四围的城墙具有防御功能。"城"是因生产发展和防御需要而产生的以土、木、石墙或沟池相围而成的大规模城堡。这体现了人类原初时代在"城"创立上的共性，[①] 也即傅筑夫所说："城市兴起的具体地点虽然不

---

① 转引自张光直《关于中国初期"城市"这个概念》，《文物》1985 年第 2 期。

同，但是它的作用则是相同的，即都是为了防御和保护的目的而兴建起来的。"[1] 而"市"是一个具有贸易、交换功能的概念，是指商品交换的场所。"城"和"市"结合便形成早期的城市，城市是以非农经济活动为主的人口聚集地。城市的历史功能也在于，它将血缘、地缘以及文化传统上大相径庭的各色陌生人聚合，促进异质特性交换和交流，从而获得"比较优势"，深刻改变人类的物种特征，造就文化上的"杂交"。[2]

　　随着社会经济的发展，城市的内容、功能、结构、形态在"城"和"市"的基础上不断演变。依据我国《城市规划基本术语标准》，城市（城镇）是指以非农产业和非农业人口聚集为主要特征的居民点，包括按国家行政建制设立的市和镇。根据我国 1989 年版《中华人民共和国城市规划法》的规定，城市是指国家按行政建制设立的直辖市、市、镇。中国城市设置标准分为设市标准和设镇标准，其中设市标准又分为设立县级市的标准和设立地级市的标准，且设市标准的演变与社会经济状况密切相关。1993 年 2 月，民政部向国务院提交了《关于调整设市标准的报告》，国务院于 1993 年 5 月正式发文批转试行。1993 年的设市标准分为设立地级市标准和设立县级市标准两部分，具体内容见表 3 - 1、表 3 - 2。除此之外，还明确了不予设市的范围，并指出少数经济发达的镇，可考虑撤镇设市。

表 3 - 1　设立地级市标准

市区非农业人口（万人）	25
市政府驻地非农业户口人口（万人）	20
工农业总产值（亿元）	30
工业产值占工农业总产值比重（%）	80
国内生产总值（亿元）	25
第三产业产值占国内生产总值比重（%）	35% 以上并大于第一产业产值
地方本级预算内财政收入（亿元）	2

资料来源：浦善新《中国行政区划概论》，知识出版社，1995，第 340 页。

　　根据国家统计局发布的数据，2021 年末，我国城市数量为 691 个，

---

① 傅筑夫：《中国经济史论丛》（上册），生活·读书·新知三联书店，1980，第 323 页。
② 周毅：《城市化理论的发展与演变》，《城市问题》2009 年第 11 期。

地级以上城市 297 个，县级市 394 个，建制镇 21322 个。①

表 3 - 2   设立县级市标准

人口密度		>400 人/千米²	100 ~ 400 人/千米²	<100 人/千米²
县政府 驻地镇	非农业人口（万人）	12	10	8
	其中具有非农业户口人口（万人）	8	7	6
	自来水普及率（%）	65	60	55
	道路铺装率（%）	60	55	50
	城市基础设施较完善，排水系统较好			
全县	非农业人口（万人）	15	12	8
	非农业人口占总人口比重（%）	30	25	20
	乡镇以上工业产值（亿元）	15	12	8
	乡镇以上工业产值占工农业总产值比重（%）	80	70	60
	国内生产总值（亿元）	10	8	6
	第三产业产值占国内生产总值比重（%）	20	20	20
	地方本级预算内财政收入	总值（万元）	6000	5000	4000
		人均（元）	100	80	60
		承担一定的上级支出任务			

资料来源：浦善新《中国行政区划概论》，知识出版社，1995，第 340 页。

（二）基层社会

《现代汉语词典》（第 7 版）对"基层"的解释是"各种组织中最低的一层，它跟群众的联系最直接"。学界对基层社会的界定包括两个维度：一是国家治理的基层，二是社会系统的基层。以国家和社会为相对参照，不少研究认为，基层是国家与社会的交汇处，也即国家权力控制与民间自治力量的交接部。② 有研究提出，基层社会是指街道、乡镇以

① 国家统计局：《新型城镇化建设扎实推进 城市发展质量稳步提升——党的十八大以来经济社会发展成就系列报告之十二》，国家统计局官方网站，2022 年 9 月 29 日，http://www.stats.gov.cn/xxgk/jd/sjjd2020/202209/t20220929_1888803.html。
② 孙柏瑛、武俊伟：《"双向建构"中的城市政府基层社会治理转型——路径、困境与未来展望》，《公共管理与政策评论》2018 年第 1 期；孙柏瑛、蔡磊：《十年来基层社会治理中党组织的行动路线——基于多案例的分析》，《中国行政管理》2014 年第 8 期。

下的社会单位和共同体。① 有研究提出，基层既包括街道、社区、村庄
这样的区域型社会空间，也包括机关、企事业单位这样的单位型社会空
间，还包括社会组织、社会团体这样的行业型社会空间。在城市主要是
街道、社区层面，在农村主要是乡镇、村层面。② 也有研究提出，广义
的基层包括城市社区居委会、农村社区村委会、企业事业单位、城乡基
层政权机关以及社会组织，狭义上的基层特指社区。③

　　从国家治理的基层角度来看，基层是指相对于中层、上层而言的国
家政权结构和社会管理体系的最低层次，是国家治理体系的末梢，是政
治结构中最基础的权力。直接性是基层最突出的特点，即直接面向人民
群众，直接接受人民群众的监督。④ 从社会系统的基层角度来看，基层
的社会意义指向民间，与人民生产生活相关，是人们日常生活所发生的
共同空间，是社会的所有成员在日常生活中共同分享到的各种社会关系
和社会情感，是直接接触的各类组织和制度。⑤ 孙柏瑛、武俊伟指出，
基层是以市民为社会主体的共同生活空间和维系交往关系的地域纽带，
其载体是社区的自主治理。⑥

（三）社区

　　学界主要结合地理区划、特定功能和社会关系界定城市社区。德国社
会学家滕尼斯在《共同体与社会：纯粹社会学的基本概念》（*Gemeinschaft*
und Gesellschaft：*Grundbegriffe der reinen Soziologie*）一书中，通过对"社
区"与"社会"的比较分析首次提出社区的概念，认为社区是建立在血

---

① 郎友兴、葛俊良：《让基层治理有效地运行起来：基于社区的治理》，《浙江社会科学》
　　2014 年第 7 期；武三中：《基层社会治理视角中的基层党建问题研究》，《探求》2015
　　年第 6 期。
② 江治强：《基层社会治理机制的构建设想和路径》，《中国民政》2013 年第 9 期。
③ 李慧凤、郁建兴：《基层政府治理改革与发展逻辑》，《马克思主义与现实》2014 年第 1 期。
④ 徐勇：《农民改变中国：基层社会与创造性政治——对农民政治行为经典模式的超越》，
　　《学术月刊》2009 年第 5 期；王乐夫：《中国基层纵横涵义与基层管理制度类型浅析》，
　　《中山大学学报》（社会科学版）2002 年第 1 期；程又中、张勇：《城乡基层治理：使
　　之走出困境的政府责任》，《社会主义研究》2009 年第 4 期；周定财：《基层社会管理
　　创新中的协同治理研究》，博士学位论文，苏州大学，2017；郁建兴、关爽：《从社会管
　　控到社会治理——当代中国国家与社会关系的新进展》，《探索与争鸣》2014 年第 12 期。
⑤ 周庆智：《基层社会自治与社会治理现代转型》，《政治学研究》2016 年第 4 期。
⑥ 孙柏瑛、武俊伟：《"双向建构"中的城市政府基层社会治理转型——路径、困境与未
　　来展望》，《公共管理与政策评论》2018 年第 1 期。

缘、地缘、情感和自然意志之上的富有人情味和认同感的传统社会生活共同体,而社会是由人们的契约关系和"理性的"意志所形成的关系松散的社会联合。① 进一步地,围绕社区和社会,美国芝加哥学派代表帕克提出人文区位说,认为"社区是社会团体中个人及其社会制度的地理分布,每个社区都是一个社会,但每个社会并非是一个社区"。② 戴维斯认为,社区强调地理与社会因素的重要地位,"社区是最小的人群的地域单位,它包括人类生活的各个方面……这一地方团体包括各种主要的社会制度、社会职能和社会利益,而且成为一个完整的社会"。③ 日本社会学家横山宁夫认为,在一定空间内的综合性生活共同体即社区。美国社会学家菲利普斯认为,构成社区的目标群体——每个成员可以在社区中过着完整的社会生活。④

　　"社区"概念在 20 世纪 30 年代引入中国,费孝通将社区界定为若干个社会群体或社会组织聚集在某一地域里形成的一个在生活上相互关联的大集体,而社会是指这个人群中人与人相互配合的行为关系。⑤ 同时,由于我国建立了基层群众自治制度和(村)居民委员会,有研究也提出中国社区既非完全的行政单元,也非完全社会学意义上的共同体,而是一种集政治、服务(行政)、社会三种功能于一体的"复合体"。⑥ 2000年,《民政部关于在全国推进城市社区建设的意见》指出,社区是指聚居在一定地域范围内的人们所组成的社会生活共同体。目前城市社区的范围,一般是指经过社区体制改革后作了规模调整的居民委员会辖区。

　　结合基层社会和社区的定义,笔者认为,二者内涵有交叉。社区更加强调地理意义,中国社区也内含着综合政治、经济、社会、文化、生态功能在内的集体组织属性;基层社会不强调行政区划,指国家治理基

---

① 斐迪南·滕尼斯:《共同体与社会:纯粹社会学的基本概念》,林荣远译,商务印书馆,1999。

② 转引自丁元竹《社区研究的理论与方法》,北京大学出版社,1995,第 149 页。

③ 转引自蔡宏进《社区原理》,台湾三民书局,1998,第 54 页。

④ 参见李媛睿《城市社区自治组织体系与机制创新研究——以哈尔滨市为例》,硕士学位论文,中国地质大学(北京),2010。

⑤ 费孝通:《乡土中国 生育制度》,北京大学出版社,2020。

⑥ 夏建中《从街居制到社区制:我国城市社区 30 年的变迁》,《黑龙江社会科学》2008年第 5 期。

层和社会系统的基层，主要由各类功能性组织构成。进而，本书将基层社会界定为居民参与并满足居民各种生活需要的各类功能性组织。各类组织包括党组织、村（居）民委员会、部分企业事业单位、城乡基层政权机关、行政机关、社会组织等。

二　基层社会治理和社区治理

（一）基层社会治理

追溯滕尼斯对社区和社会的分析，可以发现，社区治理更偏向于共同体，而基层社会治理更偏向于正式组织。从我国国家治理体系建设角度来看，基层社会治理更强调其属于政治制度框架或政治结构的组成部分，可以看作国家权力向街道、社区等基层延伸并与多元主体遵循特定的制度规则和程序，以合作、协商的方式订立规则的过程。[1] 社区治理则更强调其城市地理范围。

（二）社区治理

基层社会治理主要发生在社区中。根据以往研究总结，社区治理主要包括社区领导力、促进公共服务的供给与管理、培育社会资本。其中培育社会资本包括社区中的国家权力延伸、自发组织的社区精英领导、社区服务的管理与供给、培育居民互助合作共同体等。同时，我国社区治理的操作单元主要被界定为居（村）民委员会辖区，既属于基层政权组织的职责范围，又属于基层群众性自治的作用空间，也属于企业、专业社会组织的工作场域、内容。以上共同构成社区治理结构。从社区治理过程来看，社区治理是包括党政部门、社会组织、企业、居民在内的多方主体，以社区为平台，通过协商、合作等方式解决问题、消除分歧，以求社区资源得到最大合理化配置的过程。[2] 从社区治理目的来看，社区治理虽然整体上是为了满足居民需求、促进社区发展，但笔者认为，

① 黄冬娅：《多管齐下的治理策略：国家建设与基层治理变迁的历史图景》，《公共行政评论》2010 年第 4 期；陈家刚：《基层治理：转型发展的逻辑与路径》，《学习与探索》2015 年第 2 期。
② 郎晓波：《城市社区公共事务分类治理模式的实践与创新——以杭州为例》，《甘肃行政学院学报》2010 年第 6 期。

其关键还是在于通过居民共同承担社区建设责任,[①] 实现社区利益最大化。[②] 居民福祉的增进则是其中应有之义。

综合而言,基层社会治理是着眼于国家治理的基层和社会系统的基层的基层社会系统建设,而社区治理聚焦社区集体或共同体建设。基层社会治理研究虽然也在行政区划的社区场域,但涉及基层的组织的范围要大于社区行政区划。综合以上梳理及笔者调研,本书将基层社会治理界定为:在党委领导、政府负责下,社区自治组织、专业社会组织、社会企业、居民等多元主体围绕社区管理、组织、服务以及居民生活等内容,通过网格化、协商民主、互助合作、专业赋能、市场经营等多种方式,旨在建设改善民生、化解矛盾、推进共同富裕的均衡系统的过程和行为。

第三节　城市基层社会治理体系构成

目前对于城市基层社会治理体系的划分相对比较杂,学术词汇和政府用语也并不一致。本书在对以往研究进行梳理的基础上,认为城市基层社会治理体系包括党委、政府、社会和市场四个方面,而专业社会组织作为一类超越基层社会的具有专业能力的组织形式,具有链接四方的支持中介作用,亦具有重要价值。故本书将城市基层社会治理体系划分为基层党组织体系、行政管理体系、基层自治组织体系、专业社会组织体系和企业体系。居民作为重要一方参与在这 5 个子体系中。基层党组织体系主要包括基层党组织及党领导的群团组织,行政管理体系包括各级政府、街道办事处、社区服务站,基层自治组织体系包括居民委员会、业主委员会、社区社会组织等,专业社会组织体系包括社工机构、社区基金会、枢纽型社会组织等,企业体系主要指民办非企业单位、社会企业、物业服务企业。本节主要从政策法规角度梳理各子体系和构成要素。

---

① 魏娜:《我国城市社区治理模式:发展演变与制度创新》,《中国人民大学学报》2003年第 1 期。

② 林闽钢、尹航:《走向共治共享的中国社区建设——基于社区治理类型的分析》,《社会科学研究》2017 年第 2 期。

一　基层党组织体系和群团组织

党的十八大以来，基层党组织在城市基层社会治理中发挥的作用逐步明晰。党的十九大报告明确指出，基层党组织的重要功能之一即"领导基层治理"。[①] 2021 年发布的《中共中央 国务院关于加强基层治理体系和治理能力现代化建设的意见》，强调坚持党对基层治理的全面领导，把党的领导贯穿基层治理全过程、各方面。党的二十大报告进一步明确，要"加强城市社区党建工作，推进以党建引领基层治理，持续整顿软弱涣散基层党组织，把基层党组织建设成为有效实现党的领导的坚强战斗堡垒"。[②]

（一）基层党组织体系

2022 年修订的《中国共产党章程》第三十条规定，企业、农村、机关、学校、医院、科研院所、街道社区、社会组织、人民解放军连队和其他基层单位，凡是有正式党员三人以上的，都应当成立党的基层组织。党的十八大报告提出，"党的基层组织是团结带领群众贯彻党的理论和路线方针政策、落实党的任务的战斗堡垒"，要"创新基层党建工作，夯实党执政的组织基础"。[③] 2017 年 6 月发布的《中共中央 国务院关于加强和完善城乡社区治理的意见》进一步提出，要充分发挥基层党组织领导核心作用，把加强基层党的建设、巩固党的执政基础作为贯穿社会治理和基层建设的主线。

党的十九大报告则明确了要"以提升组织力为重点，突出政治功能，把农村基层党组织建设成为宣传党的主张、贯彻党的决定、领导基层治理、团结动员群众、推动改革发展的坚强战斗堡垒"。[④] 2019 年中共中央办公厅发布的《关于加强和改进城市基层党的建设工作的意见》提出，

---

① 中共中央党史和文献研究院编《十九大以来重要文献选编》（上），中央文献出版社，2019，第 46 页。
② 习近平：《高举中国特色社会主义伟大旗帜 为全面建设社会主义现代化国家而团结奋斗——在中国共产党第二十次全国代表大会上的报告》，人民出版社，2022，第 67 页。
③ 中共中央文献研究室编《十八大以来重要文献选编》（上），中央文献出版社，2014，第 42 页。
④ 中共中央党史和文献研究院编《十九大以来重要文献选编》（中），中央文献出版社，2021，第 162 页。

提升党组织领导基层社会治理工作水平包括四个方面。一是健全党组织领导下的社区居民自治机制；二是领导群团组织和社会组织参与基层治理；三是做实网格党建，促进精细化治理；四是建设覆盖广泛、集约高效的党群服务中心。2021年发布的《中共中央 国务院关于加强基层治理体系和治理能力现代化建设的意见》进一步提出，要推动党建引领基层社会治理机制全面完善，使基层政权坚强有力，基层群众自治充满活力，基层公共服务精准高效，党的执政基础更加坚实，基层社会治理体系和治理能力现代化水平明显提高。

（二）群团组织

群团组织是"群众性团体组织"的简称，属于社会团体，但不需要在民政部门登记。在党的领导下的群团组织，是社会治理的重要力量，政府政策文件中对于群团组织在基层社会治理中发挥作用的要求亦不断提高。

1997年，党的十五大报告就指出，"工会、共青团、妇联等群众团体要在管理国家和社会事务中发挥民主参与和民主监督作用，成为党联系广大人民群众的桥梁和纽带"。[①] 2000年出台的《民政部关于在全国推进城市社区建设的意见》明确提出，要充分发挥工会、共青团、妇联、残联以及老龄等组织在推进社区建设中的重要作用。2006年发布的《国务院关于加强和改进社区服务工作的意见》指出，要充分发挥群团组织参与社区服务的功能，积极鼓励工会、共青团、妇联及残联、老龄、慈善等组织参与社区服务，大力倡导团结互助、扶贫济困的良好风尚，形成推动社区服务发展的合力。2009年发布的《民政部关于进一步推进和谐社区建设工作的意见》进一步指出，要建立健全共青团、妇联、残联、老年协会等群团组织在社区的机构，大力培育服务性、公益性、互助性社区社会组织，发挥其提供服务、反映诉求、规范行为的作用。

党的十九大报告则提出了要"增强群众工作本领，创新群众工作体制机制和方式方法，推动工会、共青团、妇联等群团组织增强政治性、先进性、群众性，发挥联系群众的桥梁纽带作用，组织动员广大人民群众

---

① 中共中央文献研究室编《改革开放三十年重要文献选编》（下），中央文献出版社，2008，第907页。

坚定不移跟党走"。① 2019 年发布的《关于加强和改进城市基层党的建设工作的意见》指出，要支持群团组织依法参与社会事务管理，把适合群团组织承担的一些社会管理服务职能按照法定程序转由群团组织行使；支持群团组织立足自身优势，以合适方式参与政府购买服务。同时，群团组织承接政府转移职能要试点先行，承接职能后应该建立符合公共服务特点的运行机制，确保能负责、能问责；参与政府购买服务，要严格管理、规范实施，做到政府放心、社会认可、自身有活力。

实际上，笔者认为，群团组织既有自上而下的层级管理，又在最基层有一个个实在的会员群体，是推动基层社会治理运转起来的重要组织体系，其也可以与多种类型的社会组织、企业建立联系，以期发挥更大作用。

二　行政管理体系

行政管理体系包括地方政府及其派出机关——街道办事处，以及社区中的社区服务站。街道办事处是基层社会治理的主要力量，其主要改革方向有两个，一是厘清街道办事处与其他组织之间的权责关系，二是整合审批服务，以其连接政府和社会的功能助推社会治理的新发展。2017 年发布的《中共中央 国务院关于加强和完善城乡社区治理的意见》提出，要有效发挥基层政府主导作用。各省（自治区、直辖市）按照条块结合、以块为主的原则，制定区县职能部门、街道办事处（乡镇政府）在社区治理方面的权责清单；依法厘清街道办事处（乡镇政府）和基层群众性自治组织权责边界，明确基层群众性自治组织承担的社区工作事项清单以及协助政府的社区工作事项清单。2021 年发布的《中共中央 国务院关于加强基层社会治理体系和治理能力现代化建设的意见》进一步提出，要加强基层政权治理能力建设，包括增强乡镇（街道）行政执行能力、为民服务能力、议事协商能力、应急管理能力、平安建设能力。2021 年 6 月出台的《"十四五"民政事业发展规划》更加具体地指出，要深化乡镇（街道）服务能力建设和管理创新，包括强化乡镇（街

---

① 中共中央党史和文献研究院编《十九大以来重要文献选编》（上），中央文献出版社，2019，第 48 页。

道）对辖区内公共服务的监督管理，推广"街乡吹哨、部门报到""接诉即办"等基层管理经验，建立乡镇（街道）与县（市、区、旗）有关职能部门之间高效协调机制；积极推行乡镇（街道）政务服务"好差评"机制；深化乡镇（街道）服务管理体制改革，提高"放管服"承接能力，实行"一站式"服务和"一窗式"办理，推动乡镇（街道）一站式服务中心或便民服务、一体化在线政务服务平台实现全覆盖等。

社区服务站是城市社区综合服务设施的一种，是政府公共服务延伸到社区的工作平台，承担政府公共职能，提供公共服务，参与基层社会治理。不同地区对社区服务站的设置和规范存在较大差别。

三　基层自治组织体系

基层群众自治制度是依照宪法和法律，由居民（村民）选举的成员组成居民（村民）委员会，实行自我管理、自我教育、自我服务、自我监督的制度。党的十七大将"基层群众自治制度"首次写入党代会报告，正式与人民代表大会制度、中国共产党领导的多党合作和政治协商制度、民族区域自治制度一起纳入了中国特色政治制度范畴。本书中的基层自治组织体系包括居委会、业委会、社区社会组织以及其他各类群众自发组织、社群等。如前文所述，这是中国社会的主要组成部分，也是中国城市基层社会治理体系的基础和关键。本部分主要介绍居民委员会、业主委员会和社区社会组织，其他基层自治组织还包括网络社群、各类弱势群体组成的互助小组等，这里不做详细介绍。

（一）居民委员会

1989 年发布、2018 年修订的《中华人民共和国城市居民委员会组织法》第二条指出，居民委员会是居民自我管理、自我教育、自我服务的基层群众性自治组织。根据 2000 年出台的《民政部关于在全国推进城市社区建设的意见》，社区居民委员会的根本性质是党领导下的社区居民实行自我管理、自我教育、自我服务、自我监督的群众性自治组织。居民委员会作为党委、政府与居民之间最重要的桥梁和纽带，既协助党委、政府完成相关工作、提供社区公共服务，也为社区居民自助或互助服务、社区社会组织发展、社区服务供给等提供支持，也是基层民主中居民参与政治生活、享有更多更切实的民主权利的重要组织形式。

党的十七大报告提出，"要健全基层党组织领导的充满活力的基层群众自治机制，扩大基层群众自治范围，完善民主管理制度，把城乡社区建设成为管理有序、服务完善、文明祥和的社会生活共同体"。① 2010 年中央办公厅、国务院办公厅发布的《关于加强和改进城市社区居民委员会建设工作的意见》指出，社区居民委员会是党和政府联系社区居民群众的桥梁和纽带，要协助城市基层人民政府或者它的派出机关做好与居民利益有关的工作，推动政府社会管理和公共服务覆盖到全社区。同时也提出，社区居民委员会要积极培育社区服务性、公益性、互助性社会组织，对不具备登记条件的社区服务性、公益性、互助性社会组织，要主动帮助其办理备案手续，并在组织运作、活动场地等方面为其提供帮助。

党的十八大报告对居民委员会在基层民主作用发挥方面有了更深刻的阐释，指出"要健全基层党组织领导的充满活力的基层群众自治机制，以扩大有序参与、推进信息公开、加强议事协商、强化权力监督为重点，拓宽范围和途径，丰富内容和形式，保障人民享有更多更切实的民主权利"。② 党的十九届四中全会提出，"健全基层党组织领导的基层群众自治机制，在城乡社区治理、基层公共事务和公益事业中广泛实行群众自我管理、自我服务、自我教育、自我监督，拓宽人民群众反映意见和建议的渠道，着力推进基层直接民主制度化、规范化、程序化"。③

（二）业主委员会

业主大会和业主委员会是建立在商品房产权和小区公共空间共有基础上的组织，不同于社区"两委"，业主大会和业主委员会的基础是共有物产权。国务院 2018 年修订的《物业管理条例》第十条规定，同一个物业管理区域内的业主，应当在物业所在地的区、县人民政府房地产行政主管部门或者街道办事处、乡镇人民政府的指导下成立业主大会，并选举产生业主委员会。但是，只有一个业主的，或者业主人数较少且经

---

① 中共中央文献研究室编《改革开放三十年重要文献选编》（下），中央文献出版社，2008，第 1728 页。
② 中共中央文献研究室编《十八大以来重要文献选编》（上），中央文献出版社，2014，第 21 页。
③ 中共中央党史和文献研究院编《十九大以来重要文献选编》（中），中央文献出版社，2021，第 277 页。

全体业主一致同意，决定不成立业主大会的，由业主共同履行业主大会、业主委员会职责。业主委员会是业主大会的执行机构。业主委员会的职能贯穿社区物业管理活动全过程，包括代表业主同物业服务人员签订无讹服务合同、监督和保障物业服务合同的实施、制定并维护公约、约束业主的行为等方面。

事实上，由于业主委员会建立在共有物产权之上，其成员具有利益上的相关性，一方面，比一般的居民参与更具有民主意义，另一方面，业主也有参与的主动性。故而，如何让业主委员会保护物业服务企业和业主的合法权益，协调二者关系，更好地发挥作用以推动基层社会治理水平和治理能力提升，就成为城市基层社会治理需要探索的重要内容。2020 年住房和城乡建设部等十部门发布的《关于加强和改进住宅物业管理工作的通知》也提出要从优化业主委员会人员配置、充分发挥业主委员会作用、规范业主委员会运行、加强对业主委员会监督四个方面来健全业主委员会治理结构。

（三）社区社会组织

根据目前我国对社会组织的管理，社区内部的基层组织属于社区社会组织，民政部出台《关于大力培育发展社区社会组织的意见》《培育发展社区社会组织专项行动方案（2021—2023 年）》等文件，推动实现这类组织的政府备案与规范管理。根据民政部 2017 年发布的《关于大力培育发展社区社会组织的意见》，社区社会组织是由社区居民发起成立，在城乡社区开展为民服务、公益慈善、邻里互助、文体娱乐和农村生产技术服务等活动的社会组织。

2020 年，民政部发布《培育发展社区社会组织专项行动方案（2021—2023 年）》，提出从 2021 年起用 3 年时间，开展培育发展社区社会组织专项行动，通过实施一批项目计划和开展系列主题活动，进一步提升质量、优化结构、健全制度，推动社区社会组织在建设人人有责、人人尽责、人人享有的社会治理共同体中更好发挥作用。目前，各地对社区社会组织主要采取分类管理的办法，即符合法定登记条件的社区社会组织由县级民政部门依法登记；未达到登记条件的社区社会组织，在街道备案后由街道办事处（乡镇政府）实施管理；对于规模较小、组织较为松散、活动区间有限的社区社会组织，由社区党组织领导，基层群众性自治组织对其活动进行指导和管理。总体而言，笔者认为，社区社会组织的发展代表了真正有序建立起"人在组织中"的社会组织体系，其可以是自发的，也可以与政府、市场产生联系，可以向志愿队伍、合作社、中小微企业等多个方向发展，是有效激发基层活力、满足居民各类生活和福利需求的重要主体。当然，由于社区社会组织发展仍然处于起步阶段，未来需要进一步厘清的问题还有很多。比如，如果社区社会组织正式登记注册为社会组织，那么它属于基层自治组织体系还是专业社会组织体系，抑或处于二者的交叉地带？更加合理清晰的定位和体系划分将有助于各类组织的健康有序发展。

四　专业社会组织体系

本书中的专业社会组织体系主要指在民政部门正式登记注册的社会组织，以与没有正式登记注册的各类基层组织相区分。依据《社会团体登记管理条例》（1998），专业社会组织是在民政部登记注册的社会团体；依据《基金会管理办法》（1988），专业社会组织是在民政部登记注册的基金会；依据《民办非企业单位登记管理暂行条例》（1998），专业社会组织是在民政部登记注册的民办非企业单位。其中前两种获得社会团体法人资格，后一种视不同情况获得法人、合伙或者个体的行为主体资格。需要说明的是，笔者认为，民办非企业单位虽然是专业社会组织的一种，但其未来还是要向政府政策优惠扶持、购买服务的企业转型，故本书将其放到企业体系中进行分析。本部分着重介绍社工机构、社区基金会和枢纽型社会组织。

（一）社工机构

专业社会工作（包括社会工作机构和社会工作者）是专业社会组织体系中的重要组成部分。一方面，社会工作的"助人自助"理念与中国儒家文化中的守望相助、群体主义、推恩于民等理念相契合，社会工作的理念、方法可以通过基层社区工作人员（社会工作者）应用于现代社区治理，充当政府与居民之间的桥梁和稳定器，化解基层矛盾；另一方面，社会工作机构可以通过"嵌入性发展"和"互构性演化"与政府建立起协同伙伴关系，从政府主导下的"弱自主性嵌入"向政府和专业社会工作合作下的"深度嵌入"发展。

党的十九届五中全会明确指出，要"发挥群团组织和社会组织在社会治理中的作用，畅通和规范市场主体、新社会阶层、社会工作者和志愿者等参与社会治理的途径"。① 从最初的"三社联动"到"四社联动"再到"五社联动"，以及近些年来的社会工作服务站建设，每项进展都体现了社会工作受重视程度的提高、社会工作者和社会工作机构的不懈努力。尤其是社会工作服务站为基层提供了相对稳定的在街乡、社会开展社会工作的综合性服务平台，更好助力社区创新治理、培育本土专业社工人才、推动社区社会工作孵化等。根据《2021年民政事业发展统计公报》，截至2021年底，全国持证社会工作者已经达到73.7万人，其中助理社会工作师55.9万人，社会工作师17.7万人。

（二）社区基金会

社区基金会作为社区中的非营利性法人组织，是撬动社会力量参与社区治理的重要途径，是社区治理资金筹集的重要渠道之一。根据2004年国务院颁布的《基金会管理条例》，基金会是指利用自然人、法人或者其他组织捐赠的财产，以从事公益事业为目的，按照该条例的规定成立的非营利性法人。该管理条例同时规定，基金会分为面向公众募捐的基金会（简称公募基金会）和不得面向公众募捐的基金会（简称非公募基金会）。公募基金会按照募捐的地域范围，分为全国性公募基金会和地方性公募基金会。在此基础上，不同地区根据各自情况定义了社区基金会。根据上海市民政局2015年发布的《上海社区基金会建设指引（试行）》，社区基金会是指利用自然人、法人或者其他组织捐赠的财产，以从事街镇公益事业、参与社区治理、推动社区健康发展为目的，按照《基金会管理条例》规定成立的非营利性法人。社区基金会分为公募和非公募两种类型，由社区内的自然人、法人和其他组织自主、自愿发起设立。在南京市民政局2015年出台的《关于推动南京市社区型基金（会）发展的实施方案（试行）》中，社区基金会是指在民政部门登记注册，以从事社区公益事业为目的，服务地域为一个街道或社区的基金会法人。2020年，四川省民政厅发布《关于开展社区基金会登记管理权限

① 中共中央党史和文献研究院编《十九大以来重要文献选编》（中），中央文献出版社，2021，第811~812页。

下放试点的通知》，则将社区基金会定义为利用自然人、法人或者其他组织捐赠的财产，以从事社区困难救助、慈善帮扶、环境营造、发展治理、养老托幼、文化娱乐等公益事业为目的，按照《中华人民共和国慈善法》、《中华人民共和国公益事业捐赠法》和《基金会管理条例》等相关法律法规成立的非营利性法人组织。

2017 年中共中央、国务院发布的《关于加强和完善城乡社区治理的意见》提出，要不断拓宽城乡社区治理资金筹集渠道，鼓励通过慈善捐赠、设立社区基金会等方式，引导社会资金投向城乡社区治理领域。2021 年发布的《中共中央 国务院关于加强基层社会治理体系和治理能力现代化建设的意见》明确提出，要完善社会力量参与基层社会治理激励政策，创新社区与社会组织、社会工作者、社区志愿者、社会慈善资源的联动机制，支持建立乡镇（街道）购买社会工作服务机制和设立社区基金会等协作载体。根据统计，我国社区基金会已经超过 200 家，业务范围主要聚焦发展社区公益事业、培育社区社会组织、解决社区问题、参与社区治理、促进社区发展。

（三）枢纽型社会组织

在我国，随着社会组织的发展特别是数量的增加，社会组织也开始出现了功能性分化，有的直接开展社会服务，有的开始侧重于为操作型社会组织提供服务。为操作型社会组织提供服务的社会组织一般称为支持型社会组织。2008 年中共北京市委办公厅、北京市人民政府办公厅印发的《关于加快推进社会组织改革与发展的意见》较早使用"枢纽型社会组织"这一名称，并指明构建"枢纽型"社会组织工作体系。故枢纽型社会组织是一类特殊的社会组织，也是一个极富中国特色的词语。一方面，它承接政府职能，对社会组织进行管理与服务；另一方面，它凭借自身优势，整合资源形成合力，使社会力量最大化，共同参与社会治理。

2009 年，在北京市社会建设工作领导小组办公室发布的《关于构建市级"枢纽型"社会组织工作体系的暂行办法》中，"枢纽型"社会组织是指由市社会建设工作领导小组认定，在对同类别、同性质、同领域社会组织的发展、服务、管理工作中，在政治上发挥桥梁纽带作用、在业务上处于龙头地位、在管理上承担业务主管职能的市级联合性社会组织。2012 年，广东省社工委发布《关于构建枢纽型组织体系的意见》，提出枢纽型社会组织是指通过政府部门认定的，在现有社会组织体系中处于枢纽地位，通过健全的组织系统和有效的服务支持，加强统筹协调与纽带联系，实现同类型、同性质、同领域社会组织的孵化培育、协调指导、合作发展、自治自律、集约服务、党团管理的联合性社会组织。从全国层面推广角度来看，2017 年民政部发布的《关于大力培育发展社区社会组织的意见》明确指出，鼓励在街道（乡镇）成立社区社会组织联合会、社区社会组织服务中心等枢纽型社会组织，发挥管理服务协调作用，规范社区社会组织行为，提供资源支持、承接项目、代管资金、人员培训等服务。2020 年民政部发布的《培育发展社区社会组织专项行动方案（2021—2023 年）》指出，推进社区社会组织支持平台建设，发挥社区社会组织联合会等枢纽型、支持型社会组织作用，有条件的地方可以建设社区社会组织孵化基地。可以看出，枢纽型社会组织的概念范围是逐步趋向广义的。笔者亦认为，所有的专业社会组织都有成为枢纽型社会组织的潜力。

五 企业体系

从企业体系角度来看，满足基层社会需求的小微企业和商业广泛存在于我们的日常生活之中。除国有企业和大型企业布局社区服务业、"一老一小"等产业以外，很多市场主体是个体谋生的小经济，它们也关系着在其中就业谋生的大众家庭，属于前文所提到的社会经济范畴。2020年国务院总理李克强在山东烟台考察时就表示，"地摊经济、小店经济是就业岗位的重要来源，是人间的烟火，和'高大上'一样，是中国的生机"。① 但受本书对基层社会治理的社会组织面向的侧重关注及调研所限，笔者没有对关涉基层社会治理和社会经济的国有企业、中小微企业、个体商户等进行深入研究，这里仅介绍民办非企业单位、社会企业、物业服务企业三类。

（一）民办非企业单位

1998 年国务院通过的《民办非企业单位登记管理暂行条例》第二条

---

① 《李克强称赞地摊经济、小店经济：是人间的烟火，是中国的生机》，中国政府网，2020 年 6 月 1 日，http://www.gov.cn/premier/2020 – 06/01/content_5516569. htm。

规定，民办非企业单位是指企业事业单位、社会团体和其他社会力量以及公民个人利用非国有资产举办的，从事非营利性社会服务活动的社会组织。民办非企业单位作为一种实体性、独立性、非营利性的社会组织，极大地推动了我国教育、科技、卫生、体育、扶贫等社会事业发展。根据《2021 年民政事业发展统计公报》，截至 2021 年底，注册登记为民办非企业单位的社会组织共 52.2 万个。

（二）社会企业

社会企业概念在中国的传播最早开始于 2002 年，经过二十余年的成长，中国的社会企业已经逐步形成了自己的业态和体系，加之全国和地方性社会企业支持机构的不断涌现，社会企业在行业构建、培育孵化、认证倡导、政策支持等方面也逐步成形。民政部对社会企业的特性作出了如下描述：社会企业不是纯粹的企业，亦不是一般的社会服务组织，社会企业透过商业手法运作赚取利润用以贡献社会。社会企业所得盈余用于扶助弱势社群、促进小区发展及社会企业本身的发展。2022 年 4 月，北京市社会建设工作领导小组印发的《关于促进社会企业发展的意见》规定，社会企业是指以追求社会效益为优先目标，依靠提供产品或服务等商业手段解决社会问题的企业或其他法人主体。

2019 年《中国社会企业与社会投资行业扫描调研报告》显示，我国现有的社会企业的法律形态呈现出多样化的特征。较多的社会企业选择成为在工商部门注册的企业和在民政部门注册的社会组织，同时也有相当比例的社会企业选择成为混合型组织，即同时注册了工商企业和民办非企业单位等不同性质的组织。①

（三）物业服务企业

自 20 世纪 90 年代以来，以私有产权为标志的住房制度改革推动城市出现了大量的商品房社区，物业服务随着商品房社区的发展而逐步发展起来，这也是现代基层社会治理中企业体系的重要组成部分。

2011 年国务院办公厅发布的《社区服务体系建设规划（2011—2015年）》明确提出大力推行物业管理服务，建立社区管理和物业管理联动

---

① 马更新：《社会企业的法律界定与规制》，《北京联合大学学报》（人文社会科学版）2021 年第 3 期。

机制，提高物业服务质量。2012 年国务院发布的《服务业发展"十二五"规划》提出，要进一步明确物业管理行业的责任边界，健全符合行业特征和市场规律的价格机制，规范物业管理行业市场秩序。随后的不少政策文件对物业服务企业开展养老服务、生活垃圾分类、一刻钟便民服务圈、老旧小区改造等进行了鼓励和规范。这打破了传统意义上物业服务仅限于物业管理区域内的设施养护、卫生服务、秩序维持等活动的格局，让物业服务企业更多地参与社区治理的其他领域并发挥更大的作用。

2018 年修订的《物业管理条例》第二条规定，物业管理指业主通过选聘物业服务企业，由业主和物业服务企业按照物业服务合同约定，对房屋及配套的设施设备和相关场地进行维修、养护、管理，维护物业管理区域内的环境卫生和相关秩序的活动。2020 年发布的《关于加强和改进住宅物业管理工作的通知》明确提出，从扩大物业管理覆盖范围、提升物业服务质量、完善物业服务价格形成机制、提升物业服务行业人员素质四个方面来提升物业管理服务水平，指明要推动发展生活服务业，强化物业服务监督管理。

第四节　均衡治理：城市基层社会治理体系结构

立足于前文所分析的 4 方主体、5 个子体系、12 类构成要素，① 本节尝试提出均衡治理概念，初步分析城市基层社会治理体系结构。首先，居民需求导向的均衡治理是基层社会治理的本质特征。中国基层社会治理体系的突出特点在于居民情感利益共同体与现代组织的结构性共生，均衡治理的行动体现在个体、共同体、组织、子系统、系统共生的内外部的互动之中。其次，在基层社会治理的组织结构上，本书提出，将政党提取出来，将市场带入进来，国家与社会关系包括国家领导的社会与

---

① 4 方主体包括：党委、政府、社会、市场，5 个子体系包括：基层党组织体系、行政管理体系、基层自治组织体系、专业社会组织体系和企业体系，12 类构成要素包括：基层党组织、群团组织、地方政府及其街道办事处和社区服务站、居民委员会、业主委员会、社区社会组织、社工机构、社区基金会、枢纽型社会组织、民办非企业单位、社会企业、物业服务企业。需要说明的是，这 12 类构成要素是目前基层社会治理所涉及的主要组织类型，有的之间有所交叉，并不互斥。

市场、党领导的政府－社会－市场两方面。最后，基层社会治理体系包括相互关联的社会价值体系、社会组织体系、社会管理与服务体系、社会参与体系和社会经济体系5类体系，体系建设目标是探索形成社群/社区/社会共同体、社群/社区/社会经济体、福利共同体和福利经济体、数字共同体和数字经济体4类社会治理共同体。

一　突出特点：居民情感利益共同体与现代组织共生的均衡治理

（一）中国特色：居民情感利益共同体与现代组织结构性共生

受中西方文化、历史、制度上的根本差异影响，中西方的社会治理结构存在明显不同。西方资本主义国家的市场是一切政治、经济、社会、文化活动的中心，现代社会建设和社会关系要素主要围绕"谋利式"的个人主义和以市场为本展开，[①]同时，精神与世俗的对立－合作关系，教会与封建君主之间的权力之争所引发的分立制衡态势延续到现代国家和社会关系之中。在滕尼斯的《共同体与社会：纯粹社会学的基本概念》一书中，共同体是通过血缘、邻里和朋友关系建立起的人群组合，社会是靠人的理性权衡建立起的人群组合，人们通过契约、规章产生各种联系。二者同样是分立和分离的，滕尼斯认为西方从中世纪向现代的整个文化发展就是从共同体向社会的进化。[②]西方现代社会治理也体现为多中心、分散制衡的政社合作关系。

与西方国家不同的是，笔者认为，中国的居民情感利益共同体一直是与基层社会组织系统共生的。中国文化是存在于世俗之中、以国家统一和有效治理为目的的集体主义文化，在传统乡土社会，在皇权统治之下，以血缘、亲缘、地缘为基础的保甲、宗族管理和亲邻互助网络，以及生发于这一网络边缘的各类经济形式和交易形式，构成了包括民间非正规经济系统在内的基层社会系统。经济可以迅速发展，文化形态、国家结构、制度安排以及由此影响的个体思维方式很难快速改变。

现代基层社会治理的中国特色在于现代组织与居民情感利益共同体

---

① 赵泉民：《论转型社会中政府信任的重建——基于制度信任建立的视角》，《社会科学》2013年第1期。

② 斐迪南·滕尼斯：《共同体与社会：纯粹社会学的基本概念》，林荣远译，商务印书馆，1999。

的结构性共生，致力于建立整体联动而非分立分散的圈层化的社会系统。这一社会系统由个体、共同体、组织、系统组成，均衡治理的行动就体现在个体、共同体、组织、子系统共生的内外部的互动之中。

（二）本质特征：一种居民需求导向的均衡治理

均衡指多个力量的平衡，是相关涉的各个力量既相互合作、补充又相互竞争、制约所形成的一种均衡态势。笔者认为，更好地满足个体需求和系统动态均衡，也即居民需求导向的均衡治理是基层社会治理的本质特征。

首先，个体身心和共同体状态的均衡是均衡治理的目的。个体身心的均衡可以从多个维度进行划分。一是生存、交往、安全、尊重以及自我实现的生理和心理需求，二是政治、经济、文化、社会、生态的参与、保障、服务需求，三是获得、付出的内外交换需求等。这一均衡并非指所有需要都处于外溢式满足的状态，而是各需求相互促进、补充、约束所形成的一种内心舒适富足的平衡状态。居民情感利益共同体由居民个体组成，个体身心的均衡是居民情感利益共同体均衡状态的决定基础和功能指向。居民情感利益共同体功能的实现围绕个体身心均衡展开，包括志愿参与、文化娱乐、协商议事、互助合作等，居民情感利益共同体功能的均衡实现同样反作用于个体身心均衡。[①]

进一步地，居民情感利益共同体功能的实现不是自发的结果，需要依靠组织和系统，故组织和系统是均衡治理的手段。组织内部亦需要达到可持续的均衡。均衡治理的关键在于居民参与其中的社会组织体系能够成长起来，可以通过自我管理、自我服务、自我教育等民主参与以及互助合作形成价值相关、情感相关、组织相关、福利相关、利益相关的真正的居民情感利益共同体。

其次，均衡治理并非存在于笼统的国家和社会之中，而是存在于政府、社会、市场之中，党的领导的作用恰恰在于将各方凝聚起来。故中国特色基层社会治理应将政党提取出来，把市场带入进来。可以利用党领导的政府、社会、市场三类共治主体之间的关系，依靠互助合作化而非完全依赖行政化或市场化应对和解决问题，构建起一个可以应对三者

---

① 这里的共同体包括社群、组织、社区等，是深层次的居民情感利益共同体的现实指向。当然，这种共同体的紧密程度是存在差异的。

主观过当型原生缺陷①的动态系统，党领导政府、社会、市场之间相互合作也会反向增强党的领导能力和社会信任，巩固党的执政基础。进一步，组织嵌入在社会系统之中，个体和共同体同样处于系统之中，系统的均衡受个体、共同体、组织、子系统均衡的影响，系统的均衡互动也会影响个体、共同体、组织、子系统（见图3-4）。设想的一种基层社会治理的组织均衡方案如图3-5所示。

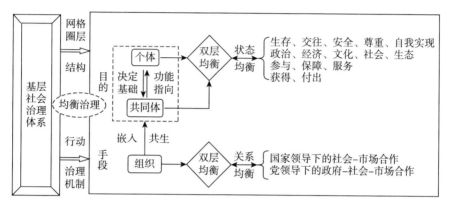

图 3-4　居民需求导向的均衡治理示意

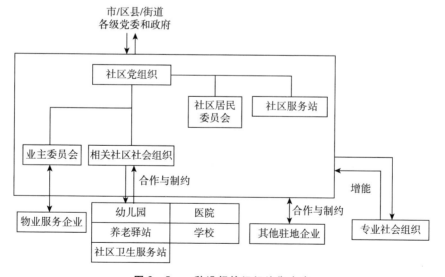

图 3-5　一种设想的组织均衡方案

---

①　谌杨：《论中国环境多元共治体系中的制衡逻辑》，《中国人口·资源与环境》2020年第6期。

二　结构关系

(一) 党委领导、政府负责、居民自治、专业赋能、市场经营

根据前文的体系结构划分，中国特色基层社会治理体系中的党委、政府、社区、专业社会组织、企业、居民之间的关系如图 3 - 6 所示，笔者将其表述为党委领导、政府负责、居民自治、专业赋能、市场经营。

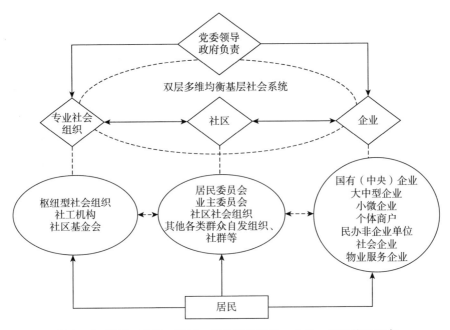

图 3 - 6　党委、政府、社区、专业社会组织、企业、居民关系示意

第一，中国共产党是具有总揽全局、协调各方政治优势的行动主体。党的二十大报告明确指出，"我们全面加强党的领导，明确中国特色社会主义最本质的特征是中国共产党领导，中国特色社会主义制度的最大优势是中国共产党领导"。① 党的领导与社会建设需求具有内在一致性，中国共产党需要保持与社会和人民的血肉联系，以保证党中央权威和集中统一领导的稳固，政党整合或政治行动能够增强人民群众的凝聚力、认同感、归属感以及对集体利益的认知，政党在与社会互动过程中也可以

① 习近平：《高举中国特色社会主义伟大旗帜　为全面建设社会主义现代化国家而团结奋斗——在中国共产党第二十次全国代表大会上的报告》，人民出版社，2022，第 6 页。

获得信息，调整自身目标，进行自我革命。

第二，居民自治是基层社会稳固的基础。基层自治组织体系与党组织体系、行政管理体系的连接既包括与社区党组织和社区服务站交叉任职的居民委员会，也包括妇女组织、老年人组织等各类基层组织，这些组织或者接受群团组织管理、或者在街道备案，或者在成立正式社会组织之后接受民政部门或住建部门（业委会）管理。基层自治组织基础和核心地位的最重要体现就是居民/业主参与其中，是真正的"人在其中"的组织体系。从政治角度来讲，基层自治组织体系是中国基本的组织形式，这是人的交往的天然属性，也是党领导的互助自治力量。从经济角度来讲，基层自治组织体系既是在党委领导下的组织对资本的限制，也代表着信任的建立，这亦会降低市场经营成本，提高市场效率。

第三，企业通过市场经营代表基层社会进步的动力。不同于资本主义市场经济，社会主义市场经济不能任由市场掠夺式发展损害居民利益，需要发展适应中国社会建设的约束性市场工具和新型市场经济形式。笔者认为，除本书中主要涉及的社会企业、物业服务企业，小微企业、个体商户、其他大中型企业、国有资本实际上都是现代基层社会治理需要参与进来的市场主体。其中，小微企业、个体商户可以激发活力与创造力，具有能更加快速地因环境变化而作出调整的适应功能，表征市场在社会建设中释放活力的决定作用。大中型企业、国有资本以资本注入的方式承担搭建平台、调整方向、混合经营等模式维持功能。社会企业的重要功能在于通过法律规范、制度约束、组织监督、价值宣传等方式让社会建设中的市场经济兼具商业与公益属性。

第四，专业社会组织通过专业赋能助力基层社会治理有效运转。专业社会组织是位于党政社企四方之间的赋能性、支持性组织，它既需要从这四方获取资源，也为这四方提供资源与支持，以推动均衡态势的建立。尤其要强调的是专业社会工作（包括社会工作机构、社会工作者）的普遍推广意义和社区社会组织的互助共同体意义。笔者认为，社会工作应当贯穿于社会组织体系建设的始终。

（二）社会价值、组织、管理与服务、参与、经济体系相辅相成

基层社会是满足人民群众对美好生活的需要的最直接空间，基层社会治理既包括社区参与、政治表达，也包括如何满足居民多样化、多层次的各类生活需要，涉及食品、交通、医疗、教育、养老、托幼、就业、住房、环境等多个方面。笔者认为，城市基层社会治理体系既是社会组织体系，也是社会价值体系、社会管理与服务体系、社会参与体系、社会经济体系，几者相互促进，相辅相成，关键在于推动社会成长。

第一，社会组织体系代表了党领导的政府、市场与居民之间的中介力量。这个中介力量有四类。一是代表居民与多方互动的基层自治组织体系；二是作为政治表达渠道的人大、政协等；三是包括群团组织在内的人民团体和群众团体，是群众利益表达、吸纳、整合、协商的重要平台；四是在具体的生活设施和福利服务供给等方面，需要一类中介力量，对政府、社会、市场三方形成保护，这一类中介力量包括专业社会组织、社会企业等。由于社区生活和福利服务等相关企业和产业多为私营、小型，能力不足，也可以通过企业联盟等形式提高他们与政府、居民组织等的协商能力。另外，笔者认为，中介力量需要得到政府的认可（授权），并接受相关居民、政府、企业和第三方机构的评价。在专业社会组织体系和企业体系中有三个重要的组织形式，即社会企业、枢纽型社会组织和企业联盟（见图3-7）。①

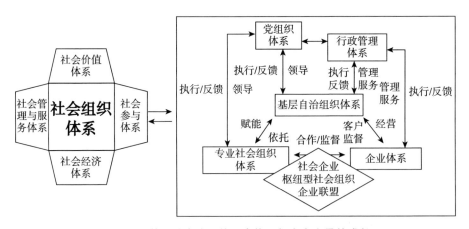

图3-7　基层社会治理的五类体系与中介力量的成长

第二，社会价值体系表征形塑中国特色城市集体主义文化话语。工业社会的人际关系陌生化并不意味着要适应或致力于建设陌生人社会，

---

① 社会企业、枢纽型社会组织、企业联盟之间有交叉，为表示其重要性，这里均呈列出来。

反而应当立足传统，通过一系列举措来重建现代社会的责任意识和共同体（集体）意识，找回责任伦理体系的现代社会话语，构建新的人际关系和社会团结。笔者认为，面对各类风险叠加的未来社会，我们应当通过弘扬中华优秀传统文化中的集体主义和互助互援、淳朴帮助的精神，创造机会让各类人力资本积极奉献社会，助力社会信用体系的完善和社会共同体的建设，激发人民群众共同克服困难的创造精神、奋斗精神和团结精神，增强国家和民族的向心力、凝聚力，亦让世界重新认识一个不同于西方的大国文化。

第三，社会管理与服务需要与基层社会治理结合探索。一方面，政府承担能力有限，无法完全满足居民所有的社会保障和福利服务需求。另一方面，市场以利润为驱动，在资本市场推动下容易产生连锁企业对利润的垄断，仅以市场为导向往往导致居民参与被抑制。也就是说，政府和市场不能包办一切。有参与才会有认可，西方国家市场化的商业性保障及服务是在互助保障及服务的基础上发展起来的。笔者认为，我国应当探索党领导的、政府支持的、社会资金和服务参与的、市场助力的、积极的、低成本的社会管理与服务体系。一方面，重视互助合作的发展。可以在党委领导、政府负责之下，由基层自治组织、群团组织等与企业（尤其是国有企业）合作建设平台，为小微企业提供生存空间，建设中国特色的现代互助合作经济。另一方面，可以推广互助服务保障。养老、扶幼、助残等民生保障服务的部分内容属于劳动型、文化娱乐型、精神慰藉型，是可以发动社区居民进行低成本的志愿性和雇用性互助服务供给的，上升到保障层面能够进一步保证资金的稳定性，关键在于政策导向、制度设计和基层实践。

第四，社会参与是基层社会治理的关键内容。人民群众生活幸福是国家治理体系和治理能力现代化建设的逻辑起点和终点。我们要建设集服务、保障和参与于一体的民生保障和社会治理体系，建设具有中国特色的社会参与体系，有序动员居民参与（经济参与、政治参与、社会参与、文化参与等）基层社会治理，实现居民自我管理、自我服务、自我教育和自我监督，让居民共同参与到基层社会不同类型"圈"内的资金、物品、服务、文化的协商民主、互助合作中来，通过利益相关、社区参与、协商议事，满足居民各种类型、不同水平、不同时间的复杂需求，在利用信任、情感降低生活支出的同时，不断提高人民群众生活幸福感、归属感和满意度。这是基层社会治理体系建设的关键内容。

第五，社会经济体系是城市基层社会治理的中国特色之一，也是笔者认为能够推动城市基层社会治理真正实现居民参与的原动力，代表了城市基层社会治理的改革方向。因为经济是社会权力的重要来源，每一个小的组织都需要有市场的补给，单纯依靠政治力量，可能很难将居民组织起来。故而，一方面，中国需要探索党委领导、政府负责下的互助合作经济，形式包括社会吸纳市场（如合作社）、市场吸纳社会（如其他一些社会企业）、社会与市场合作（如互助组织）等。另一方面，党和政府需要处理好权力下放与控制能力的关系，互助组织、国有企业、私人企业之间的关系，同时发挥基层的多元自主性，体现互助参与、保障、服务、合作，警惕小集团或私有化趋势，应重视市场经营社会和社会制约市场，不能让行政过度嵌入社会经济关系，亦不能让市场和私有资本主导中国基层社会。

（三）建设四类社会治理共同体

本书认为，社会治理共同体可以分为内外两层，内层是共同体，是居民情感利益共同体，外层是社会治理，社会治理的目的指向居民情感利益共同体建设。要建设社会治理共同体，就要通过党建引领社会治理机制运转，推动共建、共治、共商、共享、共富，并在社会与市场的合作制约和双向吸纳中，不断拓展其实践与理论内涵。

一是建设由小及大的社群/社区/社会共同体。滕尼斯在《共同体与社会：纯粹社会学的基本概念》一书中提出，共同体是基于如情感、习惯、记忆等自然意志形成的一种社会有机体，共同体形成的关键在于归属感、威严或权威、默认一致。共同体是统一地向内或向外发挥作用的生命体或物体，是真实的、有机的生命，由亲属、夫妻、邻里朋友构成，他们之间存在着"共同领会"。① 根据前文所述，中国的居民情感利益共同体与现代组织存在结构性共生关系。由于中国国家的根本和基础在于社会和集体，自下而上来看，由个体/家庭组成的诸多小共同体分层构成

---

① 斐迪南·滕尼斯：《共同体与社会：纯粹社会学的基本概念》，林荣远译，商务印书馆，1999。

大的共同体，自上而下来看，国家－组织－个人（家庭）的家国治理结构又存在家国同构的目的和手段的内在一致性。换言之，在中国，每个人生活在由小及大的共同体/集体之中，每个人都是家庭的一员，组织的一员，也是国家的一员，每个人都为更好的自我发展和家庭组织/国家建设而努力，国家/组织家庭也在为每个人更好的自我发展和家庭/组织/国家建设而努力，几者具有共同的目的，是团结、互助而非对立的关系。社群、社区、社会是代表集体的现实共同体单元，专业社会组织、市场资本应当与社群、社区、社会共同体进行合作/经营，而非仅是面向个体，其代表了一种企业经营、专业赋能多类型、多层次共同体的社会治理形式。社群/社区/社会经济体、福利共同体和福利经济体、数字共同体和数字经济体都是在社群/社区/社会共同体的基础上建立的。

二是建设由小及大的社群/社区/社会经济体。社群/社区/社会经济体的目标是建立多元包容、互助合作以及健康积极的社群/社区/社会。社群/社区/社会经济体可以界定为在党委领导、政府负责之下，由企业（包括各类企业和个体工商户）、专业社会组织、社区、社区社会组织共同经营社群/社区/社会共同体的经济形式。可以探索建立社区经济综合体或社区合作社/集体经济，通过激活社区，利用当地资源和集体行动，集服务、保障、参与于一体，以低成本的方式满足本社区成员的需求，并在此基础上提供各类营利性增值服务。合作型经济也可以称为合作社经济，专指以党委领导、政府负责下的互助合作组织为基础，以市场为引擎，为互助合作组织成员提供信用合作、消费合作、供销合作等的经营形式。

三是与基层社会治理相结合建设适度普惠型的福利共同体和福利经济体。从福利经济学角度来看，发展福利经济是中国福利服务体系从面向困难群体的救助型（补残型）向面向全体弱势群体的适度普惠型转变，构建具有中国特色、符合中国国情的混合福利经济体的重要路径。福利经济体是指在党委领导、政府负责之下，政府投入救助和福利资金，企业和社会投入公益金和互助金，形成福利保障资金池，构建以个体需求为中心，党政主导推动，企业和社会运行提供包括养老、医疗、助残等福利服务的低成本、圈层化福利服务体系。笔者认为，合作型福利是符合中国社会主义初级阶段实际、需要进行探索的，它是指福利供给不是仅由政府承担，而是在党委领导、政府负责下的集体组织 – 共同体中，通过资金、服务、物品等互助合作的方式满足本组织 – 共同体成员福利服务的供给。这一集体组织是党政企社分开的。

四是数字共同体和数字经济体是推动城市基层社会治理的重要驱动。数字共同体让社群/社区/社会共同体的真正形成成为可能。从国家视角来看，数字共同体建设的重要作用在于以下两方面。一是助推各级政府和社区行政管理体系电子化、智能化，破解部门分割壁垒难题，逐步实现政府行政资源整合化、交互化，降低行政成本，提高行政效率。二是助推党委领导、政府负责下的圈层社会治理结构扁平化，通过人联 – 物联 – 互联之间的相互促进，整合个人、社区、社会、市场资源，达到信息的快速共享和不同区域之间资源的有效统筹、链接，实现个人、社区、企业、社会组织之间的联合，推动党建工作、志愿服务以及社区服务的整合，增加产品供销、储蓄、理财、保险等增值服务的拓展，探索积分货币的使用和流通，同时发挥数字技术对于资金、服务的有效监督和保密作用，推动建设具有中国特色的数字治理共同体、社会治理共同体和社会经济体。从人民视角来看，通过数字社会的互联互通，推动现实社会的互助合作与高效便捷，其出发点和落脚点都是人。通过提高社会运行和服务供给效率，目的在于真正让人民的生活更美好、更便利、更和谐。

第四章 回天大型社区治理样本
与研究框架

在对城市基层社会治理体系的相关文献、理论、概念以及结构关系进行梳理分析的基础上，自本章开始，将以北京市回天大型社区治理实践为例，总结提炼基层社会治理过程。北京市回天地区（回龙观天通苑地区）是北京市基层社会治理创新示范的试验田，2018 年 7 月，北京市人民政府办公厅在下发的《优化提升回龙观天通苑地区公共服务和基础设施三年行动计划（2018—2020 年）》中提出，要打造大型居住区治理示范。2021 年 7 月，北京市人民政府办公厅发布《深入推进回龙观天通苑地区提升发展行动计划（2021—2025 年）》，进一步提出，实施回龙观、天通苑地区优化提升行动计划是探索提升大型社区治理能力和水平的生动实践。笔者团队从 2018 年底开始持续调研回天地区基层社会治理典型经验，利用文献研究、问卷调查以及定性访谈相结合的方法，对回天地区的回天专班及相关党政部门、1 镇 6 街道、31 个典型社区（村）、7 家社会组织、8 家社会企业进行了持续调研，对相关委办局、街镇、社区、社会组织、社会企业等进行近百次访谈，形成社区、社会组织、社会企业典型个案材料 60 余份，并撰写了 150 余万字的访谈转录稿。本章将初步介绍回天大型社区的情况、案例选择与研究框架。

第一节 回天大型社区治理样本介绍

"回天地区"主要是指回龙观、天通苑地区，位于北京中心城区以北，昌平区最南部，毗邻朝阳、海淀区。根据 2019 年数据，回天地区区域总面积约 63 平方千米，包括 1 镇 6 街道、133 个社区和村，2019 年底常住人口 80.5 万人。

一　回天地区发展概述

20 世纪 90 年代开始，回天地区逐渐被纳入城市规划建设范围，开启了城市化建设阶段。按照"分散集团式"城市布局原则，1992 年版的《北京城市总体规划（1991 年—2010 年）》中规划了位于市区与县城之间的十大边缘集团。回龙观、天通苑分别属于清河集团和北苑集团，承接了中心城区危旧房改造及文化保护区人口疏解安置房建设任务。1998年，北京市人民政府办公厅印发了《关于加快经济适用住房建设的若干规定（试行）》，开始大规模开发建设经济适用房，回龙观、天通苑地区是首批重点建设的经济适用房项目。其中，回龙观文化居住区项目主要由北京天鸿集团公司（现首开集团）负责，规划面积约 862 公顷，总建筑面积 644 万平方米，1999 年开始入住；天通苑居住区项目主要由顺天通房地产开发集团负责，规划面积约 770 公顷，总建筑面积 600 万平方米，2000 年开始入住。2008 年北京奥运会以后，北京城市化进程加快，城市迅速扩张。2012 年，原东小口镇"一分为四"，在保留东小口镇的基础上，新增霍营街道、天通苑北街道和天通苑南街道。2019 年 6 月，回龙观镇拆分为史各庄街道、龙泽园街道、回龙观街道。

回天地区由于人口高度集聚，城市功能不完善，市政基础设施和公共服务欠账较多，职住失衡、交通拥堵现象严重，既是城乡接合部大型居住区的典型代表，也是北京市快速城市化进程中遗留的治理难点。同时，回天地区又位于连接中关村科学城、未来科学城的中间地带，具有明显的区位优势，常住人口中 70% 是年轻人，60% 以上具有大专以上学历，创新创业意愿和社会创造活力旺盛，是服务北京市创新发展、高质量发展的重点区域，发展潜力也非常大。

二　回天地区社会治理的主要创新实践

北京市委、市政府从 2018 年开始实施《优化提升回龙观天通苑地区公共服务和基础设施三年行动计划（2018—2020 年）》。在这期间，北京市委书记蔡奇连续近 20 次到回天地区调研查访、指导工作。他在调研时指出，"要坚持党建引领，深化回天有我，努力把回天地区打造成共建共治共享的大型社区治理样板，让曾经的'睡城'变为充满活力的美好幸福新家园"。"回天三年行动计划实施一年多，围绕公共服务、基础设施等方面补短板，并直接催生了回天有我，这是社区治理的积极探索、大家共同努力的结果。其中有许多经验值得总结完善坚持。"①

2020 年 11 月 28 日至 11 月 29 日召开的中国共产党北京市第十二届委员会第十五次全体会议审议通过了《中共北京市委关于制定北京市国民经济和社会发展第十四个五年规划和二〇三五年远景目标的建议》，其中亦提出，"十四五"时期，要深入落实城市总体规划，切实提高首都城市治理水平，构建具有首都特点的超大城市基层治理体系。提出实施新一轮回天地区行动计划，深化"回天有我"创新实践，打造党建引领、多方参与、居民共治的大型社区治理样本。2021 年，北京市发布的《深入推进回龙观天通苑地区提升发展行动计划（2021—2025 年）》进一步提出，实施回龙观、天通苑地区优化提升行动计划是市委、市政府的重要战略部署，是回应区域居民最关心、最直接、最现实问题的重要惠民举措，也是探索提升大型社区治理能力和水平的生动实践。提出要强化"回天有我"社会治理创新，推动基层治理体系和治理能力现代化；要坚持党建引领，凝聚政府、社会、公众等各方力量，强化"回天有我"社会治理创新，建设人人有责、人人尽责、人人享有的社会治理共同体；要推动社区治理模式向党建引领、多方参与、居民共治深入；持续深化"回天有我"社会治理创新实践，全力打造城市修补更新的典范、大型社区治理的样本、充满活力的美好幸福新家园。

根据笔者调研，回天地区的创新实践主要体现在以下几个方面。

（一）党建引领多方共建聚合资源共解基层难题

党建引领多方共建在"回天地区"社会治理中的领导和聚合作用表现明显，包括建立五方共建工作机制，搭建"3 + 1"党建工作协调组织架构；从 2018 年开始建立"回天有我"特色"双报到""双服务"机制，举办"回天有我"主题月活动，深化党员回社区报到，深化市区部门、单位到回天地区报到；探索党建引领大学赋能基层社会治理；由社区党组织引领社区居委会、物业服务企业、社会组织、企事业单位共同

---

① 《蔡奇到回天地区调研时强调 坚持党建引领 深化"回天有我"打造共建共治共享的大型社区治理样板》，《北京日报》2019 年 11 月 6 日。

参与社区协商议事，带动商业企业积极参与到"回天地区"社会治理之中等。

（二）建立专业社会组织体系和社会企业体系

回天地区是北京市社会组织创新发展示范区，其利用昌平区社会组织发展服务中心这一回天地区枢纽型社会组织平台，搭建"区–镇街–社区"三级社区社会组织孵化基地，成立回天社区公益基金会。目前回天地区1镇6街道已经全部成立镇街社区社会组织联合会。自2019年以来，昌平区出台《昌平区回天地区社会企业认证与扶持试点办法（试行)》，推动了回天地区社会企业认证与扶持工作。截至2021年底，共有3批33家回天地区社会企业通过认证。

（三）探索搭建立体型智治化平安幸福回天模式

回天地区充分利用昌平区现有基础设施条件，聚焦回天地区基层社会治理存在的共性问题，通过市区街三级数据互联互通，建设了一批助力基层社会治理的应用场景，搭建了立体型智治化平安幸福回天社区。如天北街道依托"天北家圆"智能社区服务卡，回龙观街道依托"合创家"小程序，霍家营社区独立建立社区服务平台App等，同时不少社区借助社区微信群、公众号，上情下达、下情上传、主动治理、未诉先办、协商议事，建设互联、物联与人工智能化的现实应用场景。另外，社区应用场景也包括探索线上搭载辖区医疗、教育、商超、休闲等社区互助、商业服务，建立社区货币系统，在社会治理共同体基础上发展福利经济、社区经济、合作型福利与合作型经济。

（四）回天居民积极"参与回天、守护回天、建设回天"

回天地区以2018年19个社区自发倡议开展"回天有我"社会服务活动为起点，在大部分社区居民参与度不足的情况下，通过发挥党组织政治引领和党员先锋模范作用，完善了居民议事、楼门自治、社区互助志愿服务等社区服务管理机制。包括推动搭建社区议事平台，建设楼门长队伍，创建标杆楼门，开展各类文化娱乐、志愿服务、邻里互助活动等。居民、业主、人民守望相助、民主参与、互助合作，让"回天有我"越来越生动活泼、丰富多彩，充满了人情的暖意，也彰显了社会治理共同体的盎然生机。

第二节 案例选择

本书选择北京市回天大型社区作为样本框。回天地区人口集中、结构复杂，既以大型社区为单元进行整体性治理，小型社区又在其中进行自主创新探索；既存在一般社区普遍存在的共性问题，也有大型居住区存在的典型问题；不同社区的治理水平、治理能力亦存在差异。由此适合从理论上进行大型社区治理的共性提取，以及不同社区间的比较总结与经验提炼，为本地区的不同社区治理以及其他地区城市基层社会治理体系建设提供典型示范。笔者主要采取典型抽样方法，结合半结构式访谈、小组座谈和问卷调查，于 2018～2022 年面向回天地区的回天专班及其他党政部门、1 镇 6 街道、31 个典型社区（村）、7 家社会组织、8 家社会企业进行近百次个案访谈和小组座谈，形成社区、社会组织、社会企业典型个案 60 余个，撰写了 150 余万字的访谈转录稿，回收 25 份社区问卷、10 份社会企业问卷。

一 社区（村）选择

回天地区由 1 镇 6 街道构成，包括龙泽园街道、回龙观街道、霍营街道、天通苑南街道、史各庄街道、天通苑北街道和东小口镇。其中天通苑南街道共有社区（村）16 个、史各庄街道 9 个、龙泽园街道 35 个、霍营街道 19 个、回龙观街道 23 个、天通苑北街道 16 个、东小口镇 15 个。本书根据社区治理特色，采取典型抽样的方法抽取社区（村）样本，抽取的社区（村）情况如表 4-1 和表 4-2 所示。

样本社区（村）的主要特征总结如下。

一是在社区成立年份方面，既有 20 世纪 90 年代建成的老旧社区，也有 2010 年之后的新建社区。老旧小区存在绿化面积少、房屋管道设施破损、停车位不足、环境污染、缺少电梯、缺少文娱活动室等问题，这些是社区矛盾的集中点，也是社区治理的重难点。

二是在房屋性质方面，包括商品房、经适房、村改居社区、限价房、经济住宅、房改房、平房、公租房等，很多社区产权结构较为复杂。

三是在社区楼栋数量方面，既有仅含 6 栋楼的小型社区，亦有包含

432 栋楼的大型社区,楼栋数量在 15 ~ 30 栋的社区较多。同时不同社区的单元数量不一,单元数量过百的社区达 10 余个,有的社区则仅有 10 个单元。

四是在社区常住人口规模方面,各社区常住人口规模不等,其中部分大型社区已经完成了拆分重组。

五是在社区人口结构方面,样本社区(村)中的流动人口占比大多数超过 30%,部分社区出现人口倒挂现象,流动人口所占比例超过 70%;常住人口老龄化比例高,有的社区常住人口老龄化比例接近 50%。

此外,调研社区(村)均为社区(村)党组织书记兼任(村)居委会主任,成立了社区业委会或物管会,建立了社区志愿者队伍、歌舞队伍等社区社会组织。

表 4 - 1　社区分布情况

单位:个

隶属街道	合计	社区	村	调研社区(村)
龙泽园街道	35	34	1	4
回龙观街道	23	23	—	6
史各庄街道	9	4	5	1
霍营街道	19	19	—	7
天通苑北街道	16	13	3	6
天通苑南街道	16	15	1	5
东小口镇	15	5	10	2

资料来源:根据各街道口袋书整理。

表 4 - 2　社区基本信息

社区	成立年份	房屋性质	楼栋数量(栋)	单元数量(个)	常住人口(人)	流动人口占比(%)	其他
L1 社区	2005	商品房经适房	25	122	4558	—	南区为老师、社会成员购买居多;北区为回迁房;2020 年成立物管会,商圈密集(108 个)
L2 社区	2003	商品房	28	118	4500	—	2020 年成立物管会
L3 社区	2005	大型经适房	40	187	5500	30	老年人口占比接近 40%;2020 年成立业委会

续表

社区	成立年份	房屋性质	楼栋数量（栋）	单元数量（个）	常住人口（人）	流动人口占比（%）	其他
L4 社区	1999	商品房	36	—	6500 余	—	老年人口占比约20%；2020 年成立业委会；社区社会组织20 个
G1 社区	2015	村改居社区	17	41	10000 余	70	保留集体经济；2020 年成立物管会
G2 社区	2001	商品房	28	107	3900 余	29	2020 年成立物管会
G3 社区	1994	商品房	432	—	3800 余	—	单栋别墅、小户型单元住宅；人员构成也较为复杂，层次差别较大；非户籍人口约占30%~40%
G4 社区	—	经适房	16	36	5200	98	回迁安置房项目
G5 社区	2003	商品房	15	91	5800 余	70	2021 年成立物管会
G6 社区	2006	商品房	21	117	8800	74	以高层住宅为主；2020 年拆分为两个社区；2021 年成立物管会
Z1 社区	2011	商品房限价房	23	83	5300		2020 年成立物管会
H1 社区	2015	村改居社区	7	28	5000 余	67	保留集体经济
H2 社区	2005	商品房	13	56	3400 余	31	—
H3 社区	1995	房改房商品房平房	37	160	7000	—	2020 年成立业委会
H4 社区	2009	经适房	10	65	2500	44	2020 年成立业委会；老年人口占比为46.7%
H5 社区	2009	经适房	18	126	4550	40	2020 年成立物管会；多拆迁户，老年人口占比接近35%
H6 社区	2006	经济住宅	32	150	2700 余	75	2020 年成立业委会；户主多为高校和事业单位职工
H7 社区	2009	村改居社区	6	10	—	—	2009 年成立物业服务企业；1 栋商业楼；保留集体经济
B1 社区	1996	商品房	33	127	4500	—	2020 年成立业委会
B2 社区	2004	经适房	41	243	15000	—	分为东西两个区；与天通东苑北苑中苑共同成立一个业主委员会
B3 社区	2004	经适房	38	186	18000 余	—	分为东西两个区；与天通东苑北苑中苑共同成立一个业主委员会
B4 社区	2007	商品房经适房	25	126	10000 余	—	—

社区	成立年份	房屋性质	楼栋数量（栋）	单元数量（个）	常住人口（人）	流动人口占比（%）	其他
B5 社区	2007	商品房经适房	21	131	4500 余	75	—
B6 社区	2003	经适房	16	54	8000	—	与天通西苑共同成立一个业主委员会
N1 社区	1995	商品房	18	—	2500 余	50	老年人口占比达到 35%
N2 社区	1998	—	9	47	2300	—	—
N3 社区	1997 2005 2004	商品房	31	149	6900 余	67	分为四区；部分拆迁户购房、单位购房；外地私人购房较多，人户分离社区；1 栋商业楼
N4 社区	2003	经适房	26	152	9600	—	社区书记工作室和金色旗手志愿服务队为社区主要特色；7 栋商业楼
N5 社区	—	—	10	—	8000 余	70	法人单位企业，个体工商户 1000 余家；商用楼 11 栋
D1 社区	—	行政村	—	—	8100 余	72	—
D2 社区	2013	商品房公租房	24	—	10000 余	11	分为盖上、公租房和落地区三个区域（互不相通，盖上人车分离）；有物管会

资料来源：根据各街道口袋书整理。

二　社会组织选择

2019～2021 年北京市昌平区区级社会组织等级评估情况显示，2019～2021 年北京市昌平共有 180 个区级社会组织参加评选，[①] 其中 5A 级区级社会组织 22 个，4A 级区级社会组织 67 个，3A 级区级社会组织 85 个，2A 级区级社会组织 6 个（见图 4－1），涉及教育培训、文体活动、医疗服务、养老保健、心理咨询、志愿服务、弱势群体救助、行业协会、绿色环保等诸多领域。

笔者以典型抽样方式抽取 7 个服务回天基层社会治理的社会组织，涵盖 2 家枢纽型社会组织、2 家志愿者协会和 3 家社工机构。

在枢纽型社会组织中，S1 组织为 2018 年成立的 4A 级区级社会组织，S2 组织为 2019 年成立的 4A 级区级社会组织，两家枢纽型社会组织

---

① S3 组织在 2019 年被认定为 3A 级区级社会组织，2021 年被认定为 5A 级区级社会组织。

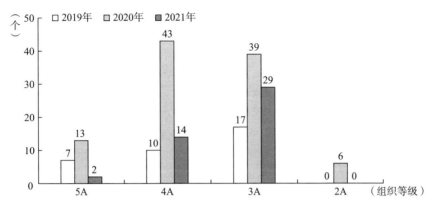

图 4 - 1　2019 ~ 2021 年北京市昌平区区级社会组织等级评估情况

通过发挥资源整合、平台枢纽、专业赋能、社群经营等功能，在推动社会组织规范管理和自主发展、提升基层治理水平等方面发挥了重要作用。

在志愿者协会中，S3 组织成立于 2006 年，S4 组织成立于 2009 年，分别是 5A 级和 4A 级区级社会组织，主要业务为：通过规范化、专业化管理，打造专业志愿队伍，开展品牌活动，与多方主体协同合作，为周边社区提供多样化、多层次、个性化、特殊化服务，助力提升周边地区的公共服务供给能力、人居环境品质和社区发展活力。

在社工机构中，S5 组织、S6 组织和 S7 组织分别是 2019 年、2017 年、2016 年成立的 3A 级、5A 级、4A 级区级社会组织。这些组织本着助人自助的原则，聚焦特殊人群，通过专业方法和手段，关怀、帮助社区弱势群体，提供社会工作咨询、辅导及社会工作者的培训、实习、派遣、管理等服务，并拓展承接社区治理项目，为基层治理增能提效。社会组织样本基本信息如表 4 - 3 所示。

表 4 - 3　社会组织样本基本信息

组织类型	组织名称	组织等级	成立年份	主要业务
枢纽型 社会组织	S1 组织	4A	2018	社会组织理论研究；开展政府购买服务研究及辅助性工作；承接政府委托项目；为社会组织提供信息交流、咨询服务，专业服务；社会组织孵化、培育；协助职能部门开展社会组织人才教育及培训，培养社会组织专业人才；为全区社会组织开展服务搭建平台，链接资源

续表

组织类型	组织名称	组织等级	成立年份	主要业务
枢纽型社会组织	S2 组织	4A	2019	开展法规宣传和社会宣传；开展社会调研；参与政府组织的文体娱乐活动；组织承揽便民、利民等低偿服务；为居（村）民提供助残、助困、助老等无偿公益服务；协调医疗、卫生、健康保健等公益事业服务项目；为社区社会组织提供管理、指导、培训、服务等方面的专业支持等
志愿者协会	S3 组织	5A	2009	志愿服务宣传推广；社会服务协调、指导、考核、评比；对外交流
	S4 组织	4A	2006	
社工机构	S5 组织	3A	2019	开展各类社会工作服务，提供社会工作咨询、辅导；开展社会工作者及志愿者培训、实习、派遣、管理等；承接政府部门、企事业单位等的各类社会工作服务项目和其他业务；开展社会调查，组织出版社会工作通讯、书刊，交流学术信息、资料；教学、研究、培训与服务四位一体，探索本土化社会工作发展模式
	S6 组织	5A	2017	
	S7 组织	4A	2016	

三　社会企业选择

2019～2021 年，回天地区共举办 3 届社会企业授牌仪式，认证了 33 家社会企业。本书采取典型抽样方式，抽取了 8 家社会企业展开调研，样本涵盖了文化娱乐、环境秩序、健康服务、社区创新发展等不同领域的一般社会企业和品牌社会企业（见表 4 - 4）。社会企业样本特点包括以下两点。

表 4 - 4　社会企业样本基本信息

企业名称	E1 社会企业	E2 社会企业	E3 社会企业	E4 社会企业	E5 社会企业	E6 社会企业	E7 社会企业	E8 社会企业
企业类型	信息服务型	产品销售型	产品销售型	信息服务型	技能培训型	工作整合型	产品销售型	技术服务型
成立年份	2000	2006	2010	2003	2014	2009	2018	2015
认证年份	2019	2019	2019	2019	2019	2020	2019	2021
认证类型	品牌社会企业	品牌社会企业	品牌社会企业	一般社会企业	一般社会企业	一般社会企业	一般社会企业	一般社会企业

续表

企业名称	E1 社会企业	E2 社会企业	E3 社会企业	E4 社会企业	E5 社会企业	E6 社会企业	E7 社会企业	E8 社会企业
运营模式	经营互联网平台	回收闲置物品、限价销售	出售有机食品	经营互联网平台	歌唱培训等	咨询培训等	书籍销售、借阅	互联网应用开发

一是社会企业样本涵盖了不同的企业类型，笔者将其归纳为信息服务型、技术服务型、工作整合型、技能培训型、产品销售型等五类。

二是在运营模式方面，调研社会企业样本探索了包括咨询培训收益、出售绿色有机产品、经营互联网平台等市场化运作方式，这也是认证社会企业的重要标准之一。

第三节　研究框架

本书利用 Nvivo 12 软件分别对社区（村）、社会组织、社会企业的访谈材料进行独立编码。遵循开放式编码、主轴编码和选择性编码三级编码思路，对访谈材料逐级提炼，从中提取出反映城市基层社会治理的本质特征，进而构建起城市基层社会治理的主要运作模式。

一　数据分析过程

（一）前期准备

为保证编码的客观、公正、有效，笔者在每一次编码前作了以下准备。一是对访谈材料进行"清洗"，剔除与基层社会治理无关的语言，包括实质性的题外话和形式上的语气助词等，以保证访谈材料精炼。二是从资料中随机抽取出 10% 的材料不参与编码，将之作为对照组进行饱和度检验。三是编码分别由 15 名同学分三个阶段进行：第一阶段为 2021 年 12 月至 2022 年 1 月，对访谈材料按照社区（村）、社会组织、社会企业三大类别进行全规模编码，初步形成原始概念以及范畴等，对访谈材料中需进一步追踪的相关部分做标记；第二阶段为 2022 年 2 月至 3 月，进行第二轮编码，对第一轮编码材料进一步修改、补充、剔除等，为避免主观性，编码成员在第一阶段和第二阶段中负责编码的材料均不同；

第三阶段为 2022 年 5 月至 6 月，主要为局域编码，根据访谈追踪和实践发现对编码做局部修订，以达到编码完整、饱和、互斥。

（二）开放式编码

开放式编码是应用软件 Nvivo 12 进行数据分析的初始步骤，是指研究者将收集到的原始资料，进行初步的整理分析，赋予其各种概念类属。[①] 首先，详细阅读访谈材料，将同一类属的语句所自然呈现的状态逐字逐句进行标识，进而按照一定标准将具有相邻意义的语句材料进行分类、整合，初步对归类后的语句材料进行抽象凝练，形成"初始概念"。在整个过程中，应不遗漏任何重要的信息，且头脑中不能有任何预先形成的概念，尽最大可能贴近原始数据，从其中"自然而然"提炼可能的类型、概念与标识，并逐项命名。[②] 其次，对初始概念进一步分析与提炼概括，发现数据之间的脉络，用另一系列高级的概念和类属来呈现，也即初始概念范畴化。[③] 在这一过程中，对材料不断地进行回顾和"清洗"，[④] 剔除无效概念、整合相似概念、补充缺失概念，通过细致地分析和概括，使整个概念和范畴划分明晰、脉络清晰。

（三）主轴编码

主轴编码的主要任务是发现和建立概念类属之间的各种联系。[⑤] 由于各范畴相互分散和独立，需要在范畴之间进行逻辑构建，[⑥] 这些逻辑关联主要包括因果关系、时间先后关系、语义关系、情景关系、相似关系、差异关系等。通过在这些类属与关系之间区分出主要的类属，也即主范畴，以此为轴心进行分类、组合，进行重新编排，在第二层次的轴

---

① 冯生尧、谢瑶妮：《扎根理论：一种新颖的质化研究方法》，《现代教育论丛》2001 年第 6 期。

② 贾哲敏：《扎根理论在公共管理研究中的应用：方法与实践》，《中国行政管理》2015 年第 3 期。

③ 王法硕、王翔：《我国政府数据开放利用的影响因素与实现路径——一项基于扎根理论的质性研究》，《情报杂志》2016 年第 7 期。

④ 贾哲敏：《扎根理论在公共管理研究中的应用：方法与实践》，《中国行政管理》2015 年第 3 期。

⑤ 吴毅、吴刚、马颂歌：《扎根理论的起源、流派与应用方法述评——基于工作场所学习的案例分析》，《远程教育杂志》2016 年第 3 期。

⑥ J. W. Creswell, *Qualitative Inquiry and Research Design：Choosing among Five Traditions* (CA：Sage Publications, 1998).

心登录之后，初始概念与类属之间的关系将更为明确，同时核心概念也会逐渐浮现，为扎根理论方法建构理论提供了一个框架。[①]

（四）　选择性编码

选择性编码主要是从主范畴中梳理和归纳出具有统领性的核心范畴，并探寻核心范畴与其他范畴间的内在联系，再以"故事线"的形式系统地描述范畴间的关系，串联起整体脉络，最终构建起理论模型。[②]

同时，笔者对访谈材料进行了饱和性检验。[③] 社区（村）、社会组织和社会企业的访谈材料在编码前，均预留出 10% 作为对照组不参与编码。由于在访谈的过程中不断回顾、审视，根据访谈情况多次追访并填充主题和编码，编码中均未发现有遗漏或者个案残缺的情况，以实证结果为依据可得编码和主题达到饱和，且勾勒出的理论可以解释目前所有的原始材料，理论达到饱和，编码通过检验。

二　研究框架

根据对访谈材料的三级数据编码分析，辅之以文献研究、问卷调查支撑，本书建立了基层社会治理运转的研究框架（见图 4-2）。总体而言，中国共产党是基层社会治理体系建设的领导核心，政府、社会、市场是基层社会治理体系建设的重要组成部分，社区是基层社会治理体系建设的基础场域，党建引领大型社区治理、网格化治理、协商民主治理、互助合作治理、赋能式治理、经营性治理涵盖基层社会治理体系建设的具体路径、策略、机制、模式，战略方向是在党委领导、政府负责下，通过战斗堡垒、多方共建、监督制约、互助合作、专业赋能、市场经营、法治保障、智治支撑，向居民共治的方向纵深推进，以建设均衡包容的基层社会系统，在国家发展的不同阶段保证人民生活幸福和国家安全稳定。

[①] 贾哲敏：《扎根理论在公共管理研究中的应用：方法与实践》，《中国行政管理》2015年第 3 期。

[②] 朱丽叶·M. 科宾、安塞尔姆·L. 施特劳斯：《质性研究的基础：形成扎根理论的程序与方法》（第 3 版），朱光明译，重庆大学出版社，2015。

[③] 当新的访谈材料无法提供新的主题或编码时，则达到编码和主题饱和。

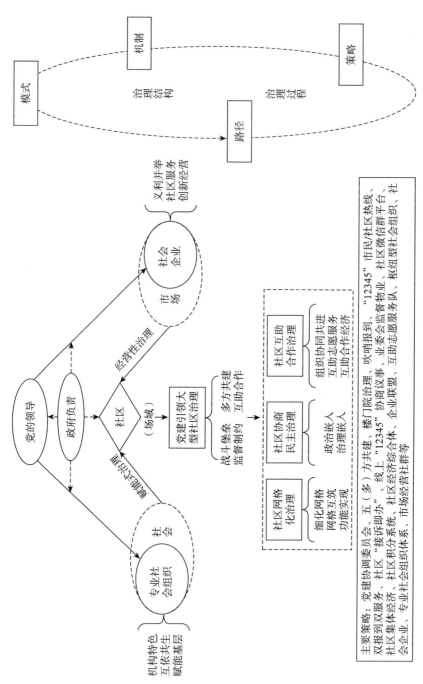

图 4 - 2 基层社会治理运转的研究框架

主要策略: 党建协调委员会, 五 (多) 方共建, 吹哨报到, "12345" 市民/社区热线, 双报到双服务, 社区 "接诉即办", 线上 "12345" 协商议事, 业委会监督物业, 社区微信群平台, 社区集体经济, 社区积分系统, 社区经济综合体, 企业联盟, 互助志愿服务队, 枢纽型社会组织, 社会企业, 专业社会组织体系, 市场经营社群等

第五章　让治理运转：党建引领
大型社区治理

　　超大城市人口集聚、结构复杂，经济社会变迁引发的震荡容易被叠加放大，增加集体与个人、依赖与独立的矛盾和风险，社会不安全感、不平衡感交织凸显，居民对于能够相互促进均衡状态产生的内外部环境需求更加强烈。超大城市大型社区是超大城市庞大人口规模、复杂人口样态的缩影，其集中体现了超大城市多元化、多层次的个体需求与供给关系不匹配的结构性矛盾，以及权力与资本介入强、生活彰显弱、个体心理 – 环境适应不良等不均衡状态。① 故超大城市大型社区治理是社区治理的难点重点，其创新探索的多样化的方式、手段、工具对其他地区亦具有借鉴价值和启示意义。本章即围绕"让治理运转：党建引领大型社区治理"的路径、策略、实现机制进行整体性分析，尝试构建适合中国实际的党建引领大型社区治理的理论模型。②

第一节　相关研究与数据分析

　　本节主要在对现有研究进行回顾的基础上，通过对 31 个社区（村）实地访谈资料进行开放式编码、主轴编码、选择性编码，得到战斗堡垒、多方共建、监督制约、互助合作四个党建引领大型社区治理的战略路径。

一　相关研究

　　梳理以往文献，自 21 世纪以来，相关研究从政党 – 国家 – 社会关系的宏观视角与党的建设、社区治理的中观角度对党建引领社区治理进行了深入探索，尤其是林尚立、景跃进等学者刊发的系列论文，创新建立

---

① 陈亮：《超大城市大型社区的治理尺度再造与治理空间再生产——以上海市基本管理单元实践为例》，《内蒙古社会科学》2020 年第 5 期。
② 本章所涉及的战略路径、策略机制等也会在后面章节分别进行具体阐释。

了政党－国家－社会之间的三维分析框架。黄晓春进一步指出，党建引领已成为推动多方主体协同共治和提升基层治理体系整体治理能力的重要制度安排等，[①] 这些理论为本研究提供了重要的理论指导。

（一）政党视角：党的战斗堡垒深入基层

党的建设视角即政党视角，基层党建工作的核心目标就是要强化党对基层治理的领导能力，巩固党的执政基础，具体包括两个方面：一是党组织做好自身建设，二是党组织要做好基层治理。有研究提出，中国社会的组织模式是以中国共产党的组织网格为枢纽和主干来实现的，[②] 基层党建之所以遇到问题，关键是基层党组织的功能和组织架构不能够适应基层社会的发展变化，出现了脱节和空转现象。[③] 故提出基层党组织要尽快适应变化，通过向内和向外用力，以党的思想建设、组织建设、作风建设、反腐倡廉建设等，引领社会治理创新的发展方向、内容、路径，强化领导角色，形成基层党建与社会治理创新的良性互动。[④] 不少研究对基层党建的创新模式进行了经验总结，包括"党建＋社区治理"、党建的吸纳与嵌入等。"党建＋社区治理"模式主张以党的建设为主导，通过"党建＋自治""党建＋法治""党建＋民生""党建＋文化""党建＋非公"等形式，将党建与城市社区治理紧密结合起来。[⑤] 吸纳与嵌入指党的建设通过吸纳和嵌入两种策略来重新凝聚资源、密切与社会的联系，二者实际上也是一体两面，通过参与式领导、嵌入式服务，[⑥] 既以体制吸纳各类青年人才、社会和经济组织成员加入基层党组织或兼任基层党组织职务，又以组织嵌入将党组织嵌入基层社区、社会组织、经济组织

---

① 黄晓春：《党建引领下的当代中国社会治理创新》，《中国社会科学》2021 年第 6 期。

② 叶敏：《新时代党建引领社会治理格局的实现路径》，《湖南师范大学社会科学学报》2018 年第 4 期。

③ 曹鹏飞：《基层社会"变迁"与基层党组织"建设"》，《理论前沿》2008 年第 21 期。

④ 黄意武、李露：《城市基层党建与社会治理创新的互动关系研究》，《中州学刊》2017 年第 10 期；望超凡：《实践型党建：党建引领农村基层治理的实践路径》，《兰州学刊》2021 年第 3 期。

⑤ 张艳国、李非：《"党建＋"在城市社区治理中的独特功能和实现形式》，《江汉论坛》2018 年第 12 期。

⑥ 孔娜娜、张大维：《嵌入式党建：社区党建的经验模式与路径选择》，《理论与改革》2008 年第 2 期。

等，同时贯穿价值引领，把党的基本路线和各项方针政策贯彻到基层。①

（二）治理视角：动员居民与多方共建

以往不少研究从国家与社会关系角度分析社区治理运转，有观点认为，中国基层社会中的国家和社会自治空间之间并不是此消彼长或等值增减的关系，② 社区建设既是国家基层政权建设的过程，也是基层社会发育的进程，③ 基层社会自治的发育也是国家干预和制度安排的产物。④ 一些学者提出了"层级的正式制度和丰富的非正式生活"，⑤ "国家中的社会"，⑥ "共生型国家社会关系"⑦ 等具有中国特色的社区治理话语。党的十九届四中全会提出要完善社会治理体系和建设社会治理共同体，同时越发重视党对基层治理的全面领导作用。越来越多研究进一步从多元协同的社区治理视角研究党的功能，提出了党领导下的多元共治⑧、一核多元与一核多能⑨、政党链接社会⑩、政党引领社会⑪、政党整合社会⑫、党建引领社会治理⑬等。但总体来看，受基层探索阶段所限，党的作用

①　孙柏瑛、邓顺平：《以执政党为核心的基层社会治理机制研究》，《教学与研究》2015年第1期；刘安：《吸纳与嵌入：社区党建背景下中国党社关系的调适策略——以江苏省N市C区为例》，《黑龙江社会科学》2015年第5期。

②　朱健刚：《城市街区的权力变迁：强国家与强社会模式——对一个街区权力结构的分析》，《战略与管理》1997年第4期。

③　李友梅：《中国社会治理的新内涵与新作为》，《社会学研究》2017年第6期。

④　王汉生、吴莹：《基层社会中"看得见"与"看不见"的国家——发生在一个商品房小区中的几个"故事"》，《社会学研究》2011年第1期。

⑤　肖瑛：《从"国家与社会"到"制度与生活"：中国社会变迁研究的视角转换》，《中国社会科学》2014年第9期。

⑥　侯利文：《国家与社会：缘起、纷争与整合——兼论肖瑛〈从"国家与社会"到"制度与生活"〉》，《社会学评论》2018年第2期。

⑦　宋道雷：《国家治理的基层逻辑：社区治理的理论、阶段与模式》，《行政论坛》2017年第5期。

⑧　孙萍：《中国社区治理的发展路径：党政主导下的多元共治》，《政治学研究》2018年第1期。

⑨　曹海军：《党建引领下的社区治理和服务创新》，《政治学研究》2018年第1期。

⑩　吴晓林：《党如何链接社会：城市社区党建的主体补位与社会建构》，《学术月刊》2020年第5期。

⑪　田先红：《政党如何引领社会？——后单位时代的基层党组织与社会之间关系分析》，《开放时代》2020年第2期。

⑫　潘泽泉、辛星：《政党整合社会：党建引领基层社区治理的中国实践》，《中南大学学报》（社会科学版）2021年第2期。

⑬　黄晓春：《党建引领下的当代中国社会治理创新》，《中国社会科学》2021年第6期。

的发挥主要表现为通过党组织、党员深入到居民中，直接带动、动员居民参与社区治理。相关研究普遍认为，中国的社区动员实践类似一种地方性权威式动员，[①] 主要由行政权威、社区骨干、精英和以人情搭建的地方性互助网络发挥作用，[②] 以组建各类文化娱乐、志愿服务队伍为主要形式。故不少研究指出，应当推动建立以满足居民需求、解决社区问题为导向的党建引领多方共建模式，通过协调社区居委会、社区居民、市场组织、社会组织等多元主体，强化彼此认同，开展协商合作等集体行动，为居民参与基层社会治理提供稳定的结构保障和主体再生产的可持续等。[③]

从党建引领居民社会生活角度，有研究提出社区参与是社会治理共同体建设的基础性工程，[④] 社会生活共同体的有机团结是党建引领基层社会整合的最终目标。[⑤] 应当通过将社区治理单元沉降微缩为居民生活的更小单元——小区、楼道、门栋等，提升居民个体与公共利益之间的利益关联密度，[⑥] 建构基于生活空间的社区共同体，[⑦] 同时依托党政力量的有效介入和推动，提升社区治理的回应性。[⑧]

（三）述评与小结

虽然现有研究已经从立足政党建设或国家与社会权力分配关系，向

---

① 毛一敬：《党建引领、社区动员与治理有效——基于重庆老旧社区治理实践的考察》，《社会主义研究》2021 年第 4 期。

② 任克强：《组织化合作动员：社区建设的新范式》，《南京社会科学》2014 年第 11 期；唐有财、王天夫：《社区认同、骨干动员和组织赋权：社区参与式治理的实现路径》，《中国行政管理》2017 年第 2 期。

③ 陈亮、李元：《去"悬浮化"与有效治理：新时期党建引领基层社会治理的创新逻辑与类型学分析》，《探索》2018 年第 6 期；孙萍：《中国社区治理的发展路径：党政主导下的多元共治》，《政治学研究》2018 年第 1 期。

④ 赵宇峰：《社会互助：社会治理共同体建设的新驱动》，《南京社会科学》2021 年第 12 期。

⑤ 陈秀红：《从"治理共同体"到"生活共同体"：党建引领基层治理的社会整合功能实现逻辑》，《北京行政学院学报》2022 年第 3 期。

⑥ 陈伟东、熊茜：《论城市社区微治理运作的内生机理及价值》，《吉首大学学报》（社会科学版）2019 年第 1 期。

⑦ 容志、秦浩：《再组织化与社会治理现代化：重大公共卫生事件中社区"整体网格"的运行逻辑及其启示》，《上海行政学院学报》2020 年第 6 期。

⑧ 李爱爽：《小城镇社区微治理的运行机制与治理效果——基于浙北 C 镇的实证研究》，《理论月刊》2022 年第 5 期。

将党的建设与社区治理相结合转变，从组织动员居民参与，向党建引领多方共建和深入居民社会生活转变，但实际上仍然没有真正从居民需求出发建构社区均衡治理体系，缺少围绕党建引领居民共治这一关键内容的系统设计。也正因如此，现有研究多关注政治社会整合——战斗堡垒和多方共建，[①] 较少涉及政治经济整合——监督制约和互助合作等推动居民参与共治的关键路径和由此形成的多方主体间复杂关系分析。一方面，监督制约只在业主组织、物业服务企业、政府这三种力量的互动研究中提及；[②] 另一方面，志愿服务研究多，互助合作研究主要针对村转居社区。[③]

互助合作是个体的本能需要，建立紧密的利益共同体是实现居民共治的必然选择，[④] 笔者认为，只有在互相监督和互助合作基础上才能真正生发居民信任参与且个体自由自主的社会自治空间。[⑤] 本书的核心议题就是将均衡系统思维、党建引领逻辑、政治经济整合策略导入中国式社区治理现代化理论，真正把党建引领逻辑与人民中心逻辑相贯穿，把党建引领社区治理理论深入到推动居民共治和建设社区均衡系统的中国式社区治理现代化实践中。

二 数据分析

本章采取开放式编码、主轴编码和选择性编码三个步骤，对北京市回天地区 31 个社区（村）的案例进行了深度剖析，从大量资料数据中提取党建引领大型社区治理的本质性命题和理论构念，并将这些命题和构

---

① 王立峰、潘博：《社会整合：新时代推进党建引领城市基层治理的有效路径》，《求实》2020 年第 2 期；陈鹏：《城市社区治理：基本模式及其治理绩效——以四个商品房社区为例》，《社会学研究》2016 年第 3 期。

② 石发勇：《业主委员会、准派系政治与基层治理——以一个上海街区为例》，《社会学研究》2010 年第 3 期。

③ 徐琴：《城市化进程中"村转居"社区居民自治的再建构》，《学海》2013 年第 4 期。

④ 刘妮娜：《中国互助型老龄社会的系统建构》，《云南民族大学学报》（哲学社会科学版）2022 年第 5 期。

⑤ 王芳：《合作与制衡：环境风险的复合型治理初论》，《学习与实践》2016 年第 5 期；谌杨：《论中国环境多元共治体系中的制衡逻辑》，《中国人口·资源与环境》2020 年第 6 期。

念相互联系以建构模型，[1] 以实践经验建构理论，回应现实关切，全面识别党在社区治理中的领导地位。在编码过程中，先对同一社区的 1~2 份访谈资料进行编码，根据理论构建和主题饱和情况，进一步追踪访谈 2~3 次，且访谈对象异于已访人员，当已有理论可以解释原始材料以及追踪转录无法抽出新主题，也即达到理论和编码均饱和时，编码通过检验。两段资料的编码前后相隔 1 个月，并由不同研究者操作，以尽量避免主观干扰。[2]

（一）开放式编码

通过标记、择取、分类、提炼，初步对同类原始材料进行初始概念的抽取。为保证研究的客观性和精准性，在执行分析的过程中均使用转录材料的原始表达。[3] 通过反复商榷、论证、修正，在择取的 961 个参考节点中，抽取出 47 条初始概念。

（二）主轴编码

主轴编码主要对社区治理的初始概念做进一步梳理整合。第一步是运用原因条件、现象、情景、中介条件、行动/互动策略、结果等编码范式，[4] 系统地组织离散化的初始概念形成初始概念集合。第二步是对分类归纳后的初始概念集合提取，在 47 条初始概念基础上形成 11 个副范畴。为验证初始概念对副范畴的解释度，本节运用参考节点和皮尔森系数进行检验。[5]

（三）选择性编码

选择性编码主要将社区治理的核心概念与副范畴予以联系，验证其

---

[1]　吴肃然、李名荟：《扎根理论的历史与逻辑》，《社会学研究》2020 年第 2 期。
[2]　刘炳胜、张发栋、薛斌：《由内而外的城市社区更新何以可能？——以 X 社区更新治理为例》，《公共管理学报》2022 年第 1 期。
[3]　胡志明、程灏、刘旭然：《公共服务能力概念界定及要素解析——基于扎根理论范式的质性研究》，《电子科技大学学报》（社科版）2020 年第 2 期。
[4]　董金秋：《推动与促进：家庭资本对青年农民非农就业行为的影响机制探析》，《青年研究》2011 年第 1 期。
[5]　初始概念与副范畴之间的皮尔森系数主要在 0.6~1，具有中等程度以上的相关关系。其中，初始概念参考节点排名前三的为在职党员回社区报到、利用企事业单位资源、志愿服务，分别为 61、43、43 个参考节点，其与副范畴之间的相关关系分别为 0.9386、0.9275、0.8116，体现了与副范畴之间较强的隶属关系。

间的相关关系，最终将各范畴串联起来构建起理论架构。① 一是依托文献回顾，在初始概念、副范畴的基础上深入挖掘，提取出更加抽象的概念，形成了战斗堡垒、多方共建、监督制约、互助合作 4 个主范畴；二是在主范畴、副范畴以及党建引领之间构建相关性，通过输出相关系数说明各范畴之间的层次关系。图 5 – 1 体现了党建引领与 4 个主范畴、11 个副范畴之间的相关系数，党建引领与 4 个主范畴的相关系数均在 0.8 ~ 1，为强相关。多方共建的相关系数最高，体现了多方共建是当时回天地区党建引领社区治理的主要战略路径。此外，通过对词频进行查询，发现分散在 4 个主范畴中的"社区、党员、居民、物业、楼门"位列前五，也说明了 4 个主范畴对于党建引领大型社区治理的支撑作用。主范畴、副范畴及各层级相关关系如图 5 – 1 所示。

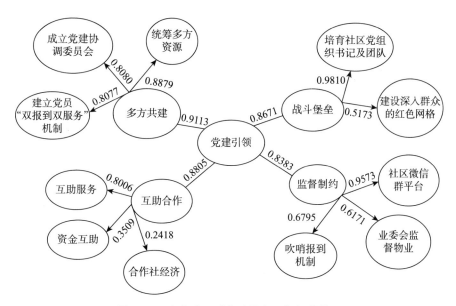

图 5 – 1　主范畴、副范畴及各层级相关关系

将资料编码中的主范畴同核心概念之间用"故事线"串联起来形成完整的逻辑体系，可以概括为：通过发挥党组织的战斗堡垒作用，统领多方主体共建，推动居民互助合作，最终形成党建引领下的居民共治、

---

① 由于在访谈的过程中不断回顾、审视，根据访谈情况多次追访并填充主题和编码，未发现有遗漏或者个案残缺的情况，以实证结果为依据可得编码和主题达到饱和，且勾勒出的理论可以解释目前所有的原始材料，理论达到饱和。

动态均衡的社区治理系统。

第二节　战略路径

根据选择性编码得到的战斗堡垒、多方共建、监督制约、互助合作四个党建引领大型社区治理战略路径，本节将具体介绍每个战略路径所包含的具体策略。党的战斗堡垒主要包括培育社区党组织书记及团队和建设深入群众的红色网格等；党建引领多方共建的主要内容包括成立党建协调委员会、统筹多方资源和建立党员"双报到双服务"机制等；党建引领监督制约的主要手法包括建立社区微信群平台、吹哨报到机制、业委会监督物业机制等；同时通过互助服务、资金互助和合作社经济，可以初步搭建党建引领互助合作的雏形。

一　党的战斗堡垒

基层党组织是中国共产党深入社区实现领导功能的堡垒和抓手。通过对回天地区社区（村）访谈资料编码和分析，发现培育社区党组织书记及团队和建设深入群众的红色网格是影响战斗堡垒作用发挥的两个关键要素（见表5-1）。

（一）培育社区党组织书记及团队

北京市委社工委会同昌平区制定的《关于加强"回天地区"基层社会治理的实施方案》提出，要加强社区党组织书记队伍建设。好的社区党组织书记能够带领社区积极争取多方资源，建立清晰、公开、透明的社区规则，形成社区居民普遍认可或约定俗成的社区情理的社区文化。根据资料编码结果，社区党组织书记及团队的工作态度、先锋精神、工作方法关系着党对社区治理的领导力量的发挥。

一是认真负责的工作态度。通过严谨细致、全面周到地完成一件件小事，社区党组织书记增强了群众向心力，赢得了群众的支持和信赖。[1]

---

[1] 李珞山：《基层党组织增强服务意识与战斗堡垒作用创新思考》，《学习论坛》2011年第11期。

表5-1　党的战斗堡垒访谈资料编码结果

主范畴	副范畴	初始概念	原始材料
战斗堡垒	培育社区党组织书记及团队	工作态度	小区不管有什么事，例如停电、停水，在社区里第一个出现的准是"两委"成员
		先锋精神	从疫情开始，我就在办公室里睡了，卡口执勤总能看见我在，我觉得这是一种责任
		工作方法	我们"两委"班子最常做的就是在社区里走听看学，了解社区真实问题
	建设深入群众的红色网格	人在格中走	安排"两委"班子和社区党员做社区"12345"接线员，他们也是网格员，谁的网格谁负责
		事在格中办	网格里发生的事情能解决的就解决，解决不了的就在会上提出来
		情在格中系	党员要发挥先锋模范作用，带头清理小区道路、雨水箅子等卫生死角

N5社区党支部书记XT说："社区的工作都是比较琐碎的，……，我觉得只要用心就能干好。"2020年7月，N5社区垃圾分类撤桶并站，X书记每天在社区里查勘选址，初步定好3个桶站方案，并与社区工作人员进行了实地测量，心里有底之后再跟居民说明选址依据，一起对方案讨论投票，根据居民意见进行调整。（CN520210808）

二是勇于担当的先锋精神。社区党组织书记及其团队用行动践行党员的先锋模范作用，由此增强了在群众中的威信力和感染力。

H2社区在刚开始实施垃圾分类时，W书记带领社区"两委"工作人员先行负责桶前值守，因为当时很多居民的垃圾分类习惯都没有养成，社区"两委"工作人员常常要把桶中的厨余垃圾再分类一遍。在这种模范带领下，H2社区党员、志愿者心甘情愿接受垃圾分类的排岗安排，并说道："看到他们那么辛苦，我们力所能及，一定得配合干。"（CH220200818）

三是务实创新的工作方法。在调研中，凡是做得好的社区书记及其团队都有自己独特的工作方法，敢于突破传统、打破常规，寻找新途径、新手段，并结合社区实际有效运用，创造性地解决社区难题。

　　H1社区自主开发了社区服务App，探索形成了党建引领多方共建、党员建在网格上、居委会与物业工作人员交叉任职、社区"12345"24小时服务专线、"专时专地、专人专类"垃圾分类等社区治理模式。（CH120210810）

　　G1社区联合周边6个社区成立"1818"街区联盟（也称"LYXC"），联盟成员一起共办活动、共解难题、共谋发展。为提高社区居民垃圾分类的积极性，G1社区利用H科技公司的积分换购平台，居民每正确分类投放一次垃圾就能获得1个积分，累计积分可以兑换社区学院的书法课、剪纸课、社区商户优惠券、理发优惠券等，如30个积分可换餐饮店8.8折优惠，10个积分可换1袋盐等，由此在规范居民垃圾分类投递的同时助推街区商户的联合。（CG120200810）

（二）建设深入群众的红色网格

　　2013年，党的十八届三中全会提出，要以网格化管理、社会化服务为方向，健全基层综合服务管理平台。网格化管理逐步成为全国各地基层管理的重要模式，[①] 在此基础上，各地创新建设红色网格，一方面，将城市社区党组织体系向小区、楼院、楼门等更小治理单元延伸，[②] 另一方面，让党员担任网格长负责信息传递、民情收集、诉求解决等工作。[③] 根据资料编码结果，建设深入群众的红色网格同样是党建引领社区治理的重要方式。主要表现为以下三个方面。

　　一是人在格中走。即网格以党员负责为主。

　　H1社区从2017年开始实施网格责任制，按网格范围来设置党

---

① 田毅鹏：《网格化管理的形态转换与基层治理升级》，《学术月刊》2021年第3期。

② 李晓壮：《党建引领城市社区治理实践路径的体制性探索》，《广东行政学院学报》2020年第3期。

③ 向春玲：《"红色网格"：基层党建引领社会治理的新探索》，《科学社会主义》2018年第5期。

小组，将社区内的 118 名党员（包括 51 名在职党员）、3 个党支部、11 个党小组建在网格上，党小组组长同时兼任网格长，网格内有楼门长和居民，每位党员分包到楼、对标到户。（CH120210810）

二是事在格中办。通过上传下达，压实党员责任，务实求效解决基层事务。比如在监督违建违法行为方面，多个社区都是采取党员带领志愿者队伍、网格员每天巡查网格内违法建设，发现情况及时上报处理的办法。

三是情在格中系。入格、办事的最终目的是使邻里之间相互理解、包容，在网格里形成和谐融洽的大家庭。

某党员楼门长讲述，"前一阵子在楼门群里 14 层居民说 15 层居民到夜里 12 点多还在吵闹，家里孩子睡不着觉。他们在群里你一言我一语火药味儿很足，这时候我就找 15 层居民，说你从现在开始别说话了，然后又找 14 层居民，跟他说这种情况也免不了，又不是天天都这样，都楼上楼下的邻居，咱也能理解。两边一说和，14 层居民和 15 层居民都在群里说不好意思，给邻居添麻烦了。说完这件事就过去了"。（CG120200810）

二　党建引领多方共建

2018～2019 年，北京市昌平区委组织部印发《关于在回龙观天通苑地区开展"回天有我"社会服务活动的通知》《昌平区社区"五方共建"工作机制（试行）》《关于建立昌平区党建工作协调委员会的实施方案》《昌平区"回天地区"党建工作联席会议制度》等文件后，回天地区各镇街制定《党建工作协调委员会实施方案》及《党建工作协调委员会主要职责和议事规则》等相关文件，基本搭建起了"3＋1"党建工作协调组织架构。"3"是指区、街道、社区三级党建协调委员会，"1"是指回天地区党建工作联席会议制度，统筹回天地区党建引领基层治理工作。党员回社区报到服务的"双报到双服务"机制也让在职党员参与到社区治理之中。通过对回天地区的访谈资料编码及分析（见表 5－2）也可以看出，成立党建协调委员会、统筹多方资源和建立党员"双报到双服务"机制是党建引领多方共建的主要内容。

表 5 - 2　党建引领多方共建访谈资料编码结果

主范畴	副范畴	初始概念	原始材料
多方共建	成立党建协调委员会	问题收集	居民可以主动反映问题，工作人员也会通过走访、观察等多种方式查找问题
		议事协商	涉及物业的时候会有物业、党支部、居委会、物管会参加，提出问题的人一定要参加，必要时街道相关职能部门、专家也会参与
		形成共识	把几方都叫过来，共同商量出一个结果、方案
		各司其职	各自领了任务，就分头去办了
		共解难题	有一个安装饮水机的项目，矛盾是部分居民不让安装，通过党建协调委员会摆出各方诉求，协商结果虽然是暂缓安装，但获得大家认可
	统筹多方资源	居委会	一般采取社区党组织书记和居委会主任"一肩挑"的形式
		业委会	业委会 5 个人起码有 3 个人是党员，党员要在工作中起到带头作用
		物业服务企业	通过交叉任职成立物业党支部
		企事业单位	昨天 D 公司又拉过来 600 瓶水、500 个口罩、2 箱饮料
		社会组织	S7 组织帮忙组建社区志愿团队、银龄资源库和养老互助组
	建立党员"双报到双服务"机制	在职党员回社区报到	我（在职党员）是搞医疗的，教社区居民如何做卫生、自我防御
		下沉干部到社区报到	（新冠肺炎）疫情这两年下沉干部给予我们社区很多支持或者帮助，一是卡口执勤，二是帮忙联络了帐篷等防疫物资

（一）成立党建协调委员会

党建协调委员会主要负责解决社区的一些"疑难杂症"，由上一级党员领导干部担任下一级党建协调委员会主任，由此增强各级党建协调委员会的统筹协调能力。其工作程序如下：一是问题收集，形成需求清单、项目清单，查摆出社区的真实问题；二是议事协商，通过引入物业、企事业单位、街道及其他相关职能部门，共同商议解决的办法；三是形成共识，通过议事协商弥合分歧，议定共同认可的解决方案；四是各司其职，各尽其责，履行约定；五是共解难题，在多方合力下共同促成问题的解决。

N2 社区建立了党建工作协调委员会的资源清单、需求清单和项目清单，将社区需求按照社区管理层面上能处理的、社区管理层面上处理不了的，逐一进行分类排列。社区能处理的由社区党支部联合物业服务企业、各类志愿服务队等与居民协商共同解决，社区不能处理的以清单形式，上报街道相关部室（中心），通过"街乡吹哨，部门报到"、街道包社区工作队等方式解决。同时，党建协调委员会按照"征集需求－讨论协商－确定项目"程序，聚焦环境整治、文体活动、硬件提升等各类需求，建立了 9 个项目清单，不到 2 年的时间已经完成 6 个。（CN220210805）

（二）统筹多方资源

统筹多方资源既是党建协调委员会的一项工作，也是成立党建协调委员会的前提。主要由社区党组织负责将社区内的多方资源盘活并联动起来。具体来看主要有以下几方主体。

一是居委会。居委会是社区自治组织，回天地区主要通过党对居委会的领导来加强党与居委会的联系，增强其相互支持力度，包括在党委领导下做好居委会的换届选举工作，统筹推动换届工作全局，通过社区党组织书记和居委会主任"一肩挑"来拓展居民自治空间，将党组织书记（居委会主任）纳入党建协调委员会、楼门网格，在党建引领下与居民共同议事协商、解决基层事务。

二是业委会。党建引领业委会主要通过以下两条途径实现：一是多数社区的业委会主任由社区党组织书记或党组织成员兼任，二是成立业委会功能型党支部。

2020 年 H6 社区成立业委会，6 名委员中虽然没有社区"两委"成员，但他们都是党员，在社区的支持下，他们在业委会成立之后就迅速成立了功能型党支部。（CH620210417）

三是物业服务企业。回天地区的住房多建成于 20 世纪末、21 世纪初，物业管理难度高、矛盾多，居民反映的大部分问题是物业层面的（CG220210813）。正因如此，党建协调委员会以及后面的监督制约部分都有物业服务企业的身影，而党组织能够统筹协调物业，从合作的角度来讲：党群服务经费用于公共设施维护能够帮助物业节省费用，通过成立物业党支部、交叉任职等方式有效引领物业工作。截至 2021 年，回天地区已经选派了 25 名物业服务企业党员负责人担任席位制社区党支部副书记。

四是企事业单位。企事业单位拥有人财物优势，可以为社区提供多样化的支持，一些企业也有利用社区平台的需求。调研中的很多社区从不同类型的企业、商户那里获得了一些人财物资源。

五是社会组织。社会组织主要帮助社区进行赋能增效、帮扶孱弱、整合资源，在统筹企事业单位和社会组织资源方面发挥作用。

> Z1 社区建立了社区资源目录库，把能够联系到的专业社会组织、企业、个体商户资源分门别类地建资源库和联系目录，包括垃圾分类（5 家）、社区社会组织培育（2 家）、楼门院治理（3 家）、心理健康（8 家）、健康医疗（2 家）、文化艺术（9 家）、非遗传承人课程（47 门）、社区体育（2 家）、科普教育（50 家）、社区底商（40 余家）等，这些资源为社区提供各类支持，社区则为其提供活动落地的场域、社群资源等。（CZ120210809）

（三）建立党员"双报到双服务"机制

除了以上组织资源之外，在职党员和下沉干部到社区报到服务也给社区治理注入了新鲜血液，尤其一些社区的在职党员能够得到社区"两委"和居民、物业等多方的信任，成为社区治理的桥梁纽带和中坚力量。

> L1 社区的一批在职党员成立了"DQ 团队"，团队成员的手机号公布在微信群里，居民联系不到居委会、物业时可以联系他们，下雨防汛、居民家里漏雨、有事着急用车、老年人摔倒看病送医、单元门维修、业主家中被盗、部分业主物业费欠缴等问题都在团队成员的积极参与协调下得以解决。（CL120210406）

G2 社区成立了一支主要由在职党员组成的楼门长队伍，这些楼门长不仅完成了社区交办的任务，还主动为社区服务。其中一位楼门长说道："我会自己买喷壶、滚刷和油漆清理单元门，召集楼里有时间的居民一起清理楼道杂物，社区给我的奖励也捐给本楼门的困难业主了，就是当楼门长对这个楼门产生感情了。"（CG220210813）

三　党建引领监督制约

均衡指多个力量的平衡，相关涉的各个力量既相互合作又相互制约从而形成一种均衡态势。要形成社区治理体系的均衡态势，既需要多方共建式的合作，也需要让党与居民（业主）组织/群体更团结地站在一起，对相关联政府和市场进行监督。根据访谈资料编码和分析结果（见表5-3），社区微信群平台、吹哨报到机制、业委会监督物业是党建引领监督制约的主要工具。

表5-3　党建引领监督制约访谈资料编码结果

主范畴	副范畴	初始概念	原始材料
监督制约	社区微信群平台	问题反映	不少居民反映说路灯不亮，我们（社区"两委"）根据反映把社区路灯都排查了一遍，选了第一批存在危险性的路灯，今年春天改造
		交流渠道	（新冠肺炎）疫情缓和之后，关于要不要放开对快递员的限制，就是居民在群里自发投票形成的结果，投票的大部分居民都允许，我们就取消了限制
	吹哨报到机制	相关部门吹哨	像施工的问题，会让施工方或者街道包社区工作队的人员也参与进来
		问题传导	水管出现问题，向街道反映，街道再向相关部门反映，最终由城管或者城建部门来处理
	业委会监督物业	选聘物业	第一届物业是开发商的前期物业，服务有一些不到位，居民意见很大，成立业委会之后的第一件事就是选聘新物业，现在的物业服务还可以
		监督物业	让社区业主在微信群和小程序中反馈房屋漏水等问题，并将问题告知物业，由物业上门维修
		维护业主权益	我们和物业服务企业协商，解除了与网球承租方的租赁关系，将网球场的使用权收归全体业主，西区网球场作为公共活动场所对所有业主开放

（一）社区微信群平台

在工作实践中，党建引领社区微信群建设（由社区"两委"主导建设社区微信群）日益规范。一方面，社区微信群使党和政府、市场等主体全面地获取、识别与把握民意诉求成为可能；① 另一方面，每个微信群也是一个小的虚拟社群/组织，② 为居民－居民、居民－相关单位、居民－社区政务的互助合作提供了增量要素。主要表现为两个方面。

一是问题反映。居民在社区微信群内可有效维护话语权、反馈社区问题，通过问题的快速上传和群体压力督促各方采取措施解决问题。③

> H2 社区居民投诉社区灯不亮问题：某楼居民晚上 8 点 53 分在本楼门实有人口群中 "@" 社区党组织书记，"主任，我们××号楼东边和西边到晚上一片漆黑，灯都不亮了"，"拐弯的时候走出来人和动物都看不清楚，唉……" W 书记 8 点 55 分将 "投诉件" 截图发到了社区工作沟通群里，物业经理回复 "收到"，晚上 9 点 36 分物业经理在社区工作沟通群里反馈两张路灯亮起来的照片，晚上 9 点 50 分 W 书记将照片发到楼门实有人口群中。（CH220200818）

二是交流渠道。这主要是指居民之间以及与党、政府、市场等相关单位的交流。一方面，居民交流能够让问题解决得更合民意。

> 比如是否让快递员进小区的事情，居民在微信群中接龙表达自己对于快递员进小区的态度，社区工作人员统计后在群里公布了结果，最终决定有序放开对快递员进小区的限制。因为绝大多数人同意快递员进小区，所以小区放开对快递员进小区的限制后没有接到投诉，其实最终是大家说服了大家。（CG320200809）

另一方面，居民与相关各方之间的交流也让多方之间达成了更多谅解。

---

① 马超、孟天广：《 "接诉即办"：北京基层治理新模式》，《决策》2021 年第 5 期。
② 不同社区的微信群形式不同，有的分别建立了楼门群，有的建立了大的实有人口群，大群、小群各有利弊，总体是向分级分类建设区域－楼门的小型微信群以实现精细化治理方向发展。
③ 在北京市 "12345 接诉即办" 热线的倒逼压力之下，很多社区也采取主动治理、未诉先办的方式，希望社区居民能够主动反映问题。

"话说开了""该表达的表达了"居民与各方之间达成了自发的相互了解、相互体谅，认识到了互相帮助、各取所需的重要性。（CG320200809）

（二）吹哨报到机制

党建引领"街乡吹哨、部门报到"，也即吹哨报到机制从 2018 年开始在北京市推广，这种社区和街镇通过"吹哨"联动市区部门到基层共解难题的方式，以解决问题为驱动，弥补了科层体制的僵化与低效，引导基层政府及其官员转变认知模式、动力结构、行为方式，[①]是社区和街道联动政府部门的重要手段。[②]在调研中，几乎每个社区在解决涉及街道和政府部门问题的时候都采取了吹哨报到的方式。

> L4 社区对面的地铁站，原本出门过马路 5 分钟就能走到，但是 2020 年由于道路提升，实行了机非分离，马路中间用绿化隔离带隔开，虽然道路的美观度提升了，但是居民的出行便捷度大大降低，居民通过微信群、居委会、楼门长纷纷反映这个问题。L4 社区通过召开党员会议讨论认为，这样确实增加了居民出行难度，便启动"吹哨"机制，街道在接到 L4 社区的"哨声"后，组织协调交通队、交通委、公交集团等多个相关部门到社区参加协商议事，和居民一起讨论，在多方的协调之下，最终在道路中间画上了斑马线，解决了居民的出行问题。（CL420210717）

（三）业委会监督物业

以往研究普遍认为业委会是社区自治空间生发的重要组织形式，能够在培养城市居民民主意识和权益意识方面起到积极作用，[③]其具有的

---

① 孙柏瑛、张继颖：《解决问题驱动的基层政府治理改革逻辑——北京市"吹哨报到"机制观察》，《中国行政管理》2019 年第 4 期。

② 吕维霞：《基层社会治理中"吹哨报到"的动力机制——基于北京市的多案例实证研究》，《南京社会科学》2020 年第 6 期。

③ 桂勇：《略论城市基层民主发展的可能及其实现途径——以上海市为例》，《华中科技大学学报》（社会科学版）2001 年第 1 期。

法律规定的权利能够对物业形成监督。① 从访谈资料编码结果来看，回天地区社区业委会对物业的监督主要体现在选聘物业、监督物业和维护业主权益方面。

> H2 社区业委会经历了两次换届、换物业服务企业，这一届业委会于 2017 年 4 月 20 日成立，采取社区"两委"与业委会交叉任职的方式，共 5 人，由社区书记、副书记和其他 3 名社区党员组成，这 3 名社区党员中有 2 人分别是第二届业委会主任和秘书长，业委会工作经验丰富。在与物业服务企业的合约到期后，因其服务无法满足居民需求，业主大会开了两次都不同意继续选聘该物业，故没有再跟该物业续约，而是通过再次招投标的方式引入了第三家物业服务企业。在此之后，业委会主要监督物业行为、维护业主权益，比如有的单元的消防设施因为漏水、水压不足，存在安全隐患，如果想要维修就会召开业委会会议讨论是否修、如何修以及钱从哪里出，然后与物业服务企业协商解决。（CH220210810）

四 党建引领互助合作

互助合作是居民组织化的形式之一，其组织形式包括互助小组、互助组织、合作社等，② 业务内容包括互助服务、互助保障、合作社经济等。笔者认为，这是社区各类队伍和志愿服务的升级整合方向。通过访谈资料编码可以发现，回天地区的部分社区在基层党组织的领导下，通过自发抱团、邻里互助、自我筹资、自我服务等（总结为互助服务、资金互助和合作社经济三个副范畴，如表 5 - 4 所示），初步搭建了党建引领互助合作雏形，虽然具有合作社意义的居民互助合作主要存在于有集

---

① 王汉生、吴莹：《基层社会中"看得见"与"看不见"的国家——发生在一个商品房小区中的几个"故事"》，《社会学研究》2011 年第 1 期；石发勇：《业主委员会、准派系政治与基层治理——以一个上海街区为例》，《社会学研究》2010 年第 3 期。

② 互助小组、互助组织、合作社三者的互助合作化程度逐步提高，互助保障主要包括资金互助、相互保险、网络互助等，合作社经济主要包括生产合作、供销合作、信用合作等。需要说明的是，居委会、业委会实际上都是互助组织的不同形式，只是功能有所区别，本部分中的互助合作偏向于拓展经济功能的互助合作组织。

体经济组织的"村转居"社区，但也足以看出当前居民共治的深化方向。

表 5－4　党建引领互助合作访谈资料编码结果

主范畴	副范畴	初始概念	原始材料
互助合作	互助服务	志愿服务	蓝天家园服务队每天都在小区里转，小区里边有什么问题，他们第一时间就能发现
		文娱活动	我们元宵节有活动，40 多个居民报名做元宵，做好后送给卡口值班人员
		邻里互助	有居民说家中老人腰扭了搬不动，我们就发到群里请邻居过去帮忙
	资金互助	社区微基金	我们已经开展了 4 场"回天一袋——绿色星期日"活动，共为社区环保专项基金筹资 1000 余元
		居民自发筹资	河道花海后续维护费用、买花的一些资金都是居民自发筹集的
	合作社经济	经营盈收	旁边的楼每年租金是 600 万元左右，另外我们有商贸公司
		社员福利	物业属于合作社企业，多数工作人员都是村里的"4050"人员，相当于给他们一份保底的收入

（一）互助服务

互助服务与市场服务相对，是一种有组织的、低偿或无偿的服务形式。志愿服务可以看作互助服务的高层次表达，如果将志愿服务和互助服务进行明确区分，理想的互助服务实际上包含纯互助服务、纯志愿服务和互助志愿服务三类。[①] 从访谈资料编码情况来看，回天地区的互助服务主要以无偿的志愿服务、文娱活动和自发的邻里互助为主。一是志愿服务，即居民自愿参与社区公共事务管理与服务，投入公益性的时间和精力，并形成一定组织。回天地区基本上每个社区都有大大小小的志愿服务队伍，他们参与到治安巡逻、垃圾分类、疫情值守、养老服务以及其他各类社区服务中。二是举办各类社区文娱活动，加强居民联系。从 2018 年"回天有我"社会服务活动开展以来，回天地区几乎每周在每

---

① 刘妮娜：《互助与志愿的交互合流：以互助型社会养老发展为例分析》，《中国志愿服务研究》2021 年第 3 期。

个街道、社区都开展了丰富多彩的文化娱乐活动，品牌活动包括"百姓周末大舞台""星火工程""回＋周末绿跑""回天春晚""回超联赛"等。三是邻里互助，维系邻里情谊。这虽然是非正式互助，但也为有组织的互助合作行动建立了基础。

> B2 社区 1 号楼门里设置了"好人好事 好邻居"专栏，记录了楼门里的一件件温馨事。如住在 12 层的小 Q，是楼门中出了名的孝子，不仅贴心照顾 80 多岁的母亲，对其他老年人也是关爱有加。家住 9 层的 Y 大爷轮椅坏了，小 Q 得知后赶忙拿着工具去帮忙修理。小 Y 是 8 层的一名租户，因新冠肺炎居家隔离期间邻居们帮他买吃的、用的，还在微信群里为他做心理疏导。小 Y 说："我来北京这么多年了，在这里真真切切感觉到了家的温馨。"（CB220210813）

（二）资金互助

资金互助是参与式治理的重要形式，[①] 居民以货币（资金）形式参与，可以让其有意识地参与到自己社群、社区等组织的公共支出给付收益、互助共济中，并且共同为支出节约资源。根据回天地区访谈资料编码，社区资金互助主要包括社区微基金和居民自发筹资两种形式，虽然还只是零星探索，但其在汇集社区资源、营造公益氛围、激发多方参与、解决公共问题等方面的作用已经凸显。社区微基金一般由热心公益的社区居民、驻社区机构或其他社会人士自愿资助资金，通过专业化管理运营实现挖掘社区资源、调动更多居民参与社区事务、促进居民自治的目的。回天地区的社区微基金由回天社区公益基金会管理。

> 2021 年天北街道选择了 5 个试点社区分别成立社区环保专项基金，基金来源于社区可回收物变卖资金，商户融资资金，企业、政府配捐资金等。所得资金用于各相关社区垃圾分类源头减量宣传教育、开展垃圾分类活动、积分兑换商品等，促进社区居民共同参与垃圾分类。（S120210802）

[①] 从最初的友情借贷到资金互助合作组织，我国民间资金互助已有近两千年的历史。

居民自发筹资主要用于社区公共设施的建设和维护、公益项目的运转等。

B2 社区 1 号楼门打造楼门"立体四合院"，楼门内的开销均采取"AA 制"方式，每层搭配的绿植，包括花篮、花架、盆栽以及拖把等用具都是用居民集资款，层层上报需求统一购买。2021 年的楼内建设和楼层美化共有 83 户参与，收到楼门建设捐资款近 3 万元。（CB220210813）

（三）合作社经济

合作社经济目前还主要存在于有集体经济的"村转居"社区，集体经济为"村转居"后的社区治理夯实了经济基石，村民在此基础上具有强烈的社区归属感和邻里情感。[①] 具体来说，主要有以下两个表现。一是合作社经营盈收。收入来源包括土地出租、经营物业、商贸企业等。G1 社区和 H1 社区的物业均为合作社企业，村集体所有的几块土地每年租金就有千万元收入。二是发放社员福利。即全体居民共享村集体发展成果。

H1 社区每年重阳节会为本社区老年人发放过节费，从 2017 年开始，每年都有接近 600 位老人领取到过节费；从 2018 年开始，每年 9 月为社区居民中的在校学生发放升学奖励费和学杂费；针对家庭困难的居民，对于金额明确的医药费支出，不考虑保险赔付部分，社区先行予以补助 50%。（CH120210810）

第三节　实现机制

党建引领大型社区治理的最根本方式在于通过各种路径和策略，组织居民共同参与到与自己相关的社区建设中来，也即推动居民共治。总

---

① 李岩、张小劲：《快速城镇化背景下"农转居"社区治理机制与类型比较——基于北京市四类典型社区的案例研究》，《北京行政学院学报》2018 年第 3 期。

结其实现机制，即需要党建引领四个战略路径，内外结合、相互强化、层层递进。

一　内外结合

如图5－2所示，党建引领社区治理的原始动力来自党自身建设的完善与党的外部引领的内外结合和相互支撑，故四个战略路径内外结合是党建引领社区治理的基础。

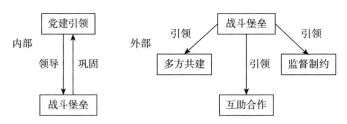

图5－2　内外结合示意

首先，党的建设是发挥党建引领作用的前提。基层党组织是党的基层组织，也是党在基层的战斗堡垒，是党的全部工作和战斗力的基础。一方面，党组织书记及其团队是核心。作为组织系统中最活跃的要素，以培养选拔德才兼备、忠诚干净、有担当的高素质专业化干部为宗旨，将社区党组织书记打造成为"领头雁"，用一支优秀的党组织书记队伍引领基层党组织建设工作，是提升社区治理水平的重中之重。另一方面，党员和党组织向社区更小单元延伸和扎根，嵌入社区网格。通过建立党员干部联系群众制度、党员干部入户走访制度等，让党员干部进入社区网格，构建红色网格；让基层党组织和党员能够深入群众，"知网格大小事，解群众困难事"，回应和满足居民个性化需求，促进邻里关系和谐，带领居民参与到社区建设中来，实现"人在格中走，事在格中办，情在格中系"。这样能够锻造具有纯洁性、先进性并被居民信任的坚强战斗堡垒。

其次，党的外部引领是战斗堡垒的拓展，能够加固战斗堡垒，也是党建引领社区治理的重要内容。党的外部引领包括引领多方共建、引领监督制约、引领互助合作，居民共治寓于多方共建、监督制约和互助合作之中。一是党建引领多方共建。通过建设党建协调委员会，统筹社区居委会、业委会、物业服务企业、企事业单位和社会组织等多方资源，充分利用在职党员、下沉干部等外部力量，使其各司其职、通力合作，在共建、共治、共享、共商中解决社区问题，实现多方利益最大化。二是党建引领监督制约。党建引领监督制约是多方共建的进阶和延伸，通过社区微信群平台、吹哨报到机制、业委会监督物业，一方面，让居民对社区治理有了更大的信心，另一方面，也让居民有了更广泛的参与渠道。三是党建引领互助合作。通过党建引领的各类互助合作组织的发展，能够推动居民在互助服务、资金互助以及更广泛的教育、医疗、养老、供销、保险等方面的合作社经济参与，让居民切实参与并享受低成本、规范化的治理、保障、服务。

以 H2 社区为例分析党建引领社区治理的内外结合机制。首先，H2 社区的党支部书记、副书记均在居委会、业委会中担任职务。其次，社区物业服务企业由业委会经业主大会同意，通过公开招标的方式选聘。最后，在社区党组织的领导下，社区通过内外结合的四个例会建立了各方参与共同解决问题的有效机制。四个例会分别是：每周一上午召开社区"两委"工作例会；每月 20 日召开管家（楼门长）例会和党员大会；每月末召开党建协调会，也即五方共建会。一般情况下，党支部、居委会、业委会、物业服务企业、党员代表必须参加五方共建会，协商解决如续签物业、社区路灯更换、环境整治、垃圾桶撤桶并站等一些社区的重要事项。（CH220210810）

二　相互强化

在党建引领社区治理的过程中，战斗堡垒、多方共建、监督制约、互助合作之间相互强化（见图 5-3），多元主体自由交互，在情感支持、利益约束中合作共赢、各得其所，共同维系社区治理秩序与活力。

首先，党的战斗堡垒分别与多方共建、监督制约和互助合作相互强化。一方面，党的战斗堡垒"作战"能力强，意味着社区基础条件好，可以吸引多方资源，也能带领居民组织化地进行监督制约和拓展互助合作，由此强化外部引领（这在内外结合机制中也能体现）。另一方面，

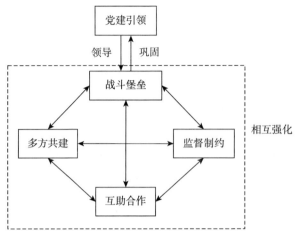

图 5 - 3 相互强化示意

在这一过程中，党的战斗堡垒"作战"能力也会相应提升，以不断适应社区的多元发展和成长。

其次，多方共建、监督制约、互助合作在与战斗堡垒相互强化的基础上，两两相互强化。一方面，多方共建分别与监督制约、互助合作相互强化。社区治理的相关主体，尤其是政府、市场主体愿意通过价值、利益的平等交互参与进来，弥合分歧与矛盾，也即实现多方共建，是进一步推动监督制约和互助合作实现的前提，而良性的监督制约和互助合作也为多方共建提供了前进动力。另一方面，监督制约与互助合作相互强化。监督制约为互助合作提供了更进一步的空间，互助合作又可以更好地实现监督制约。

G3 社区的河道花海项目由社区党组织联合多方主体一起协商解决，并由社区居民自发地互助合作进行维护，体现了"相互强化"的可持续运转。该社区内部的一条河道每到夏天就散发恶臭，居民多次向社区"两委"投诉，社区将河道管理局、街道办事处、居民、物业召集到一起协商解决办法，最后决定由包括热心居民在内的多方主体共同出资清理河道并且种上鲜花。河道花海建成后，小区居民自发成立了护花队，自发维护河道卫生，先后种植玫瑰和牡丹等花卉。同时，河道花海每年的维护费用基本由热心居民捐资筹集。（CG320210415）

如果以互助合作为中心来看三者的关系，对于组织化程度高的互助组织，比如合作社，可以与市场进行竞争；对于组织化程度低的互助组织，比如互助小组，可以在对市场形成一定监督的基础上寻求与市场经营社群的互利共赢。理想的社区经济是在党建引领、行政指导下，市场主体与居民互助合作组织（小组）之间相互吸纳、合作制约以提供更加质优价廉的产品和服务。从目前的发展来看，互助合作主要以互助服务、互助基金等形式存在，互助合作化程度相对较低，所以如何能够形成三者之间的相互强化是未来需要探索创新的。

三　层层递进

党建引领社区治理的根本目的是实现居民共治，实现居民共治的方式有很多，多方共建、监督制约、互助合作都为居民共治的实现提供了可以参与的行动空间，三者对居民共治影响的深度和广度逐步提升。而党的战斗堡垒深入群众发现问题，通过多方共建、监督制约、互助合作解决问题，这一闭环逻辑同样为居民共治拓展了基于信任和依赖的心理空间。在这一过程中，各项活动以党建引领为轴心展开，可以进一步发挥党在基层的领导核心作用，由此建构起自上而下和自下而上双轨通达、内部均衡的社区治理体系（见图5-4）。

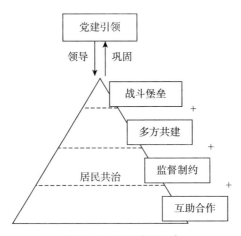

图5-4　层层递进示意

一是以党的战斗堡垒示范带动居民。在大部分社区居民参与度不足的情况下，社区治理发挥党建引领作用和党员干部先锋模范作用，发挥党员干部和党组织的组织社会功能，以及关怀、服务社会的功能，参与党建引领的居民议事、楼门（组织）自治、互助志愿服务等各类基层服务管理工作，并进一步带动居民参与进来。

二是多方共建增强居民归属感和认同感。在党建引领和战斗堡垒的统筹落实之下，建立党建协调委员会等社区公共事务的商谈对话机制，使得原本松散无序的个体商户、企业、居民自治组织、社会组织、事业单位、政府部门联动起来解决社区、居民的问题。在共解难题、共享利益的过程中，强化居民与社区间的利益联结，培育党群信任、社区信任，促进个体利益与集体利益相互结合和相互依存。[①]

三是监督制约凸显居民主体地位。利用吹哨报到机制、建立社区微信群、成立业委会等方式，推动党委、政府、社会、市场等主体相互合作，居民在获得一定的主体地位和话语权的同时，以民主参与的形式对党委、政府、社会、市场等进行监督，可以在动态平衡、多维均衡中长效推动居民共治。

四是互助合作实现居民广泛参与。通过建立社区微基金、居民共同筹资、合作社经济参与等方式，以及鼓励居民成为满足自身不同类型、不同水平、不同性质的复杂需求的服务主体，推动居民有秩序地自主参与到满足自己的衣食住行、政治社会等各类生存、交往及自我实现的需求中，实现居民更加广泛的现实参与。

小　结

面对基层社会人口的复杂需求，社区治理主要产生了四类应对逻辑：个体自觉逻辑、政府管理逻辑、市场竞争逻辑和党建引领逻辑。从个体自觉逻辑出发，人是社区治理的主体和核心，但中国人既有集体服从和责任担当的优势，也有注重私利和在公共事务上偏向"理性无知"的不足，[②] 社会风险隐藏其中。从政府管理逻辑出发，政府管理强调纵向秩

---

① 徐选国、吴佳峻、杨威威：《有组织的合作行动何以可能？——上海梅村党建激活社区治理实践的案例研究》，《公共行政评论》2021 年第 1 期。

② 陈伟东、吴岚波：《行动科学视域下社区治理的行动逻辑及生成路径研究》，《吉首大学学报》（社会科学版）2018 年第 1 期。

序的整合机制，追求的是对公共空间的秩序与控制，缺乏主动深入基层需求靶向供给的驱动。从市场竞争逻辑出发，市场权力来自最大化地攫取利润，强调资本市场的竞争机制，追求的是塑造符合资本利益的公共空间，以消费者为中心也是以利润为中心。[①] 综合这三者来看，个体层面的居民处于弱势地位。一方面，个体间博弈使"社区自治秩序的达成"[②] 需要政府和市场介入；另一方面，个体与政府和市场博弈的结果将是在双重挤压下的自治空间萎缩或异化。

从党建引领逻辑出发，中国共产党既是领导核心，也是执政力量。[③] 一方面，中国共产党需要保持与人民群众的血肉联系，党组织和党员实际就产生于人民之中；另一方面，中国共产党也能够协调政府利用其权威地位提供有利于社会和市场均衡发展的制度环境。[④] 故党建引领社区治理既是党执政的内在需求，也是决定社区治理成败的主线和关键。但空谈是不能发挥其领导作用的，要真正实现党建引领社区治理，必须使其贯彻落实到党统筹协调政府、社会、市场等多方力量，推动居民参与共治的具体实践中。

本章通过对北京市回天地区的 31 个社区（村）实地访谈资料进行编码建构，尝试从中观层面探讨适合中国实际的党建引领社区治理的系统逻辑：以党建引领为主线，以居民共治为着眼点，通过战斗堡垒、多方共建、监督制约、互助合作四个战略路径，达到内外结合、相互强化、层层递进地建设社区均衡治理体系的目的。

从大的发展趋势上来看，战斗堡垒、多方共建、监督制约、互助合作四个战略路径内外结合、相互强化、互有交叉，亦有逐步推进的意涵，由此可以不断提升居民共治水平，推动建设基层社区均衡系统——社区治理共同体和社区经济体。从每个战略路径的发展来看，在法律逐步完善的情况下，四个战略路径逐步深入发展，均可以创新方式、手段、工具，探索多元化发展模式。北京市回天地区的实践对其他地区亦具有一

---

① 陈水生：《中国城市公共空间生产的三重逻辑及其平衡》，《学术月刊》2018 年第 5 期。

② 王星：《利益分化背景下的城市基层社会秩序建构》，《学习与探索》2012 年第 2 期。

③ 林尚立：《社区党建：中国政治发展的新生长点》，《上海党史与党建》2001 年第 3 期。

④ 田先红：《政党如何引领社会？——后单位时代的基层党组织与社会之间关系分析》，《开放时代》2020 年第 2 期。

定借鉴价值和启示意义。

　　同时，笔者认为，党建引领组织化的居民共治实际上是社区治理过程最核心部分，其原因在于：一是居民参与能促进政府、社会、市场更好地合作；二是各类社会组织可以与相关联政府和市场之间形成一定制约；三是个体可以有秩序地自主参与满足自己的各类需求。从目前调研来看，组织化的居民共治主要寓于战斗堡垒、多方共建和监督制约之中，触发的仍是范围相对窄、程度相对浅的志愿性、项目性的居民参与，碎片化、零散化的参与都在影响着居民共治的进一步深入。要推动居民更广泛的参与，还需要从市域、区域社会治理体系建设角度，搭建党建引领的枢纽型社会组织－专业社会组织体系、社会企业体系和大型社区智治平台，向政治经济整合的居民互助合作方向推进，探索区域性业主和企业联盟、共益型社区商业平台、社区社会企业，探索社区积分货币的使用流通，在利益－情感－生活－服务关联的互助服务、互助保障、合作社经济中生成党建引领的，以居民为主体的社群/社区/社会共同体和社群/社区/社会经济体、福利共同体和福利经济体、数字共同体和数字经济体。最终理想的现代圈层化的社区治理体系形态是在依法治理和党建引领之下，通过战斗堡垒、多方共建、监督制约和互助合作，推动政府－社会－市场的均衡发展，保障基层的民主选举、民主协商、民主管理、民主决策、民主监督，形成人人有责、人人尽责、人人享有的基层治理共同体，让人民能参与到社区治理、民生保障、社会服务之中，在降低生活支出的同时，不断提高人民生活幸福感、归属感和满意度，共同创造幸福美好生活，朝着共同富裕目标不断迈进。

第六章 网格互筑：社区网格化治理

2013年，党的十八届三中全会通过的《中共中央关于全面深化改革若干重大问题的决定》提出，要"以网格化管理、社会化服务为方向，健全基层综合服务管理平台，及时反映和协调人民群众各方面各层次利益诉求"。[①] 2016年，民政部、国家发展改革委印发的《民政事业发展第十三个五年规划》提出，要提高社会治理能力和水平，创新城乡社区治理体制；将"互联网＋"嵌入各业务系统，通过智能社区、网格化管理等方式，及时有效地提供精准跟踪服务。在此背景下，"网格化"日益成为城市治理的一种理念并在各地探索中转化为行动。党的十九届四中全会提出构建基层社会治理新格局，党的十九届五中全会将国家治理效能得到新提升，社会治理特别是基层社会治理水平明显提高作为"十四五"时期经济社会发展的主要目标。新冠肺炎疫情暴发以来，社区的作用日益凸显，作为国家治理的末端和基层社会治理的单元，一些社区开始在以往城市网格化管理基础上探索建设更加精细化的社区网格化治理体系。2019年中共中央办公厅发布的《关于加强和改进城市基层党的建设工作的意见》，也进一步提出要做实网格党建，促进精细化治理；整合党建、综治、城管等各类网格，将党支部或党小组建在网格上，把公共服务、社会服务、市场服务、志愿服务下沉到网格，精准投送到千家万户。本章即扎根于北京市回天地区31个社区（村）实地访谈资料，利用Nvivo 12软件，采取开放式编码、选择性编码和主轴编码三种方法，建构起社区网格化治理模式的理论模型，并进行模式分析，进一步地，对建立在社区网格化治理基础上的社区微信群"接诉即办"工作机制进行详细剖析。

---

① 中共中央文献研究室编《十八大以来重要文献选编》（上），中央文献出版社，2014，第539页。

第一节　社区网格化治理模式分析

社区网格化治理通过细化社区网格，推动社区治理中的党委、政府、市场、社会等组织"网"落实到社区"格"中，实现社区"网"与社区"格"的互构互筑以及基层治理"网格"与整个社会治理"圈层"相连接、嵌套，也使得党的领导逻辑、政府管理逻辑、市场竞争逻辑、社会协同逻辑与人民中心逻辑得以贯穿、互动、运转。它是中国特色社会治理体系的重要组成和基层治理体系的基本模式，有必要对其进行基础模型的建构和设计进而实现有效推广。本节主要从细化网格、网格互筑、功能实现三个方面对社区网格化治理进行模式归纳和具体分析。

一　理论模型构建

根据现有研究与实践，从整个城市综合网格结构角度来看，"网格化"管理是通过将城市空间和城市管理范围划分为网格，依托行政科层力量将城市管理事务进行逐级分解与责任落实，下沉到社区并反馈到管理中枢的模式。[①] 学界在以往研究中也多将网格化管理看作一种政府管控形式，有学者提出网格化管理导致了社区的行政化和基层社会治理的板结化。[②] 进一步地，相关研究提出了要推动网格化管理向网格化治理转型，在基层党组织的领导下，[③] 构建起政府、市场和社会三者之间良性互动的格局，[④] 同时将社会服务、社会组织、社会工作者等柔性治理元素纳入网格化系统，形成多元主体协同共治、各尽所能的基层网络化治理格局。[⑤] 本书则尝试在以往研究的基础上，通过对访谈资料进行开

[①] 田毅鹏：《城市社会管理网格化模式的定位及其未来》，《学习与探索》2012 年第 2 期；陈柏峰、吕健俊：《城市基层的网格化管理及其制度逻辑》，《山东大学学报》（哲学社会科学版）2018 年第 4 期。

[②] 田毅鹏：《网格化管理的形态转换与基层治理升级》，《学术月刊》2021 年第 3 期。

[③] 向春玲：《"红色网格"：基层党建引领社会治理的新探索》，《科学社会主义》2018 年第 5 期。

[④] 王雪竹：《基层社会治理：从网格化管理到网络化治理》，《理论探索》2020 年第 2 期。

[⑤] 吴青熹：《基层社会治理中的政社关系构建与演化逻辑——从网格化管理到网络化服务》，《南京大学学报》（哲学·人文科学·社会科学）2018 年第 6 期；祁文博：《网格化社会治理：理论逻辑、运行机制与风险规避》，《北京社会科学》2020 年第 1 期。

放式编码、主轴编码和选择性编码（见表6-1），基于参考节点、主范畴、副范畴以及主副范畴之间的关系内涵，建构社区网格化治理模式的理论模型（见图6-1）。

表6-1　社区网格化治理访谈资料编码结果

主范畴	副范畴	初始概念
细化网格	人口网格	居民、业主、外来租户、老人、儿童、年轻人
	空间网格	楼门、单元、小区、App、微信小程序、社区微信群、公众号、线上机器人
	组织网格	党组织、政府、居委会、业委会、社区社会组织、企事业单位、专业社会组织
网格互筑	党建引领	党员兼任楼门长、党小组进网格、在职党员、战斗堡垒、党建协调委员会
	资源下沉	社工、物业、中介公司、养老驿站、包片区、购买服务、楼门院治理
	居民参与	问题反馈、提出建议、捐款捐物、楼门美化、接龙留言、活动参与
	组织培育	楼门长队伍、志愿服务队伍、文化娱乐队伍、楼门综合管理部、自我管理、自我服务
功能实现	纠纷处理	邻里矛盾、社区问题、矛盾化解、协商议事、诉求处理
	监督服务	信息采集、发布通知、监督落实、物业服务、居家养老、服务租户
	互助志愿	扶贫帮困、楼门基金、邻里互助、垃圾分类、疫情防控、互助养老
	文化娱乐	楼门文化、节日庆祝、歌舞娱乐、书法绘画

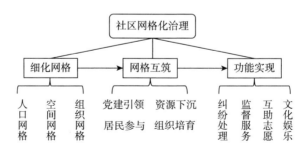

图6-1　社区网格化治理模式的理论模型

社区网格化治理的"故事线"为：依托社区"网"，立足社区"格"，以人口网格为基础，以空间网格为支撑，以组织网格为抓手，通过党建引领、资源下沉、居民参与、组织培育，推动纠纷处理、监督服务、互助志愿、文化娱乐等功能实现的社区治理机制。需要作出以下几点说明。首先，细化网格是社区网格化治理的前提，社区网格包括

"网"和"格"两部分，依托的是"网"，立足的是"格"，参与主体包括党委、政府、专业社会组织、市场、基层组织、居民等；其次，网格互筑是社区网格化治理的运转机制，重点在于通过党建引领将组织资源网格化，下沉到"格"中，同时动员居民参与到"格"与"网"的治理中，培育各类网格内的基层组织；最后，功能实现是社区网格化治理的目的，通过建立完善的社区网格化治理机制和策略，实现纠纷处理、监督服务、互助志愿、文化娱乐等不同类型的现实功能。

二　细化网格

根据前文分析，社区网格是一个整体，由社区人口、组织构成，由空间分格连结成网。人口网格在空间网格的划分下细化到格，组织网格则主要依托组织"网"推动"格"治理，三者是社区网格的主要构成部分。

首先，人口网格是社区网格的基础。人是社区的基础，是社区治理的建设者、参与者，也是社区治理的对象。人口网格主要通过地理网格划分，也即以空间分隔、单元管理的办法建立新的社区秩序，[①] 其他划分方式还包括衣食住行、文化娱乐、社会交往等，如职业、兴趣、邻里、朋友等。

其次，空间网格是社区网格的支撑。在互联网时代背景下，这一空间不仅体现在地理空间上，也包括互联网空间。一方面，地理网格是城市网格划分的主要依据，它提高了城市治理的清晰度，大的城市综合网格结构一般包括区县大网格，街镇主体网格，片区、村、社区等单元网格三级，[②] 在这种同质性的大的网格空间之下，不同社区会根据自身需求重塑网格，[③] 如小区、片区、院落、单元门、楼门、楼层等。另一方面，自 21 世纪互联网生活化以来，基于地理社区建立的线上业主论坛、社区 QQ 群、微信群、公众号、App、微信小程序等互联网交流平台迭代

① 吴莹：《空间变革下的治理策略——"村改居"社区基层治理转型研究》，《社会学研究》2017 年第 6 期。

② 陈柏峰、吕健俊：《城市基层的网格化管理及其制度逻辑》，《山东大学学报》（哲学社会科学版）2018 年第 4 期。

③ 朱萌：《空间生产视角下城市社区网格的构建与重塑——基于 T 市 B 社区的案例研究》，《社会建设》2021 年第 6 期。

升级的产物逐步涌现，[①] 尤其是在新冠肺炎疫情期间，不少社区微信群建设日益规范，依据地理网格相应地建立了片区、楼门、单元门等微信群互联网格。[②] 总体而言，人口网格往往跟空间网格相辅相成，构成了社区网格的一个平面基础网络，如图 6-2 所示。

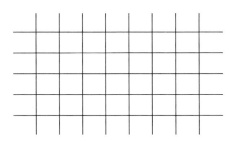

图 6-2 人口网格与空间网格示意

最后，组织网格是抓手。一方面，组织的重要作用在于圈层化治理与有组织行动，推动实现网格各类功能。社区的组织主要包括党组织、政府组织、社会组织和市场组织四类，涵盖社区党组织、居委会、业委会、物业、企事业单位、社区社会组织、专业社会组织等主体。其与人口网格、空间网格最大的不同在于组织网的层级化，每一个单元格都镶嵌在组织网中（见图 6-3）。另一方面，基层党组织是组织网格的重要组成和引领。也即党员和党组织嵌入"格"中，[③] 以此推动党组织向基层社会延伸。同时，借助党员和党组织的力量解决"格"中的问题，在动员基层资源的基础上，实现对政府、社会、市场的统筹协调，[④] 背后蕴含的是党领导社区治理的一系列策略和工具。[⑤]

---

① 闵学勤、贺海蓉：《掌上社区：在线社会治理的可能及其可为——以南京栖霞区为例》，《江苏社会科学》2017 年第 3 期。

② 根据调研，每个微信群一般由一个楼门或几个楼门内的居民（包括业主和租户，一家一人代表）组成，由社区"两委"工作人员或楼门长在群内充当管理员角色，单元楼（门）较多的社区成立的楼门微信群相应较多。

③ 向春玲：《"红色网格"：基层党建引领社会治理的新探索》，《科学社会主义》2018 年第 5 期。

④ 李晓壮：《社区治理现代化的中国逻辑及实现路径研究》，《北京工业大学学报》（社会科学版）2020 年第 1 期。

⑤ 韩冬雪、胡晓迪：《论中国共产党领导地位形成的历史逻辑——基于使命型政党特质与中国现代化进程的分析》，《湖南大学学报》（社会科学版）2020 年第 3 期。

　　G1 社区的组织网格体系分为两大部分：一是建立由社区"两委"和物业负主责的四级网格治理体系。总网格长由社区书记兼任，二级网格长由社区"两委"班子成员兼任，三级网格长由物业经理兼任，四级网格员由物业中的安保、消防、维修、保洁、中控、电梯、人防人员担任，共有网格员 125 人。二是建立以社区党员为主要构成的"一长四员"楼门网格进行补充。"一长四员"主要由社区党员、居民代表、村集体股东代表、退役军人等组成。社区一共有 41 个楼门，每个楼门由 5 人负责，包括 1 名楼门长和民事调解员、文化宣传员、生活服务员、综合治理员各 1 名。（CG120200810）

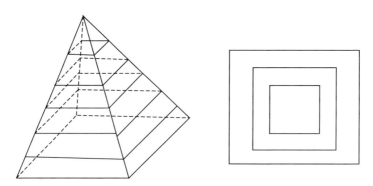

图 6-3　组织层面的社区网格的仰俯视角

三　网格互筑

　　通过细化网格，明确了组成社区"网"的大大小小的社区"格"，各类组织、管理、资源下沉有了方向和空间，同时也明确了每个社区"格"这一小的自治体，为整合国家和社会资源提供了最基本的空间配置和组织承载。[①]而各类组织、资源下沉的作用不仅在于有效管理、靶向服务、精准化解基层矛盾问题，也在于推动居民参与、培育基层组织，逐步培养居民自我管理、自我监督、自我教育、自我服务的能力和意识，建设党领导的政府、社会、市场合作制约的均衡社区共同体系统。笔者将这一互动过程总结为社区"网格互筑"（见图 6-4）。一方面，社区

①　容志、秦浩：《再组织化与社会治理现代化：重大公共卫生事件中社区"整体网格"的运行逻辑及其启示》，《上海行政学院学报》2020 年第 6 期。

"网"筑牢社区"格"。社区"网"是可以延伸到县市、街道的层级系统，社区"格"的人、财、物等政治、行政、经济资源来自社区"网"，当社区"网"的资源，如党的建设、党建引领多方共建等有序下沉时，能够帮助社区"格"解决难题，"格"的治理效能才会被最大限度地激发出来，并逐步形成资源下沉与居民自治的良性循环。另一方面，社区"格"筑牢社区"网"。社区"格"的稳固是社区"网"稳固的基础，社区"格"的人、财、物等资源的组织调动亦能够增强社区"网"在社区范围内的协调统筹能力。其中，党建引领是网格互筑的关键主线。通过党建引领资源下沉、居民参与、组织培育之间的相互加强，激活了社区网格互动与治理运转。

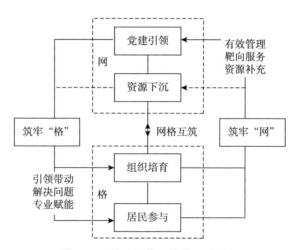

图 6-4　社区网格互筑的互动过程

一是党员和党组织深入各级网格服务、组织、带动居民。一方面，社区"两委"班子、社区党员、在职党员等基层党员在各级网格中担任网格长；另一方面，把党小组建在网格里，压实责任、落实到人。

二是党建引领资源下沉服务网格。一方面，社区党组织负责将社区内的居委会、业委会、物业服务企业、社会组织、驻区单位等多方资源统筹联动起来，按照基层社区的事务形成不同的集束，[①] 将所携带的资源有效整合下沉至格内，推动资源和服务有序流向居民。

---

① 刘景琦：《网格化联动与城市治理"最后一公里"再造——以苏南 Y 社区为例》，《中共福建省委党校学报》2019 年第 6 期。

G1 社区将 32 家中介公司纳入网格化治理，建立街道、社区、物业和中介公司微信群，相关社区事务由中介公司和直接出租房屋的居民负责通知到租户。疫情防控期间有租户隔离的，均由中介公司或直接出租房子的居民负责给他们递送生活物资。（CG120200810）

另外，专业社会组织亦协助社区"两委"培育社区社会组织、组建楼门长队伍，为社区网格化治理赋能。

S7 组织承接昌平区三社联动项目，通过提案大赛和专业培训相结合的方式，培育了扶危济困志愿服务队、和睦家庭互助交流服务队、文体志愿服务队、慧心巧手志愿者团队、传统文化学习交流小组等多支队伍，这些队伍既是网格中的一"格"，队伍里的志愿者们也是其他"格"里的骨干。（S720211026）

三是党建引领居民参与互动。党员和党组织深入网格发挥先锋模范、凝心聚力和带头作用，网格中的热心居民、志愿者也被调动起来，积极参与小格大网的文化娱乐、互助志愿、协商议事等工作，协助社区"两委"、楼门长等服务居民。

B2 社区的"立体四合院"，党员楼门长 Z 阿姨利用 3 个月的时间，走访全楼门的 96 户居民征求意见，并在这一过程中带动了一批楼门骨干参与，做了建设公共宣传栏、墙体建白等工作之后，逐步获得了居民认同，最后每户家庭都签订了楼门治理责任书。（CB220210813）

不少楼门、队伍等"格"都建立了相关微信群，"格"里的居民之间的畅通交流也增强了互通、互知、互信、互识，在居民之间建立了良性沟通机制。

四是党建引领基层组织培育。党建引领基层组织培育不仅体现在居民志愿者队伍和文化娱乐队伍的培育上，更在于无论是在"网"里还是在"格"中，党组织都明确与居民和其他组织站在一起，通过社区微信群平台、吹哨报到机制等让居民群体/组织与相关联政府和市场之间建立联系，由此进一步生发居民信任参与和个体自由自主的社区自治空间，居民在获得一定的主体地位和话语权的同时，也更愿意参与到网格建设之中。笔者认为，社区党组织牵头建立的网格微信群作为一个个小的虚拟社群/组织，能够有效发挥监督作用，主要表现在两个方面。第一，通过在微信群公布工作计划、任务进度、收支状态、投票结果以及诉求反馈等，对社区"两委"、政府工作形成监督。第二，监督物业，居民在微信群内可有效反馈社区问题，通过问题的快速上传和群体压力督促各方及时采取措施解决问题。

> G2 社区建立物业沟通服务平台（微信群），群成员包含了社区"两委"、物业服务企业各级各类工作人员以及 107 个楼门长，社区"两委"要求物业服务企业工作人员经常在线，对楼门长反映的问题及时接单，楼门长可以随时将居民通过单元门微信群反映的问题转发到物业沟通服务平台（微信群），在多方注视下督促物业解决问题。（CG220210813）

四　功能实现

通过细化网格和网格互筑过程，不少社区形成了一些让社区网格化治理运转的治理策略，它们共同在纠纷处理、监督服务、互助志愿和文化娱乐功能实现方面发挥作用，部分治理策略如图 6-5 所示。

（一）纠纷处理

居民的很多矛盾纠纷就在"格"里产生，可以在"格"中解决，解决不了的再上升到"网"去处理，以网格互筑实现"小事不出格，大事不出网"。这种方式既可以增进邻里沟通、促进邻里关系和谐，也能降低社区治理成本、提升社区治理效率。

首先，关于邻里间矛盾，在"格"里能够化解大多数邻里矛盾，一般由楼门长进行协调解决。

其次，关于社区物业等服务管理问题，一般要上升到"网"处理。一方面，借助社区微信群、公众号、群接龙等方式进行问题转介、协商

监督服务

| | M2 M3
M4 M8 | M9
M10 |
| 纠纷处理 | M1 M5
M6 M7 | |

互助志愿

文化娱乐

M1：党建协调委员会
M2：党建引领五方共建
M3：社区微信群
M4：楼门长制度
M5：社区"12345"
M6：吹哨报到
M7：市民"12345"接诉即办
M8：在职党员回社区报到
M9：社区志愿服务
M10：培育文化娱乐队伍

图 6 - 5　让社区网格化治理运转的策略总结

议事、结果反馈，将"格"内无法解决的事项转至"网"；另一方面，借助社区党建协调委员会和五方共建机制，多方主体介入化解矛盾，[①]也提升了问题解决的比例。

　　以 H2 社区为例，该社区的每一个楼门微信群里都有社区"两委"工作人员，一些涉及社区服务管理的问题基本由他们负责解答。如某晚 4 号楼一位业主在所处楼门群内"@"W 书记，询问本楼门是否停电了，社区工作人员回复"停电了，已给物业打电话了"，并在 8 分钟后告知居民"已经好了，合上闸了"。但 9 时 40 分又跳闸了，社区工作人员即把问题反馈到物业群中，物业立即派人一层层进行核查，解决问题后再次进行了反馈。而对于社区一些大的问题，一般会在每周的社区"两委"会、月末的党建协调委员会上协调相关各方解决落实。（CH220210403）

　　再次，在多个"格"存在共性问题的情况下，社区"两委"也会牵头将这一问题上升至"网"，协调各方或由党建协调委员会负责解决。

　　H2 社区多个楼的居民多次反映本楼门外的路灯损坏、不亮等问

[①]　叶岚：《城市网格化管理的制度化进程及其优化路径》，《上海行政学院学报》2018 年第 4 期。

题，社区"两委"工作人员在调研排查过程中也发现这一问题，故将这一问题提交到社区党建协调委员会讨论，审定通过 2021 年的党建服务群众经费用于第一期的 30 个路灯修缮。（CH220210810）

G3 社区不同"格"的居民陆续在微信群内反映家里有大蟑螂，社区"两委"调查得知"家里有蟑螂"是该片区的共性问题，遂向区卫生防疫部门、街道、消杀公司询问后，征求居民意见：能否在政府没有项目支持、街道只能提供部分帮助和请企业花费过高的情况下，大家自己买药，在指定的时间段统一消杀？居民通过群投票的方式最终采纳各自买药集中消杀这一建议。（CG320210415）

最后，不少社区建立了物业群、党建引领工作会商群、中介工作群、底商工作群等，部分能够快速处理的问题，会直接转到这些群里解决。

（二）监督服务

监督服务是社区网格的基本功能，主要利用社区楼门长、网格员、物业工作人员、志愿者等进行信息采集、通知发布、服务保障、监督落实等。如霍营街道 2019 年开始推行"霍营管家"和"双服务四签到"工作机制，将"物业＋志愿服务"楼门化、网格化、机制化，"双服务"指的是物业服务和志愿服务，"四签到"指的是环境清洁、治安消防、工程检修维修三类物业服务和"霍营管家"志愿服务签到。物业服务和志愿服务也相互监督，共同服务"格"里的居民。在新冠肺炎疫情期间，不少社区迅速建立社区网格，实现了高效监督服务功能。

G2 社区在 2020 年初出现新冠肺炎确诊病例，社区成为高风险地区，需要进行全员核酸检测。面对这项需要进行全体社区居民组织动员的紧急情况，社区当即成立了主要由在职党员组成的 107 人的楼门长队伍和楼门微信群。这支队伍一经成立，就投入到了疫情通知、信息摸排、重点群体监督服务工作当中。在全员核酸检测的半个月时间里，均由社区书记通知给各楼门长，再由楼门长通知给居民，居民按照时间段有序下楼检测。（CG220210813）

（三）互助志愿

社区是居民生活的地方，志愿是互助的一种表现，[①] 互助志愿体现了社区网格化治理的居民服务参与，由小格到大网，汇聚"有人情味儿"的社区共同体。一方面，以楼门长为代表的"格"内志愿者负责"格"里的日常安全巡逻、楼门维护、组织互帮互助等；另一方面，在社区需要时，志愿者上升到"网"中，一起完成社区垃圾值守、疫情防控、互助养老等工作。

首先，在"格"里，楼门长是志愿者代表，负责组织楼门日常管理、楼门美化、扶贫帮困、互帮互助等工作。除前文提到的楼门"一长四员""霍营管家"等称呼，还有其他称呼和更细致的楼门分工。

> 2019 年 4 月初，B2 社区 1 单元楼门取名为"立体四合院"[②]，由 15 名楼门骨干成立"综合管理部"，后新增设 5 位楼门长，每层设层长，每位楼门长负责 15～20 户家庭，每位层长负责 6 户家庭，同时设护花使者、安全员、清理员、会计、审计、出纳、采购等专员，均由住在单元里的居民担任，志愿投入时间和劳动，参与楼层和楼门的管理维护。（CB220210813）

与此同时，邻里之间通过互帮互助，实现自我价值、建立情感认同，"格"里的邻里情也不限于"格"，会向更广范围、更深层次传递，实现"格"与"网"的双重情感补给。

> H1 社区微信公众号每周会定期刊登社区的邻里互助故事。如某日，H1 社区 7 号楼 6 单元一位居民向楼门长反映自己的车钥匙落在车棚里找不到了。楼门长 W 了解情况后，第一时间将寻物信息发布到了楼门长群中，很快 6 号楼 3 单元的 Z 先生就联系到了 W，说自己在车棚捡到一把摩托车钥匙，并拍照让失主确认，失主确认后约

---

① 刘妮娜：《互助与志愿的交互合流：以互助型社会养老发展为例分析》，《中国志愿服务研究》2021 年第 3 期。

② 因为楼层 1 层 6 户共 16 层，结构就像一个个四合院摞起来，所以定名为"立体四合院"。

好时间取回了钥匙。（CH120210810）

其次，在"网"中，志愿者同样有困难显真章，负责社区垃圾分类桶前值守、疫情防控卡口执勤等工作。根据笔者调研，从 2018 年底开始，社区需要大量志愿者进行垃圾分类上门宣传和桶前值守，从 2020 年初开始，社区又需要大量志愿者进行疫情防控卡口执勤、核酸检测秩序维护，这些工作均是由社区"两委"班子带头，发动格内的楼门长、在职党员、志愿者等居民骨干积极参与完成的。

G1 社区刚开始实行垃圾分类时，很多居民不会分类、不愿分类，400 多名四级网格员就到社区充当垃圾分类志愿者和指导员，16 个人一班，每天早晚两班，大约需要 32 人，一般 15 天左右轮一次，在居民投放垃圾时严格督促其亲自在现场进行分类，楼门长则负责上门到每家每户宣传垃圾分类，发放垃圾分类村报专刊。（CG120200810）

L1 社区在疫情防控吃紧，缺少防疫物资的时候，社区志愿者率先帮助社区老人、门前值守人员、生活困难群众等防疫物资缺乏或急需群体采购口罩、消毒水等。在他们的带动下，社区的居民们也自发捐出"84"消毒液、酒精、口罩等。根据社区 H 书记讲述，当时有一名在职党员是程序员，他帮忙制作了一个小程序，以在职党员为主要力量的社区志愿者直接在小程序上报名到门口值班，据不完全统计，截至 2020 年 9 月，在职党员参与值守的就有 128 人，参加次数达上千次。（CL120210406）

（四）文化娱乐

与互助志愿类似，文化娱乐亦是推动社区居民参与社区治理的重要方式，各类文化娱乐队伍培育是以往社区治理的基本内容。根据笔者在回天地区的调研，每个社区均有特色各异的合唱队、舞蹈队、书画队、体育队等文化娱乐队伍，这里面的不少居民也是志愿者。尤其从 2018 年"回天有我"社会服务活动开展以来，在党委、政府、社区、社会组织、企业等多方主体共同推动下，回天地区每周都会开展丰富多彩的文化娱乐活动，这些活动以文娱队伍"格"牵头为主，部分社区也在楼门"格"中进行。比较典型的方式有两种。一是打造楼门文化，在全社区范围内开展书法、绘画、剪纸、刺绣、堆绣、摄影等活动，并将活动作品进行装裱，挂在各楼门楼层里。二是开展节日庆祝活动，一般以社区为单位，通知各队伍一起参加，也有以楼门为代表的区域性活动。

> B2 社区春节前举办"迎新春同心筑睦邻家园"主题活动，"立体四合院"里的老老少少齐动手，编织中国结、装点楼内环境；端午节，楼门组织骨干包粽子送给邻里；"六一"儿童节，"立体四合院"的家长们用精美的礼物为小朋友们送上了祝福，每家人还在单元门前合影留念；每年的"九月九"重阳节，楼门都会组织老人们聚会，为他们发放慰问品等。（CB220210813）

第二节　党建引领社区微信群"接诉即办"
——以五个典型社区经验为例

"接诉即办"一词最早出现于 2018 年 11 月 30 日北京市委召开的第四次区委书记月度工作点评会上，[①] 2019 年，北京市出台《关于加强新时代街道工作的意见》，提出将各类热线归并到"12345"服务热线，建立全市统一的诉求受理平台，将管辖清晰的诉求直接派给街镇，做到全时响应、"接诉即办"。经过几年的探索发展，通过建立"12345"服务热线直达的市民投诉机制、"三率"考核催生的民意导向机制和市级平台链接的领导倒逼机制，"接诉即办"已经成为北京市基层治理的一种制度创新和体制机制创新。[②] 但是，"12345 接诉即办"将问题向上传导直达北京市委、市政府，再向下传导到基层解决，从经济效益、管理难度、基层负担等角度考虑成本较高。[③] 故而，一方面，党委、政府督导

---

① 李文钊：《提升"接诉即办"的有效认知》，《前线》2021 年第 8 期。
② 李明圣：《接诉即办未诉先办与不诉自办》，《前线》2022 年第 1 期。
③ 马亮：《数据驱动与以民为本的政府绩效管理——基于北京市"接诉即办"的案例研究》，《新视野》2021 年第 2 期。

社区办件的压力倒逼了社区向前一步，开始积极探索从被动治理－"接诉即办"转向主动治理－未诉先办；[①] 另一方面，2021 年颁布的《北京市接诉即办工作条例》也明确要求居（村）委会积极履行基层自治职能，创新工作机制和工作方法，及时了解、反映居（村）民需求，协助处理解决本社区（村）矛盾纠纷、公共事务诉求，实现主动治理。在新冠肺炎疫情期间，不少社区党组织主导建立并逐渐规范了社区微信群，疏通了自下而上和自上而下的信息传达与互动渠道。[②] 一些社区进一步探索了在建立社区党建协调委员会、党建引领五方共建、网格化治理、协商民主治理等收集民情民意并予以解决的社区治理机制基础上，通过更加高效快捷的党建引领社区微信群"接诉即办"机制，实现主动治理和未诉先办。本节即选择 5 个样本社区，包括 3 个商品房社区和 2 个村改居社区，[③] 尝试根据社区共性总结出党建引领社区微信群"接诉即办"的运作机制，以为其他地区创新社区治理实践提供启示和借鉴。

一 社区微信群的基本构成

根据主要功能可以将社区微信群划分为用于"接诉"的人口群和用于"即办"的工作群两类。

（一）用于"接诉"的人口群

社区居民是人口群的主体，共同构成了社区微信群的诉求表达场域，通过全体社区居民对社区信息的"可见"和意见的"可辩"，[④] 拓展了社区公共性的边界，社区"两委"工作人员、社区党员、在职党员、楼门长、志愿者等亦在群中，发挥"接诉"功能。根据笔者在 2020 年和

① 2021 年是全面深化"主动治理、未诉先办"的起始年，北京市正在探索同时实现诉求量下降和"接诉即办"水平提升的改革路径。本书中的社区微信群"接诉即办"属于以往文献中所提到的"未诉先办""不诉自办"的范畴。

② 马超、孟天广：《"接诉即办"：北京基层治理新模式》，《决策》2021 年第 5 期。

③ 所选择样本社区基本都建立了各具特色的社区治理体系，包括志愿服务和文化娱乐类社区组织队伍建设、党建引领五方共建、党建协调委员会、协商民主类社区矛盾化解问题解决机制、在职党员双报到、红色网格、楼门治理等社区民情民意上下通达机制等，并在此基础上建立党建引领社区微信群"接诉即办"机制。

④ 于森：《推动城市社区参与的在线微观公共领域——一个业主微信群的实证研究》，《新闻与传播评论》2019 年第 3 期。

2021 年的调研，社区微信群呈现群数量不断增加、群构成不断丰富、分群成员不断减少、群内成员同质性不断增强的精细化治理、网格化治理的发展趋势。但是，社区人口规模、人口结构对人口分群成员数量有较大影响，人口规模越小、同质性越强的社区越容易实现群内治理。群构成主要包括楼门群、租户群、业主群、片区群等（见表 6-2）。一是楼门微信群。其设置基础主要是党建引领社区网格化治理体系，北京市回天地区近年探索了楼门院治理、楼门管家等创新实践，推动建设"人在格中走，事在格中办，情在格中系"的基层红色网格。① 五个样本社区均成立了以党员为主要构成的楼门长队伍，每个微信群一般由一个楼门或几个楼门内的居民（包括业主和租户，一家一人代表）组成，由社区"两委"工作人员或楼门长在群内充当管理员角色。二是租户微信群。群内成员主要由社区租户构成。G1 社区建立了特色租户群，由于租户在

表 6-2　五个样本社区微信群的人口群构成

群类别	社区名称	社区类型	人口规模	群构成	设置特点
人口群	H1 社区	村改居社区	5000 余人	23 个楼门群	分楼门建群；社区工作人员负责群管理；业主与租户均在楼门群中
	H2 社区	商品房社区	3400 余人	2 个业主、10 个分楼门实有人口群	分楼门建群；社区工作人员负责群管理；业主与租户都在楼门实有人口群中
	G1 社区	村改居社区	10000 余人	41 个楼门群、15 个租户群以及党员群、志愿者群等	分楼门建群；楼门群为本村村民，楼门长负责群管理；建立特色租户群，社区工作人员负责群管理
	G2 社区	商品房社区	3900 余人	107 个楼门群	分楼门建群；楼门长负责群管理；业主与租户均在楼门群中
	G3 社区	商品房社区	3800 余人	10 个片区群*	按片区建群；本区域业主、租户、社区"两委"和相关单位/部门在群内，社区工作人员负责群管理

　* 五个样本社区中，除 G3 社区房屋层次差别较大，有独栋别墅、联排别墅、复式户型、高层公寓等多种类型，按片区划分建立 10 个微信群以外，其他社区均以楼门为基础建群。

---

① 向春玲：《"红色网格"：基层党建引领社会治理的新探索》，《科学社会主义》2018 年第 5 期。

社区人口中占比超过 2/3，该社区在 41 个楼门群外又成立了 15 个租户群，中介机构、社区流动人口管理员以及社区"两委"工作人员负责群管理。三是党员微信群。随着企业和部分事业单位干部党员退休后党的组织关系转移到社区，以及在职党员回社区报到服务工作的开展，可以参与社区服务的党员数量大幅增加。党员微信群既方便社区党员、在职党员开展服务，也成为人口群中的重要组成部分。除此以外，还有业主微信群（主要是为了方便业委会选举和物业通知相关事宜建立的）、志愿者群等。

（二）用于"即办"的工作群

工作群实际是社区"两委"、党建引领五方共建、党建协调委员会的线上工作平台，其中包括了社区"两委"、物业服务企业、业委会、社会组织、相关企事业单位、政府相关部门等有关责任部门。工作群以居民诉求为导向，建立起跨部门、跨层级的线上诉件办理场域，助力部门联动，高效解决居民诉求。工作群的种类很多，不同社区的名称亦不相同，如"接诉即办"群、社区"两委"群、楼门长群、物业群、志愿者组长群、党建协调委员会群、党建引领工作会商群、中介工作群、底商工作群、在职党员群、垃圾分类群、网格员群等，五个样本社区工作群名称具体如表 6-3 所示。

表 6-3 五个样本社区微信群的工作群类别

群类别	社区名称	群名称
工作群	G1 社区	"接诉即办"群、楼门长群、垃圾分类群、社区"两委"群、网格员群等
	G2 社区	物业沟通服务平台（微信群）等
	G3 社区	社区"两委"群、物业群等
	H1 社区	社区通知群、"12345"群等
	H2 社区	社区工作沟通群、社区"两委"工作群、党建协调委员会群、霍营管家群等

比较典型的群类型有以下几种。一是社区"两委"群。由社区党组织、居委会、社区工作站成员组成，主要用于社区"两委"工作人员内部交流。二是物业管理群。由社区"两委"、物业服务企业各部门负责人组成，另外，在职党员、志愿者或居民骨干也会在物业管理群内。三

是党建协调委员会群。自 2019 年以来，北京市昌平区出台《关于建立昌平区党建工作协调委员会的实施方案》《党建工作协调委员会议事规则（试行）》《昌平区"回天地区"党建工作联席会议制度》等政策文件推动社区党建协调委员会的有效运行。党建协调委员会微信群用于群成员沟通交流、解决问题，群成员基本包括了社区"两委"工作人员、业委会、物业服务企业、社会组织、相关企事业单位、政府相关部门等所有社区相关组织。四是楼门长群，主要由社区"两委"工作人员、楼门长组成。网格员群、霍营管家群与楼门长群类似。另外，还有一些垃圾分类群、供暖群、"12345"群等专门群。

　　H2 社区党组织书记介绍说："物业沟通群建起来之后，我发现这种沟通渠道非常顺畅，速度又快。所以我又建成了供暖、底商、中介公司工作群。有重要通知、警告、提醒，或者居民反映的一些问题，都会告知他们尽快处理解决。"（CH220200818）

二　党建引领社区微信群"接诉即办"的运行机制

　　党建引领社区微信群"接诉即办"在北京市"12345 接诉即办"驱动下快速发展，是体现党建引领社区治理与社区微信群线上平台功能相结合，实现主动治理和未诉先办的重要机制、工具和缩影。根据已有文献和案例分析，本书将党建引领社区微信群"接诉即办"界定为：由社区党组织主导建立社区微信群，居民可以直接在社区微信群反映问题和诉求，负责接诉的相关人员看到居民反映的问题和诉求后，第一时间进行接单和派单，或者直接处理，或者转单到相应的工作群处理，并在解决后将结果在微信群中反馈给居民的社区治理模式。分析框架如图 6-6 所示。在现实生活中，自下而上来看，居民产生诉求、提出诉求，并参与解决问题的协商过程，同时居民志愿者、党员、楼门长等也是"接诉"方；自上而下来看，社区党组织通过党建协调委员会、"吹哨报到"等抓手，建立党建引领多方共建、监督制约机制，领导多方一起解决诉求，构成"即办"工作机制。自下而上与自上而下两个方面均通过社区微信群实现快速对接反馈、提质增效。

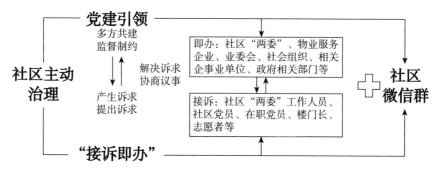

图 6 - 6　党建引领社区微信群"接诉即办"分析框架

（一）"接诉"：民意传达

"接诉"可大致分为间接传递和直接传递两类，五个样本社区的"接诉"方式主要包括三种。

一是社区"两委"发挥转介作用（见图 6 - 7）。表现为居民在人口群表达自身诉求，社区"两委"工作人员看到后"秒回"接单、"隔屏"对话，可以解决的问题直接解决，无法解决的诉求则转介到工作群进行派单，相关人员解决完后将成效反馈到工作群，再由社区"两委"传达给居民。

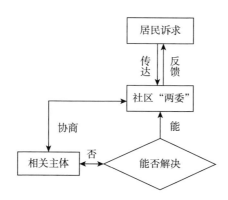

图 6 - 7　社区"两委"转介的接诉模式

H2 社区某楼居民下午 6 时 11 分在本楼门实有人口群中提出，"领导，门口的装修垃圾什么时候能拉走，钉子啥的到处都是，昨天就把我家狗狗脚扎了，现在出门都得看着地走"，"昨天看见他们把敲下来的钉子都往院里扔"。下午 6 时 36 分有居民回应说，"可以跟物业沟通吧，物业会督促他们清理、规范放垃圾"。W 书记下午 6 时

38分将"投诉件"截图发到了社区工作沟通群里,物业经理回复"收到,这就联系业主"。(CH220200818)

在这一过程中,借助社区"两委"的转介,既缓解了居民和物业间可能发生的直接冲突,也通过社区"两委"派单监督,防止了物业不上心、不能及时处理、相互扯皮推诿等问题。

二是社区骨干发挥转介作用(见图6-8)。社区党员和居民骨干也是本社区居民,拥有丰富的邻里社会资本。五个样本社区的社区骨干"接诉"一般在楼门群中,楼门长对居民的问题进行辨别:能解决的自行解决,无法解决的通过工作群反馈给社区"两委"或物业等相关责任主体。一方面,居民诉求由社区"两委"或相关责任主体进行解决,或由社区"两委"传达给相关主体协商解决;另一方面,解决成效反馈给社区骨干,再经由社区骨干传达给居民进行反馈,由此形成闭环。如G2社区充分利用在职党员队伍,组织107个楼门长成立了107个楼门微信群,该社区书记说,"在职党员真的很可靠,任务你给了他,你就放心,肯定能特别好地给你完成"(CG220210813)。他们既在居民之中可以获得信任,为其他居民参与社区和楼门治理提供示范效应,也能分担社区"两委"的治理压力,同时其作用也并非仅仅体现在"接诉即办"上,在微信群"外",楼门长们也主动为社区服务,包括组织美化楼门、垃圾分类值守、疫情防控值守、为困难居民捐款捐物等。

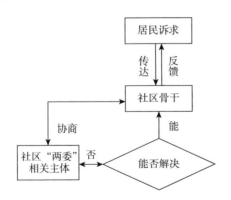

图6-8　社区骨干转介的接诉模式

三是直接沟通(见图6-9)。直接沟通即社区居民同社区"两委"

等相关责任主体在同一个微信群中，居民直接将诉求发布在群内，社区"两委"和相关责任主体自行站位、匹配责任进行接单解决，或社区"两委"同相关责任主体协商解决，同时将结果反馈给社区居民。

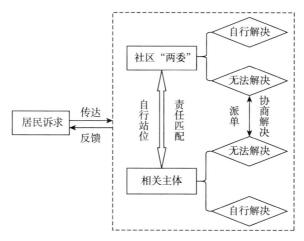

图 6 - 9 直接沟通下的接诉模式

G3 社区采用的是直接沟通的方式，社区"两委"和相关单位/部门人员都在群中，社区书记评价说："我认为社区党组织可以起到领导、监督、协同功能，我们要求这些单位工作人员要经常在线，对反映的问题各自接单。如果没有接单，我们会去督促，解决不了的问题也会跟他们一起商量看如何协调解决。"（CG220210813）

此外，一些社区也将社区"12345"热线电话与社区微信群"接诉即办"相结合。如 H1 社区和 G1 社区均有社区"12345"热线电话，由社区"两委"工作人员担任"12345"热线电话接线员，电话保持 24 小时开机状态。

（二）"即办"：解决问题

诉求表达是发现问题的环节，诉求办理则是解决问题的环节。党建引领社区微信群"接诉即办"的重要目的也在于建构共性问题，实现未诉先办和不诉自办，有针对性地进行专项治理。根据调研总结，社区居民诉求主要包括以下三类。一是维修类。即居民对个人家庭或公共设施提出维修请求，包括路灯不亮、单元门损坏、电梯老旧、水管漏水、暖气不暖、断电断水等，需要专业人士进行检查、修缮更换。二是邻里类。即邻里之间产生的纠纷，通常表现为制造噪声、楼上楼下漏水、乱停车占他人车位、垃圾胡乱堆放等个人行为对他人产生负面影响而引发的矛盾，需要邻里协商解决。三是环境类。即居民对社区环境改善提出诉求，如猫狗粪便的处理、自行车乱停乱放、垃圾清洁转运等，这类问题通常需要物业协调进行解决。针对这三类问题，五个样本社区的解决方式主要包括以下三类。

一是群内直接回复。一方面，可以提前发通知，或者能直接解答的问题直接在群内回复。如G3社区相关各方与居民在同一个群中，像维修停电、卫生服务站接诊停诊、绿化带喷药、办老年证暂住证、道路改造等，居民可以直接在群里提问，各类通知也可以在群里直接发布。另一方面，对于一些家长里短的细小、琐碎的矛盾纠纷能在群里相互说合解决。

二是调查研究解决分歧。对于居民提出的关涉公共利益、存在分歧的问题，不少社区选择线下和线上调研相结合的方式解决。一种是微信公众号留言、群投票和群接龙等形式。

新冠肺炎疫情缓和之后，G3社区微信群里有居民提出因为小区太大，封闭管理导致取快递非常不方便，希望能放开对快递员的限制，允许快递员进门。但居民提出问题后，反对意见也出现了：快递人员进小区就存在把病毒带进来的风险，危害小区其他居民的安全。对于怎么解决这个问题，社区"两委"选择让居民在微信群中接龙回复。接龙结果是允许快递人员进小区的占大多数，社区工作人员统计后在群里公布了结果，并且决定有序放开对快递员的限制，先允许京东、顺丰等较为正规的快递人员进入小区，而后逐步增加进小区的快递员数量。社区工作人员评价说："我们经常在群里面做一些调查问卷，原来我们决策拍脑门，没办法，你没有机会调查，现在可以通过这个群调查征求大家意见了"，"居民们投票得到的结果，他们相互之间也更能达成彼此谅解"。（CG320200809）

另一种是进行线下调研，并根据调研情况设计解决方案。

三是线下协商群策群力。当居民提出的诉求处理难度大，特别是涉及人力、物力、财力或政策支持等需要协调多方解决时，五个样本社区一般选择通过线下例会讨论解决。线下协商更有利于提升对诉求内容、诉求特征和问题根源的理解和认知，提高决策的科学性和合理性。

H2 社区通过例会制度建立了各方参与、共同处理解决问题的有效机制。例会主要包括 4 个：一是每周一上午召开社区"两委"工作例会，对上一周工作进行总结，确定本周工作计划及分工。二是每月 20 日召开管家（楼门长）例会和党员大会。楼门长和党员重合度较高，故在同一天召开，对上一次会议管家反映问题的解决情况进行通报，收集本月居民反映或者管家发现的一些问题。三是每月末召开党建协调会，也即五方共建会。一般情况下，党支部、居委会、业委会、物业服务企业、党员代表必须参加，协商解决一些社区的重要事项。会议形成决议草案并广泛公示，征集修改意见。四是定期召开业主大会或者居民代表扩大会议，对一些社区重大事项进行集体表决，表决通过后具体执行。（CH220200818）

三 党建引领社区微信群"接诉即办"的多元治理效能

党建引领社区微信群"接诉即办"通过基层党组织主导社区微信群建设。一方面，以社区"两委"工作人员、社区骨干、在职党员、社区党员等为主进行线上"接诉"，基层党组织引领多方共建"即办"解决问题，实现了"民有所呼、必有所应"的社区"接诉即办"效果；另一方面，将党组织、行政、社会（包括居民）、市场等多元主体共同置于人口群与工作群中，构建了以社区微信群为空间载体的多方共同参与的线上社区治理体系，提升了多元治理效能，高效推动了主动治理——基层治理体系和治理能力现代化的社区治理实践。

（一）畅通多方沟通渠道

居民是社区治理的主体，也是主动治理的行动主体。沟通是解决矛盾的核心策略，以社区微信群为依托的"接诉即办"通过构建多元化的居民沟通平台，[①] 允许居民以虚拟社群的形式提出自身诉求，同时将问题的发现权和评判权交还给居民，减少了常规途径的繁文缛节和不必要的程序，[②] 在充分沟通中发挥国家辨识、区分、回应和疏解民意"减压阀"的作用。居民之间的沟通也让多方之间达成了更多谅解。

（二）引领多方参与共解难题

党建引领多方共建，是党组织统筹协调基层自治组织、政府、社会组织、企事业单位等功能互补、分工协作，承担系统整合和问题解决功能，实现公共利益最大化的过程。社区微信群拓展了党建引领多方共建的实现方式，它在党组织的统筹协调下，通过一个群、一个平台串起了居民和社区、诉求与服务、单维与多元的互动，推动了信息、资源在网格中的流动。[③] 其党建引领作用主要体现在两个方面。一方面，社区党组织（"两委"）筹划推动各类社区微信群的建立并进行日常管理维护，对"接诉"和"即办"人员职责进行划分，对居民诉求解决情况进行监督；另一方面，以居民诉求为指针，通过党组织和党员的坚强战斗堡垒，将社区居民骨干、各类相关主体团结发动起来，形成线上线下共治合力，推动问题的有效解决。

（三）帮助企业进行社群经营

从社会治理角度而言，物业服务企业、教育机构、养老驿站等社区服务相关企业兼具公益与商业属性，社群经营对于这些企业而言非常重要。党建引领社区微信群"接诉即办"实际上解决的很多都是物业问题，这样有针对性地解决居民诉求不仅可以提升物业的工作效率，也可以通过及时迅速地反馈给居民照片、视频、文字等，使物业工作计划、工作进度、工作难点可视化，畅通双方的交流渠道，改变长久以来居民所认为的物业"不作为"的形象，降低居民"上诉"意愿，形成企业经

---

① 马超、金炜玲、孟天广：《基于政务热线的基层治理新模式——以北京市"接诉即办"改革为例》，《北京行政学院学报》2020 年第 5 期。

② Sara Vissers & Dietlind Stolle, "The Internet and New Modes of Political Participation: Online Versus Offline Participation," *Information, Communication & Society* 17.8 (2014): 937 - 955；季乃礼、阴玥：《微信群、理性与社区治理——以 T 市 A 小区道路维权为例》，《学习与探索》2020 年第 12 期。

③ 杨积堂：《"接诉即办"：基层社会治理的机制革新与效能驱动》，《北京联合大学学报》（人文社会科学版）2021 年第 2 期。

营社群的良性互动。

G2 社区书记说道："（居民）经常对物业不满，觉得他们收了钱什么也不做，肯定会对这个抱怨。现在沟通逐步顺畅了，相对来说好得多。作为物业来说，他们也需要一个认可。他们有一个反馈，居民有一个认可，他们也开心，也会付出得更多。"（CG220210813）

另外，一些社区的社区养老服务驿站相关人员也在工作微信群中。根据笔者调研，回天地区的社区养老服务驿站以护理型、综合型、连锁型为主，通过开展文化娱乐活动、困难老人探望活动等，既帮助社区关怀照顾老人，解决一些老年人提出的就餐、就医等诉求，也可以在此基础上经营老年人社群，取得较好的效果。

（四）有效统筹合作与监督关系

合作与监督是均衡态势的一体两面，如果没有党的统筹协调，个体自发建立社会契约与协商认同的能力和动力将不足。在与政府、市场的关系中，社会自发组织虽然会因主动或被动而产生成长，但政府、市场也会自发抵制其过分壮大。故社区微信群可以作为一个小的虚拟社群/组织，一方面对社区"两委"工作形成监督，另一方面监督物业。这种虚拟社群/组织也是向经济互助合作发展的重要基础。

小　结

本章建构了社区网格化治理模式的理论模型，笔者进一步将其总结为"网格互筑"社区治理模式，特色有三。一是细化网格。明确将社区网格区分为社区"网"与社区"格"，以人口网格为基础，以空间网格为支撑，以组织网格为主要抓手，"格"是最小网，"网"是最大格，"格"与"网"相互伸缩转化。二是网格互筑。通过党建引领、资源下沉、居民参与、组织培育，人口、组织及其他各类资源在网格内有序流动配置，纵向深入做实做细社区"格"，横向联合做大做强社区"网"，横纵相互交叉、相互渗透，实现"网"与"格"的互构互筑。三是功能实现。以社区"格"为阵地、以社区"网"为依托，充分利用各类社区治理策略，推动纠纷处理、监督服务、互助志愿、文化娱乐等功能实现，建立起立体、弹性、多元的圈层化社区网格治理体系。

社区微信群"接诉即办"建立在社区网格化治理基础之上。从北京市"12345接诉即办"角度来看，推动主动治理和未诉先办，以社区"先办"的形式阻断诉情发酵和向上传导，将"接诉即办"关口前移，将绝大多数矛盾问题化解在基层，由此提升北京市基层社会治理体系和治理能力现代化，是其建设初衷和目的导向。在此背景下，本章具体分析了北京市回天地区党建引领社区微信群"接诉即办"的社区主动治理创新模式，其特点有三。一是充分发挥社区党建引领作用。由社区党组织牵头建立微信群，由以党员为主的相关人员进行"接诉"，由党组织监督派单多方进行"即办"。二是激发居民的社区参与动力和活力。党组织和党员的明确站位、及时发布社区情况通知、诉求得到有效解决或反馈、居民群内的沟通交流等，让居民更有动力参与社区治理，并逐步形成多方有效沟通互动的社区良性生态。三是"接诉即办"过程高效、公开、透明。社区微信群的重要功能在于成员间双（多）向沟通、即时互动，无论是问题的提出、解决还是成效反馈，都具有极高的可视化程度和透明度。

但需要说明的是，本书建构的社区网格化治理理论模型是根据多社区经验所总结的理想模式，是中国社区治理的发展方向，但目前中国的城市基层社会治理仍在探索经验的起步阶段。同时，能够实现党建引领社区微信群"接诉即办"，需要以线下社区治理体系和治理能力现代化为基础，只有在有相应基础的情况下，党建引领社区微信群"接诉即办"才能实现。有一些亟待破解的瓶颈：如社区工作者对社区网格的定位仍以社区管理功能为主，缺少化堵为疏的工作意识与工作方法；社区参与还是以社区层面的社会动员（党员和居民骨干）为主，且多集中于文化娱乐、志愿服务等浅层次的社会性参与；社区居民自治、协商议事等公共参与空间不足、意识和能力不足，社区"格"参与更加匮乏；缺少对社区互助合作等经济参与的有效支持，故城市互助合作社、社区基金、楼门基金等实践很少，没有在社区范围建立起紧密、持久的利益共同体。

面向未来来看：一是应推动社区工作从社区"网"管理向"格"治

理转变，强化社区治理体系顶层设计，通过建立完善各类社区治理机制策略，形成党领导的行政、市场与自治之间的良性互动；二是应健全党建引领多方共建机制，鼓励政府部门、社会组织、企业等下沉到"格"进行问题解决、专业赋能和组织培育；[①] 三是应推动原子化个体的再组织化，让协商议事和矛盾化解机制向下向小，增强社区"格"独立解决问题的能力；[②] 四是应建立健全互助合作机制，为居民从志愿型互助走向经济型互助提供法律依据和制度保障，真正推动社区居民共治和均衡社区治理体系建设；五是深化党建引领社区微信群建设的制度规范、运行机制的发展完善，让居民认识到社区微信群的作用、意义，提升居民素养、规范居民行为等。

---

① 朱仁显、邬文英：《从网格管理到合作共治——转型期我国社区治理模式路径演进分析》，《厦门大学学报》（哲学社会科学版）2014 年第 1 期。
② 刘春呈：《疫情社区防控中对网格化管理的再审视》，《理论月刊》2020 年第 6 期。

第七章　互嵌与互构：社区协商民主治理

党的二十大报告指出，"协商民主是实践全过程人民民主的重要形式"，要"全面发展协商民主"，"完善协商民主体系"。① 自党的十八大以来，我国协商民主制度经历了从框架建立到制度完善到体系建设的发展过程。党的十八大报告提出，"要完善协商民主制度和工作机制，推进协商民主广泛、多层、制度化发展"。② 党的十九大报告强调，要"加强协商民主制度建设，形成完整的制度程序和参与实践，保证人民在日常政治生活中有广泛持续深入参与的权利"。③ 党的十九届四中全会进一步指出，要"构建程序合理、环节完整的协商民主体系，完善协商于决策之前和决策实施之中的落实机制，丰富有事好商量、众人的事情由众人商量的制度化实践"。④ 同时也提出了城乡社会治理重心下移，建设城乡基层社会治理新格局的新命题。从基层实践来看，随着社区治理改革的深入推进，对协商民主的需求不断提高，协商民主的覆盖范围也已经拓展到了社区层面，在实践中衍生出了社区议事会、社会听证会、网络协商会等广泛、灵活的协商形式，⑤ 逐渐成为推进基层群众自治、完善社会治理、维护社会稳定的一项制度安排。有学者提出了社区治理实质上是社区协商民主治理，⑥ 足以见得协商民主对于社区治理的重要意义。

---

① 习近平：《高举中国特色社会主义伟大旗帜 为全面建设社会主义现代化国家而团结奋斗——在中国共产党第二十次全国代表大会上的报告》，人民出版社，2022，第 38 页。
② 中共中央文献研究室编《十八大以来重要文献选编》（上），中央文献出版社，2014，第 21 页。
③ 中共中央党史和文献研究院编《十九大以来重要文献选编》（上），中央文献出版社，2019，第 27 页。
④ 中共中央党史和文献研究院编《十九大以来重要文献选编》（中），中央文献出版社，2021，第 276 页。
⑤ 宋连胜、李建：《从"民主协商"到"协商民主"——论中国特色社会主义协商民主制度的历史演进》，《社会科学战线》2015 年第 11 期。
⑥ 呼连焦、刘彤：《社区协商民主：新时代社会治理的发展路径》，《哈尔滨工业大学学报》（社会科学版）2018 年第 4 期。

本章即采用"社区协商民主治理"这一概念，尝试立足回天大型社区案例，对社区协商民主治理进行理论模型建构，探析协商民主与社区治理之间的内在逻辑与互动机制。

第一节　社区协商民主治理模式分析

协商民主是中国特色社会主义民主政治的重要形式，它是一种政治体系和政治运作方式，也是一种政治形态和政治制度。[①] 对于协商民主而言，民主的实现不是空洞、虚无的，必须体现在一定的形式和形态中，社区治理恰巧提供了协商民主实现的平台，将其作为一种常态性机制纳入社区治理，实现其制度化、有序化地可持续发展，[②] 二者是一种互嵌互构的关系，也即形成社区协商民主治理概念。本节尝试引入"嵌入理论"的分析视角，从政治嵌入和治理嵌入两个方面对社区协商民主治理进行模式归纳和具体分析。

一　理论模型构建

"嵌入"（Embeddedness）的释义为"把较小的东西卡进较大东西上面的凹处"，卡尔·波兰尼最先将"嵌入"一词引入社会科学研究领域，用于揭示市场与社会之间内在的规律性关系，[③] 之后相关研究围绕嵌入理论展开了多领域、多维度的探讨，"嵌入性"也逐渐成为衡量治理方式科学性与基层治理现代化的重要标准。[④] 协商民主作为一种科学规范的民主政治形式嵌入整体性的社区治理体系，同样可以运用"嵌入理论"视角进行分析。一方面，从协商民主的政治嵌入角度，协商民主在基层领域以政策嵌入、技术嵌入、认知嵌入形式展开了广泛的制度实践，

---

① 欧阳康、曾异：《国家治理语境中的社会主义协商民主：认识历程、制度优势及其治理效能转换》，《西安交通大学学报》（社会科学版）2020 年第 2 期。

② 孙柏瑛、邓顺平：《以执政党为核心的基层社会治理机制研究》，《教学与研究》2015 年第 1 期。

③ 陶周颖、王瑜：《主体嵌入与功能融入：基层协商治理中党组织的行动逻辑分析——基于苏州市 L 社区"民生协商项目"的个案研究》，《学习论坛》2022 年第 4 期。

④ 武小龙：《乡村建设的政策嵌入、空间重构与技术赋能》，《华南农业大学学报》（社会科学版）2022 年第 1 期。

通过帮助找到各方意愿和要求的最大公约数，开展相互支持的合作行动，获得了持续、有效运转的政治空间，同时也将"开放包容""民主平等"等价值追求引入基层政治文化，[①] 成为推动社区治理体系和治理能力现代化进程的重要力量。另一方面，从社区治理的治理嵌入角度，社区治理主体是组织和居民，他们也在通过结构和功能的反向嵌入，为"问题协商－寻求解决－问题解决"的全流程协商民主机制提供要素支撑，以推动社区协商治理的常态化发展。

故在以往研究基础上，本节通过对访谈资料的开放式编码、主轴编码和选择性编码，基于参考节点、副范畴、主范畴以及主副范畴之间的关系内涵（见表7－1），建构社区协商民主治理的理论模型（见图7－1）。社区协商民主治理的"故事线"为：协商民主通过政策嵌入、技术嵌入和认知嵌入等方式嵌入基层社区，社区治理通过结构嵌入、功能嵌入等方式嵌入协商民主过程，二者通过政治与治理、手段与体系的互嵌互构，推动建立常态化的社区公共事务治理决策系统。

表7－1　社区协商民主三级编码结果

主范畴	副范畴	初始概念
政治嵌入	政策嵌入	分层协商、区域协商、街道协商、社区协商、楼门协商
	技术嵌入	问题搜集、平等对话、信息公开、结果公示、规则约束、集体表决、传统媒体、微信公众号、社区微信群、互联网平台、线下议事厅
	认知嵌入	相互理解、相互尊重、节制私欲、理解接纳、基层民主、自治、主人翁、共同体意识
治理嵌入	结构嵌入	社区党组织调解、业委会协调、物业协商、专业赋能、培育调解队伍
	功能嵌入	驻区单位、资源下沉、吹哨报到、"接诉即办"、多方共议、即时响应、共同商讨、通力合作、在职党员、协商桥梁、楼门网格、自我化解

二　政治嵌入

社区协商民主的制度安排内嵌于国家政权与基层自治权的交合空间，

---

① 姚茂华、舒晓虎：《技术理性与治理逻辑：社区治理技术运用反思及其跨越》，《吉首大学学报》（社会科学版）2019年第6期。

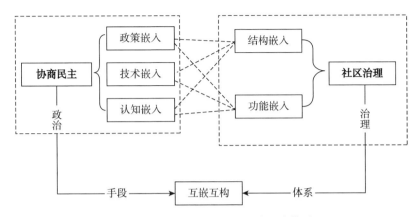

图 7 - 1　社区协商民主治理的理论模型

其有效运转依赖于一个整体治理的系统，使多重行动主体和多重制度逻辑能够互相调适。党的二十大报告也明确提出，要"健全各种制度化协商平台，推进协商民主广泛多层制度化发展"。[①]

（一）政策嵌入

民主制度与技术植入政治系统，可能会引发权力结构与利益关系的变动，例如社会性赋权对政治权威的威胁或削弱，以及原有权力格局下的既得利益者对制度运行的消极抵抗或强烈反对等。[②] 而政策嵌入可以通过正式的政府制度供给，完善相应的法律法规与程序规则，搭建实践平台，赋予协商民主合法性。根据调研来看，现有政策对社区协商层次、人员、程序、规则等进行了明确规定。

2019 年北京市昌平区出台《关于建立昌平区党建工作协调委员会的实施方案》《党建工作协调委员会议事规则（试行）》《昌平区"回天地区"党建工作联席会议制度》等文件，回天地区各镇（街道）亦制定了《党建工作协调委员会实施方案》及《党建工作协调委员会主要职责和议事规则》相关文件，搭建"3 + 1"党建工作协调组织架构，其中"3"是指区、街道、社区三级党建协调委员会，通过党建引领建立基层社会

---

① 习近平：《高举中国特色社会主义伟大旗帜 为全面建设社会主义现代化国家而团结奋斗——在中国共产党第二十次全国代表大会上的报告》，人民出版社，2022，第 38 页。

② 林雪霏：《当地方治理体制遇到协商民主——基于温岭"民主恳谈"制度的长时段演化研究》，《公共管理学报》2017 年第 1 期。

治理的议事协商平台，构建共建共治共享工作格局；"1"是指回天地区党建工作联席会议制度，统筹回天地区区域化党建工作，联合党委、政府、社会、市场等多方主体协商解决各类工作、难题。根据统计，2021年以来，回天地区各镇（街道）、社区（村）累计召开党建协调委员会（含社区"五方共建"联席会）763次，协商解决垃圾分类、物业管理、疫情防控等问题1450余件。截至2021年4月底，回天地区113个社区建立需求清单383项、资源清单261项，通过对接服务和需求，梳理项目清单473项。进一步地，随着不少社区的楼门院治理机制逐步完善，社区协商又进一步向楼门层次延伸。从楼门－社区－街道－区域的分层协商，基本呈现按照重要等级逐步提高，按照协商频率逐步降低的特点，如图7－2所示。

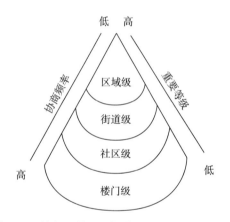

图 7 - 2　楼门－社区－街道－区域分层协商示意

1. 区域协商

区域协商主要指特定区域范围内的协商，涉及议题一般为街镇辖区内无法解决的难题以及涉及区域发展的重大事项等，具有复杂、重大等特点，协商频率相对较低。

昌平回天专班主办回天地区政民议事厅，围绕地区焦点问题展开研讨，为不同诉求群体建立起面对面的沟通机制。截至2022年，回天地区政民议事厅已经开展5期活动：2021年4月28日举办的以"垃圾分类一周年，回天环境新提升"为主题的首期议事活动；

2021 年 5 月 29 日围绕文明养犬主题开展的第二期议事活动；2021 年 6 月 26 日举办主题为"电动自行车安全——别让充电'惹火上身'"第三期议事活动；2021 年 7 月 18 日就回天地区城市会客厅建设方案进行第四期探讨；2022 年 1 月 14 日举办主题为"推动回天适老化改造、打造有温度适老社会"第五期议事活动。[①]

2. 街镇协商

街镇协商主要指由街镇党委、政府牵头进行的协商，涉及议题一般为：街镇辖区范围内、社区汇报上来的一些重要事项、议题等。

> 东小口镇从 2021 年 4 月开始，实行街镇主抓联动社区的"每月一提（题）"工作机制。该机制以街镇为主抓单位，建立居民议事厅例会制度，讨论提出问题、协商解决问题，实现为每个社区每月解决一件事（重难点问题）。这一方式的重点在于街镇重视并推动问题切实解决，针对每个社区每个月要解决的问题，街镇党委书记每月召开一次调度会。（CD220200808）

3. 社区协商

社区是居民生产生活的主要场所，是矛盾生发的主要区域，也是居民实现自我管理、自我教育、自我服务的实践田，因而也成为协商民主萌发、成长成熟的主要场域。由于社区矛盾和问题具有多发、频发、琐碎等特点，社区协商也更为频繁，不少社区建立起社区书记会客厅、社区协商议事厅等，虽然名称不一，但均为社区协商的重要平台和载体，参与主体包括社区居民、社区党组织、社区居委会、社区物业以及其他多方共建单位等。

4. 楼门协商

一些日常、非正式的围绕邻里矛盾、噪声争执、楼门环境等方面的微型协商主要在楼门展开。

---

① 《回天观澜："回天有我"大型社区治理经验实录 100 例》，北京市昌平区回龙观天通苑地区专项治理工作办公室，2021。

在访谈中，无论是社区"两委"还是居民，都给予了楼门协商很高的评价："基本上楼上楼下的有纠纷的，居民之间能解决的就自己解决，楼门长在中间发挥很大作用。"（CH420210823）

（二）技术嵌入

技术嵌入主要包括两个方面。一是严格的协商流程。对协商流程的探索是社区协商民主制度化、规范化、程序化的重要步骤，也是民意汇集、共识达成的保障。二是依托现代信息技术。破除信息壁垒，拓展协商民主的应用场景，进而提升治理主体的行动能力和协商治理效能。

1. 规范程序

从实践来看，完善的协商程序包含问题提出－问题解决－问题反馈三个阶段，其中制度约束贯穿其中。

一是协商前期，问题搜集。问题监测和识别机制可及时发现处于萌芽状态的社区问题，调研社区主要利用社区微信群、楼门长或物业管家入户、社区热线等形式搜集居民意见，初步了解居民诉求。调研社区说，"我们解决问题先调查研究，把所有的问题先归类"（CG320210415），进一步地，从中筛选出具有代表性的问题作为协商议题。

二是协商中期，群策群力。协商中期指"议事会议"或者"协商会议"本身。① 各利益相关方通过协商、对话、说服、教育，在调和张力、形成合力中达成共识，形成利益柔性整合与良性均衡。② 由于社区协商一般涉及区域内的重要事项，不少社区设置了协商程序以保证协商过程和协商结果公平公正、民主科学。

H1 社区规定了社区在确定重大事项时须履行的"十步工作法"决策流程：第一步群众建议，第二步书记提议，第三步支部动议，第四步"两委"合议，第五步集体商议，第六步工委、办事处核议，第七步党员大会审议，第八步居民代表大会决议，第九步公示

① 王天夫、郭心怡、王碧妍：《城市社区协商民主的机制、价值和发展路径》，《东北师大学报》（哲学社会科学版）2021年第1期。
② 束锦：《社会管理创新与协商民主的理论契合及实践探索——南京市鼓楼区议事机制调研》，《社会主义研究》2011年第5期。

实施，第十步验收反馈。社区严格按照"十步法"要求，依法依规办事，确立了科学严谨、切实有效的办事流程。H1 社区工作人员说道："在会上提出的所有问题，大家共商共议，及时解决、及时反馈，这个协商的规则制度我们是一直延续的。"（CH 120210405）

三是协商后期，公开公示。协商会议的开展并非意味着民主的达成，公开决议、信息公示亦是协商民主的重要组成部分，是协商民主的后端组成。协商会议形成决议草案后，一些社区利用小区宣传栏、楼道内宣传橱窗、楼门长入户、业主微信群告知等多种方式广泛公示，征集修改意见，最后通过入户签字与设置流动票箱相结合的方式召开业主大会或者居民代表（扩大）会议，集体进行事项表决，表决通过后才执行该表决事项。

H5 社区在社区居委会明显位置张贴"党员、居民代表、楼门长议事规则"，每个单元门里并列有四个通知栏，其中包括居民楼门公约、每季度物业服务评价表（由楼门长组织楼门议事会打分）。调研时，公示栏就贴了适老化改造摸排、"邻里智"会议第一届委员会委员公示等社区通知。（CH 520210805）

2. 畅通媒介

从协商的平台/手段来看，随着互联网技术的发展，一些区域除了召开传统的线下议事会之外，还利用线上微信群、社区公众号、社区 App 等线上媒介开展协商议事，弥补了线下协商组织化程度低、人员流动性大、公共生活时间分散等局限，进一步提高了社区协商效能。主要表现在以下两个方面。

一是借助媒体公信力共议分歧。当前，部分节目推出协商议事专栏，采用居民提出问题，物业进行回应，媒体评论员、街道代表等参与协商的方式，共同商讨解决社区问题。

H5 社区就是借由北京卫视《向前一步》节目把职能部门、居民、物业服务企业、街道代表等聚在一起，各方提出问题，协商解决，这次问题协商也成为街道"双服务四签到"机制的源起。诚如一位居民所说："这个特别好，哪怕一个问题都没解决，但是大家通过沟通思想上提升了、开化了，有利于下一步解决问题。"（CH520210805）

二是通过线上社交平台开展协商。一方面，手机社交软件，如微信、QQ、公众号以及群投票、群接龙等工具均已成为社区协商议事的重要渠道，尤其是党建引领社区微信群、QQ群的政务效能越发明显。如一些社区将居民争端形成推文通过社区微信群、公众号等平台发布，供居民发表意见。在居民看来，微信公众号可全貌展示居民意见，使协商更加公开、公正。另一方面，社区网站等互联网社交平台亦是社区协商的重要渠道。如回天地区网上"12345"直通车：由E4社会企业和E1社会企业负责回天地区的网上"12345接诉即办"工作，包括舆情整理汇报、信息上报、发布回复等工作。

（三）认知嵌入

社区协商是多元主体从一种"选择性无知"状态到彼此探讨、磋磨、妥协与融合的过程，在参与共解矛盾、难题中交流感情、激发热情、提高能力，权利意识和民主意识也在其间得到培育。[①] 认知嵌入即体现在促进相关主体的认知转变与观念更新，使其将外显的规定、规则等内化为个体的行为准则和价值观念，[②] 逐步提升"由民做主"和"我要治理"的认知。

一是居民群体的正义感得到培养。不同成员之间能够相互理解、相互尊重，妥协和节制个人欲求，尊重他人的需求和利益等。"当社会群体在一定规则下，通过协商谈判公平有效地自行解决利益纠纷时，社会就初步实现了自我管理。"[③]

二是多方主体适应合作制约环境。协商过程将问题相关方置于同一场域，物业、社区"两委"、政府部门等多方主体需要相互协商并与居

---

① 胡贵仁：《基层协商民主中的公共理性培育：实践逻辑与发展理路——以浙江省深化"请你来协商"平台建设为例》，《天津行政学院学报》2021年第1期。
② 王永香、王心渝、陆卫明：《规制、规范与认知：网络协商民主制度化建构的三重维度》，《西安交通大学学报》（社会科学版）2021年第1期。
③ 清华大学社会学系社会发展研究课题组：《利益表达制度化，实现长治久安：维稳新思路》，《理论参考》2011年第3期。

民协商解决问题，由此形成"有形＋无形"的合作制约关系，长此以往，多方主体也将适应各司其职、接受监督的社会环境。

以 L4 社区的民主发育过程为例。2015 年 11 月，L4 社区锅炉房及自来水管线改造扰民，居民对此意见颇深，于是社区将物业服务企业、自来水公司及居民代表组织起来，共同商讨解决办法，这让社区工作人员体会到了协商的作用，故每隔一段时间，便会将党员、居民代表和相关单位人员召集到一起，针对居民反映强烈的问题共同协商解决。经过几年的探索，L4 社区大事小情的协商议事已经颇为普遍，社区书记给我们介绍了很多案例。如 2020 年，针对社区水泥路的健身步道改为塑胶跑道问题，居民意见不一，40 多位社区热心居民主动入户征求居民意见，当晚就有 900 多户居民签字同意，第二天入户 1360 户，其中有 61 户不同意，通过对这 61 户居民进行调研，了解到他们都是担心塑胶跑道不环保。经咨询，当时天通苑有 100 米的跑道正在做实验，于是社区就周末包车组织了这 61 户居民去天通苑进行参观考察，发现跑道的质量很好，没有任何味道，最后健身步道改为塑胶跑道得以实施。（CI420210717）

三　治理嵌入

社区治理主体是协商民主的主要承接者与实践者，协商民主的有效运转高度依赖社区治理结构和过程。治理嵌入指社区治理主体主动适应协商民主的反向嵌入关系，将其作为一种常态性机制纳入日常治理，为协商民主机制的完善提供要素支撑。根据社区治理与协商民主之间的互动逻辑，治理嵌入主要表现为结构嵌入与功能嵌入。

（一）结构嵌入

结构嵌入强调的是社区治理主体在组织结构中与协商民主的耦合关系，其为协商民主提供了要素支撑。近年各地都在探索党建引领多方共建的组织结构，以及嵌入协商民主的规范化、制度化路径。2018 年，北京市昌平区委组织部印发《昌平区社区"五方共建"工作机制》，提出由社区党支部牵头统筹，搭建各类单位和组织共同参与社区建设的平台，健全运行机制，把社区内不相互隶属、掌握不同资源、联系松散的组织联结为紧密的共建体。"五方"是指物业服务企业、党组织、居委会、业委会，以及为社区提供服务的公益机构、志愿者、周边非公企业共同组成的社会组织，它们是与社区治理密切相关的主体。

1. 社区党组织主导协商

党组织主导协商包括党建引领多方协商和日常协商。一方面，党作为基层领导核心，具有权威性，是社区协商的主要牵引。

> Z1 社区成立社区书记会客厅，将需要协商议事的问题搜集起来并形成议题，组织共建单位、专家、在职党员、楼门长、居民代表等相关方参与研讨，形成决议后进行公示，然后由居委会或相关单位根据决议内容组织居民互助志愿参与、分级分类协商，最后实现问题解决或项目落地实施。（CZ120210806）

另一方面，社区邻里之间和家庭内部的个体性、生活性矛盾纠纷，这些"小事"就发生在社区工作人员每天处理的琐碎工作中。

> N1 社区书记在《民情日记》里记录了社区里每年每月发生的大小事，以及所有业主的情况，包括姓名、籍贯、民族、是否为党员、家庭成员、家族历史问题、有无劣迹记录等。笔者翻看里面的记录，在 2021 年 N1 社区宿舍楼小区改造时，某天二层的居民不同意施工，拖慢了一层、三层的施工进度，于是找到社区"两委"进行协调。得知二层的老人是因为觉得施工方说话太难听，生施工方的气才不同意施工。书记就两边说和，让双方都退一步。在书记的积极协调下，居民情绪得到安抚，问题得以妥善解决，也使小区改造得以有序推进。这样的记录还有很多……（CN120210803）

2. 社区业委会/物管会主导协商

业委会作为代表业主监督物业服务的业主组织，是协调业主和物业纠纷的重要主体。2020 年 10 月，北京市委、市政府发布的《关于进一步深化"接诉即办"改革工作的意见》提出，完善基层矛盾纠纷化解机制，发挥好小区业主委员会和物业管理委员会在社区治理中的作用。

> H6 社区业主们对小区绿化一直不满意，觉得物业的规划不合理，部分区域缺少绿化植物。业委会在得知业主的诉求后，经过商讨，决定牵头成立业主志愿者小组，在小区中实地寻找部分缺少绿化的区域。区域选定后，业委会就应该种什么植物向业主征求意见，有的业主希望新的绿化区域种花，有的业主则希望种树，业主意见较多无法达成一致。为了使业主们达成一致意见，业委会成员自发地学习绿化知识，找到了既美观又经济实用的绿化植物并提出最后的优化方案，这个最终方案得到了小区业主们的同意。后经过业委会与物业进行协商，由物业按照设计方案对小区绿化进行了优化提升。（CH620210417）

> 又如在社区公共场地使用方面，H6 社区内的网球场大部分时间处于闲置状态，且业主无法利用。针对这一问题，业委会通过与物业沟通，了解目前网球场对外承租情况（对外出租合同）、收费以及维护费用问题，并针对网球场的未来功能定位在小区展开调研。最后，根据业主意见，在业委会的推动下，物业和网球承租方解除租赁关系，西区网球场作为公共活动场所对所有业主开放。同时，业委会还制定了网球场使用公告，联系物业安装 4 个照明灯、6 个长椅，使其成为集篮球、羽毛球、游乐场于一体的对全体业主开放的场所。（CH620210417）

3. 引入社会组织赋能协商

社会组织作为非政府组织，具有公益性、独立性、专业性等优势，有助于促进社区居民平等参与协商、讨论和对话。①

> 如在访谈时，社区书记即说道："社工机构的性质更加中立，更

---

① 尤琳、罗志强：《中国城乡社区协商治理：分析框架、运行机理与实践成效——以南昌市西湖区"幸福微实事"为例》，《江汉论坛》2022 年第 3 期。

容易被群众接受，也容易被政府接受，它在中间起到了一个很好的协调化解的作用。"（S720211026）社会组织负责人也表示："街道主持多方议事的时候，我们社会组织作为一方进行参与，在其中发挥着重要的协调化解作用。"（S620211026）

一些社会组织通过为社区培育专门的矛盾调解队伍来提升社区内部的协商民主能力和纠纷化解能力，增强社区自治属性。

S6 组织将社区中部分文体娱乐队进一步转化为化纠服务队来解决社区矛盾纠纷（S620211026）；S2 组织在 G2 社区成立了"幸福邻里社区调解先锋队"，并邀请专业老师对队伍进行培训，帮助成员们掌握化解矛盾纠纷的方法，提升队员们开展调解服务的专业能力。（S220210808）

（二）功能嵌入

功能嵌入是在结构嵌入基础上，充分发挥各治理主体的优势功能，连接、整合体制内外的各类治理要素，将多样化资源有效嵌入基层协商治理，实现资源利用的最大化。

1. 充分利用党建协调委员会平台

党建协调委员会提高了社区协商能力和协商层级，通过建立协商议事规则和常态化的会议制度，规范整合多方资源，共商共议社区面临的难题。

N1 社区下辖肿瘤医院宿舍小区由北郊肿瘤医院（现为东小口社区卫生服务中心）作为产权单位联合东小口镇政府开发，房屋建成后分给了医院职工，亦有部分东城区林业局、教育局等单位职工及部分平安大街拆迁户入住。起初，肿瘤医院宿舍小区物业管理全部由医院负责，后来医院只负责医院职工的 97 户，其余由北京建成物业管理有限责任公司负责。后医院改制，不再继续负担小区管理，建成物业也不再对小区进行管理，造成小区在 2013～2017 年处于物业脱管状态。2018 年以后街道办事处多次召开党建工作协调委员会联席会议，帮助解决小区物业选聘、物业办公用房等难题。经过协调，2019 年 3 月，北京庆和阳光物业管理有限责任公司正式进驻社区并开展相关物业服务。为保障新物业正常运转，街道与产权方东小口社区卫生服务中心作为双甲方，建立"2－1－2 物业管理长效机制"（即前两年由甲方给予全额补贴，第三年开始甲方补齐物业费差额，最后两年由物业自行收取），有效缓解了物业在老旧小区收费率低的经营压力，同时给予居民缴纳物业费的适应缓冲期。（CN120210803）

2. 接诉即办吹哨报到响应协商

协商民主治理既是横向协同的过程，也是纵向联动的过程。为推动居民诉求即时响应、有效处理，党和政府通过"吹哨报到"实现居民诉求的向上传导和上层资源的精准下沉，完善服务群众的响应机制。

> N2 社区按照"征集需求－讨论协商－确定项目"程序，对社区问题逐一分类排列，对于社区管理层面处理不了的，以清单形式，上报天通苑南街道相关部室（中心），通过"街乡吹哨，部门报到"、街道包社区工作队等方式加以解决。如在社区改造翻修过程中，出现水管漏水问题，导致居民家中被淹，居民打"12345"热线电话反映，但是该问题从社区层面无法得到解决。于是通过党建引领自下而上向街道反映，在街道党委牵头下，通过与施工单位、业主之间反复的沟通、座谈，在听取业主与施工方各自的想法之后，双方达成共识，问题最终得到了有效解决。（CN220210805）

3. 在职党员回社区报到充当协商桥梁

2018 年，北京市先后下发文件提出，积极引导机关企事业单位党组织、在职党员回社区（村）报到并开展服务活动，旨在通过把在职党员活动延伸至八小时以外，缓解基层社区治理人才资源不足的难题。社区在职党员作为党的骨干、社区党组织的外援、社区居民的邻里，可以充当居民、物业、社区"两委"的沟通桥梁。L1 社区的在职党员团队就充分发挥这一作用。

根据在职党员 DQ 介绍，居民有事都会反映在群里或给他们打电话寻求帮助，"我家跟物业住一栋楼，有事情给我打电话，我下去就能找到物业"。小区底商、快递外卖也与他们建立了联系，底商烤串污染、噪声等问题遭到居民投诉，DQ 团队帮助底商一起同居民协商解决。2020 年重阳节，社区小公园路灯不亮，在公园锻炼的叔叔阿姨找到 DQ，问能不能解决一下，DQ 联系物业和居委会，但是因为线路老化，无法安装新的路灯，DQ 就先垫钱买了太阳能路灯，让物业师傅给安装上，2021 年社区利用党群服务经费重新安装了 37 个路灯。由于社区单元门损坏过多，很多居民找 DQ 修单元门，后来他们就把居民报的坏的单元门统计出来打印成表，发给物业找师傅统一维修。他们也把这个情况反映给社区"两委"，经过开会讨论，决定2021 年申请经费统一更换单元门。（CL120210801）

4. 楼门院治理推动协商下沉

楼门院治理指在党建引领以及社区"两委"指导支持下，楼门通过自我管理、自我教育、自我服务、自我监督，提升楼门居住环境，促进邻里关系和谐的一种社区精细化治理方式。其重要特色就在于以自治形式高效便捷地满足居民诉求。现实生活中的居民诉求多种多样，很多是关于个人生活、邻里关系、楼门设施等方面，楼门内的诉求通过楼门居民参与协商解决，是一种便捷高效并且容易让居民满意的方式。

B2 社区 1 号楼 1 单元"立体四合院"里成立了楼长、层长、楼门综合管理部，建立楼门微信群，以自治和智治的方式高效便捷传达社区通知、解决居民诉求、开展邻里活动，邻里之间亦通过协商方式解决了诸多问题。2020 年下半年，1 单元门口由于地势台阶高、门口空间狭窄及 106 室遮光问题，无障碍坡道一直未落实修缮。楼门综合管理部的党员和居民骨干多次在楼门长家里开会，并将这一困难和居民意见反映给社区。最后社区党支部借助街道力量引进社会工作室，为 1 单元提供专业设计师来设计方案，既解决老人及残疾人上台阶问题，又未遮挡一层住户采光。（CB220210813）

第二节　党建引领社区协商民主治理

——以 G3 社区为例

社区协商民主适应了社会治理重心下移和利益诉求多样化的时代需求，[①] 通过主体间的充分对话和沟通使个体价值和集体价值实现最大限度地匹配，[②] 不仅是化解居民纠纷、调和社区矛盾的手段，也是激发居民自治、培育公民精神、增进邻里情感的平台和载体。在上一节对社区协商民主治理进行模型建构和分析的基础上，本节尝试以北京市 G3 社区典型经验为例，进一步剖析社区协商民主治理的发展历程和可行方案。

一　社区基本情况

G3 社区建成于 1994 年，是北京市较早开发涉外高级别墅的社区，占地面积为 66.6 万平方米，2021 年居住人口 3800 余人。社区内的居民构成较为复杂，层次差别较大，既有文艺界名人及各类高素质人才、高收入群体，也有中低收入的居民。社区于 2003 年成立社区居委会，2007 年成立社区党支部，社区居委会和党支部工作人员共 8 人。社区物业为开发商前期物业，社区物业费较低、物业服务质量相对不高，社区居民与物业的矛盾较大。从 2016 年开始，G3 社区"两委"尝试引入协商民主机制，探索通过居民参与协商议事的方式化解和解决矛盾、推动社区治理优化。进一步地，随着社区治理体系的逐步完善，社区协商民主机制也日益理顺，协商民主与社区治理互嵌互构推动社区治理效能提升的效果越发显现。

二　社区协商民主治理的发展历程

社区协商民主机制是其内部要素之间的相互关系、相互作用的方式，关键要素包括协商机构、协商主体、协商议题、协商平台、协商效力五个方面。据此分析 G3 社区协商民主机制建立的各要素及其相互关系的演

[①] 姚茂华、舒晓虎：《技术理性与治理逻辑：社区治理技术运用反思及其跨越》，《吉首大学学报》（社会科学版）2019 年第 6 期。

[②] 郁建兴：《社会治理共同体及其建设路径》，《公共管理评论》2019 年第 3 期。

化特征，可以划分为萌发、建立和拓展三个阶段，如表7-2所示。

表7-2　G3社区协商民主治理的发展阶段

发展阶段	协商机构	协商主体	协商议题	协商平台	协商效力
萌发阶段	前期缺失，后由住建委、规自委与社区居委会主导	居民有强烈的协商诉求，但缺少表达渠道	公共用地归属权	不固定	引入协商机制后矛盾缓和；短期性
建立阶段	社区"两委"	居民代表、开发商、物业、社会组织	供暖供热水事宜、河道环境整治问题、小区班车运营问题	线下协商议事会	协商结果有成有败，多方治理主体的参与保障了协商成果的落实；长效性
拓展阶段	社区"两委"	全体业主、物业、社区"两委"、其他相关单位	快递进小区协商会、近邻小区隔门的开放等问题	增加微信群与社区公众号（线上协商议事）	广泛的居民业主参与其中，问题得到及时的反馈与解决

（一）萌发阶段（2014~2015年）

关于公共用地归属权的纷争是G3社区引入协商民主机制的契机。此次冲突本质上是居民与开发商之间的利益冲突。

> G3社区党支部书记回忆道："2015年的时候，那年正好我们居委会选举，居民打着白色的条幅，写着黑色的字在院子里游行，然后到区里面、市里面反映。这件事情当时是很轰动的，其实焦点就是这个地是谁的，老百姓认为是老百姓的。"（CG320200809）

居民的抗议举动引起了北京市住建委和规自委的重视，在上级政府的行政驱动下，街道和社区决定共同召开协商议事会，以社区居民与开发商为主体展开协商。协商结果是土地的产权归开发商所有，但在使用时需要政府、开发商和居民共同协商决定。

在这一阶段，由于社区内尚未建立起沟通对话的协商机制与平台，居民与开发商在公共用地归属权问题上存在的利益分歧，构成了潜在的"协商主体"与"协商议题"，但居民缺少诉求表达渠道，问题得不到回应与解决，遂诉诸了较为激烈的方式——上诉到政府施压。上级政府与社区居委会引入协商议事会，在一定程度上缓解了矛盾。只是此时，协商议事会作为 G3 社区面临治理危机时引入的新型治理工具，具有实验性与临时性，尚未嵌入社区治理机制，是一种初期的"试水"，"协商效力"有限。

由此可以发现，在具备潜在的协商主体与协商议题，而协商机构与协商平台缺失的条件下，面对利益受损的情形，居民往往被迫采取一些较为激烈的手段来捍卫自身的权益，带来较大的社会治理压力和成本。而协商议事会的引入，为协商主体的利益表达和协商议题的解决提供了平台，矛盾冲突在对话中得到缓和。G3 社区从公共用地归属权的纷争中吸取经验教训，社区协商民主就此在 G3 社区萌发。

（二）建立阶段（2016～2018 年）

从 2016 年开始，G3 社区在召开协商议事会初见成效的基础之上，开始进一步探索建立社区协商民主机制。社区"两委"承担起"协商机构"的角色，为协商议事会的顺利开展搭建平台、导入规则，初步建立起较为完善的协商程序与制度，引入多元的"协商主体"与"协商议题"，围绕供暖供热水事宜、河道环境整治问题及小区班车运营等邀请居民代表参与，开展协商议事。

> 谈及当时的协商效力，G3 社区党支部书记表示："我们社区并不是所有的协商议事都能获得满意的结果，实际协商结果的判断标准也不是唯一的，至少要营造这种氛围，为大家提供一个有事可以商量的平台。"（CG320210415）

可以发现，随着 G3 社区协商民主实践的深入推进，作为协商机构的社区"两委""变堵为疏"，开始注重协商民主机制建设，形成了协商的作用不仅限于解决问题、消除差异和分歧，也为相关主体提供对话与沟通的平台的新的认知。

（三）拓展阶段（2019 年至今）

虽然 G3 社区协商民主机制已经逐步建立，但受时间、场地等的限制，线下协商参与主体有限、次数有限，协调成本高，协商结果较难让全体居民知晓。与此同时，从 2019 年开始，一方面，北京市委、市政府建立了全市统一的"12345"诉求受理平台，党委、政府督导社区办件的压力倒逼 G3 社区探索"主动治理－未诉先办"；另一方面，G3 社区也在北京市昌平区和回龙观街道的推动下，建立完善了社区网格化治理、党建协调委员会、吹哨报到等收集民情民意并予以解决的社区治理机制。

　　故在 2019 年，社区"两委"决定向前一步，由社区党组织牵头，根据片区设置分别建立居民微信群，将协商议事平台从线下拓展到线上，吸纳更广泛的居民及相关主体参与到协商议事中来，社区"两委"与居民共同监督相关主体解决问题并给予反馈，由此基本形成了"平等对话，居民共治"的社区协商民主治理格局。①

　　　　社区党支部 L 书记回忆起初建居民微信群的想法，她说："其实很多问题可以不听、不看、不知晓，但我们依然选择直面这些问题，开始真的挺难的，压力很大，物业不愿意进来，我们就召集过来开会告诉他们微信群的好处，然后把相关单位一个个拉进来，后来慢慢也就理顺了，微信群提高工作效率和促进社区关系和谐的作用凸显出来。""我们建微信群的目的就是告诉大家，社区的问题我们不回避，能解决的第一时间就会解决，解决不了的说出来我们可以协商着看怎么办好。"（CG320210415）

三　社区协商民主治理机制分析

　　根据前文分析，G3 社区的协商民主实践呈现出从"萌发"到"建立"再到"拓展"的演化路径，内在逻辑是基层协商民主构成要素与社区治理体系互嵌互构地建立完善。那么，依托于社区治理体系，社区如何建立起运转有效的基层协商民主机制？本节尝试依照"党建引领、多方共建、居民共治"的治理逻辑进行具体分析。

（一）党建引领：规范协商程序和平台

　　在 G3 社区协商民主的发展过程中，社区党组织逐步明确自身角色为

---

① 王芳、陈进华：《城市社区协商：从基层民主到社区共治的内在逻辑及实践路径》，《江海学刊》2019 年第 5 期。

"协商机构"，以党建引领为协商民主实践的发展提供了必要的政治资源和强有力的组织支撑，灵活回应了社区治理需求，党建引领作为一条红线，也贯穿了社区协商民主治理的各个发展阶段。

1. 协商程序规范化、制度化

规范化、制度化的协商民主程序是社区协商民主的仪式性保证。在 G3 社区协商民主机制萌发阶段，社区"两委"就主动承担起"建设者"的角色，引入"协商议事会"，根据社区人口结构、地理区位划分为 8 个选区，以各选区居民自主报名或选举的方式选出 5～6 名议事代表，同时根据议题涉及范围灵活调整议事代表。后逐步明确为：线下协商议事会不定期召开，社区"两委"定期汇总居民反馈的问题，根据民情民意确定协商议题，与议事代表协调时间后在社区居委会召开协商议事会；制定议事规则，对代表发言、辩论、投票等各环节都作出明确规定。

2. 有限介入协商议事过程

G3 社区"两委"作为协商议事会的组织方，需要承担维持会议秩序、推进会议进程、维护协商规则的任务，必然会参与到协商议事会当中。但 G3 社区"两委"将自身定位为"协调者"和"监督者"的"主导者"，而非"命令者"，目的是把决策权交给协商主体。如在社区供暖供热水问题上，居民从自身利益的角度出发，向物业提出"缩短供暖时间，稳定供给热水"的要求，而物业则为了降低成本拒绝向居民妥协。针对居民与物业双方的这一纠纷，社区在前期摸牌情况、分别与居民和物业进行沟通之后，召开协商议事会。

社区党支部书记讲述了协商议事过程："我们在此之前分别与居民代表和物业代表沟通过，这已经缓和了他们之间的敌对情绪。在议事会上，我是主持人，我说明议事要求之后，给了社区居民与物业双方充分的表达空间。居民代表提出对于目前物业供暖供热水方案的异议：在天气渐暖时大多住户的室内温度很高，完全不需要额外一个月的供暖。现行方案下要承担比国家规定多一个月的暖气费；在供热水方面，当时购房时很多业主就看中社区一年四季都有热水供应，但现在不仅热水时有时无，还经常爆管和停水。物业代表则表示供暖时间是履行了合同上的要求，并且大多数居民安装了热水器，不需要物业统一提供热水。基于此，居民代表提出将原有 5 个月的供暖时间缩短为 4 个月，并为大多数没有安装家用热水器的居民楼提供热水。物业作了一定的妥协，同意缩短供暖时间，由社区统计没有安装热水器、需要统一供热水的住户楼栋，为需求较为集中的楼栋供应热水。"（CG320210415）

3. 建设线上协商平台

社区党组织牵头建立社区微信群这一线上协商平台，是 G3 社区推动协商民主治理向前迈出的重要一步。G3 社区居民微信群的设置主要考虑到不同片区房屋类型和人员构成层次差别较大，按片区建立了 10 个居民微信群，微信群采取实名制，社区"两委"共 9 人均在各个群中，同时每人负责 1 个群的管理，相关单位/部门包括社区物业客服、保洁、绿化队、包片民警、供暖公司、社区卫生服务站以及其他临时相关的人员也在群中。自 2019 年居民微信群建立至今，相关主体在疫情防控期间快递员是否进小区、积水疏通、自备井改造、消杀蟑螂、供电停电、燃煤供暖等问题上进行了积极有效的协商议事。

　　G3 社区居民说："我认为线上平台极大地提高了协商效力，因为有时候不经过讨论，你会认为自己的观点绝对正确，但在观点冲突并且听到别人的意见之后，你就会反思自己的观点对不对了，所以它既能让我们反思自己是不是一定正确，经过协商得到的结果也会让人信服。"（CG320200809）

（二）多方共建：推动关键难题解决

解决关键难题是化解社区协商困境、保障社区协商效力、推动社区协商民主治理良性循环的重点。① G3 社区即通过党建引领多方共建的形式，推动政府、市场、社会各方共同解决社区难点、热点问题。

---

① 韩福国、蔡樱华：《"组织化嵌入"超越"结构化割裂"——现代城市基层开放式治理的结构性要素》，《西安交通大学学报》（社会科学版）2018 年第 5 期。

1. "吹哨报到" 化解协商困境

党建引领 "街乡吹哨、部门报到" 从 2018 年开始在北京市推广，是街道社区联动政府资源、帮助解决基层问题的重要手段。① 其作用的发挥以新冠肺炎疫情期间 L 酒店被征用为新冠肺炎疫情集中隔离酒店引发社区安全质疑为例。2021 年初，G3 社区内的 L 酒店被邻区拟征用为新冠肺炎疫情集中隔离酒店，但社区居民进入小区几乎都要经过该酒店，由此被传染风险极大提高，很多居民连续拨打 "12345" 市民热线或到社区居委会投诉，一些居民自发组织起来到酒店门前拉横幅抗议。基于这一突发矛盾，G3 社区紧急召开了协商议事会，收集汇总居民意见，随即 G3 社区将居民意见上报街道，其所在回龙观街道、昌平区人民政府连夜召集相关负责人、社区工作人员、居民代表召开了 "12345" 调度会，在多方压力和商讨下，邻区决定更换隔离酒店，最终该问题得以迅速解决。

2. "五方共建" 保障协商效力

根据 2018 年昌平区委组织部印发的《昌平区社区 "五方共建" 工作机制》，G3 社区亦常态化地联合开发商、物业服务企业、共建单位、高校、专业社会组织、基层组织等资源共建共解社区难题。G3 社区打造的 "河道花海" 即是典型案例之一。

> 根据社区护花队队长地讲述：这条河道在小区的中轴线上，本来功用是排水渠，在售房期间还因为其清澈的河水吸引了许多人。但随着时间的推移，由于人和工厂的数量逐渐增加，原本清澈的河水不仅变得污浊不堪，还散发着浓烈的臭味。从 2016 年开始居民们屡次表达不满，向社区反映意见。社区 "两委" 向政府反馈后，河道管理局派人对河道进行了改造，在其上方修了一个盖状的围挡。但是建立围挡的不足也很快显现：河道周围杂草丛生、蚊虫较多，还有人在旁边种菜，环境很不美观。于是，社区 "两委" 决定发布通知广泛征求居民意见建议。当时有个小姑娘卧室窗户正对着这个河道，她向父亲提议在自己窗前能看到的这片区域内种上鲜花，父亲

① 孙柏瑛、邓顺平：《以执政党为核心的基层社会治理机制研究》，《教学与研究》2015年第 1 期。

为满足女儿的心愿，自己出资在河道上种植了鲜花。（CG320210415）

在这个过程中，社区召集了物业、居民代表以及共建单位共同参与，如由开发商、物业等筹集建设资金、在"花海"种植和设计方面寻求农学院专家的帮助、聘请专业的绿化团队进行自然环境的评估与种植规划等。2017 年底工程完工后，大家商议把这个河道取名"河道花海——少女的梦"。2018 年，社区孵化成立了社区社会组织——龙城花海志愿者协会，每年都会提一些改进河道环境的意见并征得社区同意去落实，包括修建园林景观、建立牡丹园、改种玫瑰和牡丹等。

3. "居民互助"形成有效监督

这主要体现在两个方面。一是社区业委会。尤其是社区业委会在党建引领之下，G3 社区的业委会主任由社区党组织书记兼任。二是社区微信群平台。这在前文亦进行过分析。G3 社区的每个居民微信群都是一个小的虚拟社群/组织，为居民－居民、居民－相关单位、居民－社区政务的有效监督提供了增量要素。

（三）居民共治：扩大协商民主深度和广度

居民共治是社区治理的理想形式，也是社区协商民主的根本体现。广泛有序的居民参与是社区协商民主治理有效运行的基础，越来越多的居民参与也会培养居民主动参与公共事务的意识与能力。G3 社区即在居民参与社区共治过程中不断培养能力和激发动力，让参与协商议事成为社区居民的主动行动。

1. 高素质居民群体主动参与

在基层协商民主实践中，居民的表达能力、对话能力、信息分析能力和网络协商参与能力尤为重要。[1] G3 社区居民整体素质较高，居民自身有较强权利意识与法治精神，关心公共议题，对于涉及自身利益的问题积极寻求解决渠道，并没有陷入"集体沉默"的困境，这为 G3 社区协商民主的开展提供了良好基础。

---

[1] 秦国民、秦舒展：《论激发基层协商民主有效运行的"三维"动力》，《中州学刊》2020 年第 9 期。

2021年6月，社区微信公众号上推送的"隔壁小区北门是开？是关？社区大讨论"① 的推文就收到了居民的几十条留言，回复都是有理有据、情理兼容。如"我觉得这问题根本没什么可讨论的，恢复之前正常状态就好了。打开本来就是互惠互利的，对大家都有好处，何必借着疫情防控搞自我封闭呢"；"大门关了不太重要，心门关了就可怕了"；"早上送孩子上学，本来时间就紧张，还要绕一大圈。只要管好两个小区大门，不让非小区车辆进入，就可以了，没有什么不利影响"；"我同意禁止北门车辆通行！人员可以照常通过……以前通行车辆给隔壁小区道路造成严重损坏，何况还有安全、噪声及污染等问题。"后经社区"两委"统计留言情况，由于同意隔门开放的意见居多，最终开放了隔门。不同意开放的居民一方面服从了多数决定，另一方面也知晓了同意的原因，这样沟通下来，两个小区本来紧张的气氛反而放松了下来。（CG320200809）

2. 社区社会组织建设提升居民自觉

社区社会组织是居民参与社区治理的重要载体。2021年，G3社区共有合唱队、舞蹈队、模特队、太极拳队、龙城花海志愿者协会等13个社区社会组织。这些组织的发展特点可以总结为四个方面。一是挖掘社区人才。如社区德语班、舞蹈队、书法队的任课老师都是社区居民，他们也是社区志愿者、班长和领队。二是分类培育。根据居民的能力、兴趣组建不同类型、不同层级的组织、队伍，如歌舞队、模特队都分业余队、专业队两类，居民自主选择，由此保证组织人员的同质性和可持续性。三是自主决策。在基层组织基本成熟之后，社区"两委"同样会"有限介入"，鼓励他们自主决策组织内的规则制度、时间安排等，活动开展也由成员们自行协商。前文提到的龙城花海志愿者协会，亦是如此，只有在涉及花园改建、筹集经费等关键议题时会跟社区"两委"、居民代表

---

① 隔壁小区与G3社区相邻，两个小区之间有一个隔门，之前是开放的，方便G3社区居民行车、买菜等日常活动。但是后来因为疫情防控等原因限行，只允许行人通过，车辆不能通行，给G3社区居民造成很大不便。2020年6月1日起，社区计划恢复隔门的正常通行，争议随之而来。隔壁小区居民认为来往人员和车辆太多破坏小区路面并且太过嘈杂，不同意开放。G3社区居民则认为隔门关闭造成了生活的不便，要求开放。

等协商决策。四是各得其所、有归属感。社区社会组织的培育促进了居民间的互动和交流，增强了居民对社区的归属感，让居民提高"主人翁"意识，自觉关心社区事务。G3 社区合唱团的一位成员搬出了社区，每周二下午还是会坐两个小时的公共汽车来参加合唱队的活动。她说："我这岁数大了，小八十了，还能有个地方、有一个组织，在这儿都能跟大家一起聊聊，这对我来说就很温暖了。"（CG320210415）

小　结

党建引领、多方共建、居民共治的社区治理体系与多层、多元、规范的协商民主机制互嵌互构，通过政策嵌入、技术嵌入、认知嵌入，协商民主实践提升社区治理绩效，通过结构嵌入、功能嵌入，社区治理格局塑造协商民主形态，二者相互磨合、相互形塑，通过公平有序的协商对话与多元主体广泛的利益表达，解决矛盾冲突，达成治理共识，化解社区治理难题。一方面，社区治理是培育基层协商民主实践的原生土壤，社区治理的基础条件影响基层协商民主的发育形态，建构了协商民主在推进基层治理中的绩效合法性逻辑；另一方面，协商民主的发展完善不是社区治理的单向作用过程，其中还蕴含了协商民主反作用于社区治理体系建设的双向互动逻辑。在社区治理赋予协商民主在基层的具体实现形式的同时，协商民主也成为提升社区治理效能的重要工具，有效推动了社区公共空间拓展和治理转型发展。① G3 社区就通过党建引领统合社区协商民主、多方共建赋能社区协商民主、居民共治做实社区协商民主等方式，提供了社区协商民主治理的典型案例参考。

面向未来来看，继续完善社区协商民主治理，要做到以下三点。一是应提升基层党组织的领导能力。推动基层党组织领导的一元化与社会治理结构的多元化之间的有机互动，灵活回应社区的协商治理需求，将协商民主从非正式的工具性运用确定为社区治理体系中的制度性安排。二是应通过多方共建真正解决社区问题。打破社会管理的传统思维，发

---

① 毛光霞：《使基层协商民主更好的运转起来——观念更新、利益兼容与治理绩效累积的三位一体》，《社会主义研究》2021 年第 1 期。

挥多元治理主体的比较优势，避免协商的成果沦为"一纸空谈"，保障协商效力。三是应赋予居民实质性的参与权利。注重培育社区社会组织的协商能力，充分挖掘自治空间，并以此为依托将参与共治转化为居民的日常行为逻辑，营造良好的协商环境，培育"参与、公平、理性"的社区协商民主文化，让协商民主真正在社区做实、扎牢、生根。

第八章　走向居民共治：社区互助合作治理

党的二十大报告指出，实现全体人民共同富裕是中国式现代化的本质要求之一。① 党的十九届五中全会发布的《关于〈中共中央关于制定国民经济和社会发展第十四个五年规划和二〇三五年远景目标的建议〉的说明》中亦明确指出，"我们推动经济社会发展，归根结底是要实现全体人民共同富裕"。② 笔者认为，要实现全体人民共同富裕，党领导的社区互助合作治理是其中的重要路径，这也是探索向共产主义的国家合作社发展的长期历史过程。首先，从个体需求角度出发，互助合作是自由自主的个体的本能需要，也是由"人"所组成的"社会"的本质特征。如何更好地实现人与人之间的互助合作，是中国社会建设的内在要求和本质属性。其次，从组织建设角度出发，满足人的互助合作需要，就需要进行从人的互助合作到互助合作组织建设的逻辑转换，建设各类正式互助合作组织，也即只有人在组织中，人才能在社会中。同时，只有通过互助合作组织建设才能让居民在共同体中收获个人成长、实现利益共享、做到风险共担。再次，从社会建设角度出发，与资本主义国家自发产生维系的互助合作（市民社会）不同，中国作为社会主义国家，互助合作是中国共产党领导下的有秩序的互助合作（互助社会），以保证社会主义人口大国的政治稳定和社会自由。故而，本书提出，互助合作是居民组织化的根本形式，代表了将党的领导推进到居民因共同生活、共同利益需求产生的互助与合作之中，③ 居民组织向建立利益共享机制－社会经济方向发展，基层社会治理也将因居民共富而真正走向居民共治。本章就依托北京市回天地区的创新实践，尝试对社区互助合作治理进行理论模型建构，并以 H1 社区这一村改居社区为例，分析党建引

---

① 习近平：《高举中国特色社会主义伟大旗帜 为全面建设社会主义现代化国家而团结奋斗——在中国共产党第二十次全国代表大会上的报告》，人民出版社，2022，第 23～24 页。
② 《习近平谈治国理政》（第 4 卷），外文出版社，2022，第 116 页。
③ 方亚琴、夏建中：《社区治理中的社会资本培育》，《中国社会科学》2019 年第 7 期。

领互助合作制社区治理模式。

第一节　社区互助合作治理模式分析

　　社区是人们共同生产、生活，孕育互助互信、团结合作以及认同感、归属感的情感利益共同体的现实承载。与前述网格化治理、协商民主治理相同，互助合作治理同样依靠多元组织协同治理，三者相互联系、相互促进。不同之处在于，网格化治理着重推动精细化治理，协商民主治理着重推动基层民主政治的发展，互助合作治理着重建设社会经济体和福利经济体，其组织形式和内容亦主要围绕此展开。

一　理论模型构建

　　社区互助合作治理是社区治理和互助合作的交叉范畴。从社区治理角度而言，社区是居民生活的主场域，社区治理的本质就是更好地满足居民的各类需求的过程。而包括衣食住行等便民服务，养老、托幼、卫生等福利服务，文化、环境、治安等管理服务在内的社区服务是居民需求的重要组成部分，同时居民需要的是低成本、可信任的社区服务。在此基础上，居民也有社区参与的需求，这是居民现实生活所不能缺少的生活空间，也是社会治理共同体建设的基础性工程。[①] 互助合作就产生于社区治理服务和居民参与需求之中。

　　从服务供给角度来看，互助合作与市场是一对组织形式，对应互助组织（统称）与企业。[②] 互助合作利用的主要是互助服务保障和志愿服务，组织形式是互助小组、志愿队伍、互助志愿队伍、互助组织（合作社），其市场拓展的目的在于推动组织可持续发展和提高组织成员福利，是非营利性的。互助服务价格低于市场价格，不符合追求利润最大化的个人/市场趋利本能，故对如需求、信任、便利、情感等社会环境具有更高要求，或者需要通过政府推动、企业经营、专业社会组织赋能、政治

---

①　赵宇峰：《社会互助：社会治理共同体建设的新驱动》，《南京社会科学》2021 年第 12 期。

②　刘妮娜、杜鹏：《中国互助型社会养老的定位及发展方向》，《浙江工商大学学报》2022 年第 3 期；刘妮娜：《互助与志愿的交互合流：以互助型社会养老发展为例分析》，《中国志愿服务研究》2021 年第 3 期。

型互助组织管理等方式将其正式化、规范化。① 企业利用的是市场服务，是营利性的，它虽然有专业规范服务的优势，但其劣势在于价格高，且在缺乏监督的情况下，企业往往会为了实现企业利益的最大化而牺牲社会利益和消费者利益。

综合社区治理需求和互助合作特点，通过对访谈资料的开放式编码、主轴编码和选择性编码，基于参考节点、副范畴、主范畴以及主副范畴之间的关系内涵（见表8-1），本书建构社区互助合作治理的理论模型（见图8-1）：在党委领导、政府负责之下，通过村居"两委"支持、专业社会组织管理赋能、企业经营等方式，推动社区互助类组织自我成长和体系化发展，发动邻里、互助志愿者等社区互助资源，联动个体商户、中小企业等社区服务主体，提供互助志愿服务（保障）、探索互助合作经济的社区治理模式。

表8-1 社区互助合作治理访谈资料编码结果

主范畴	副范畴	初始概念
互助志愿服务	文化娱乐活动	兴趣爱好、强身健体、休闲娱乐、趣缘、文化娱乐类社团、唱歌、舞蹈、书法、绘画、跑步、篮球、足球、乒乓球、节日庆祝
	社区志愿服务	互助养老、社区巡逻、桶前值守、卡口执勤、环境卫生、理发、维修、规范志愿服务、培育专业志愿队伍、志愿激励
	邻里守望	邻里互助、非正式互帮互助、共同捐款捐资、美化清扫楼门
组织协同共进	自我成长	互助小组、志愿队伍、互助志愿队伍、互助组织、合作社、规范建设、拓展市场、争取项目、松散、非营利
	体系化发展	村居"两委"支持、专业社会组织赋能、群团组织管理、企业经营、协同发展
互助合作经济	社区集体经济合作社	集体资产、多途营收、股民分红、社员权益、福利保障
	社区经济综合体	线上区域性社区经济综合体、线上小型社区经济综合体、线下区域性社区经济综合体、线下小型社区经济综合体、商户联合、资源挖掘、货币体系、价值交换、积分兑换、共益平台、互惠共赢、社会信任、社群培育
	社会企业	义利并举、创新经营、混合属性、多方共益、共生依赖、市场运作、公益服务

① 亲朋邻里之间的非正式互助广泛存在于我们的社会生活，但要切实推动某项社区服务需求的满足，仅是自发的非正式互助难以实现，需要正式化的组织和服务。

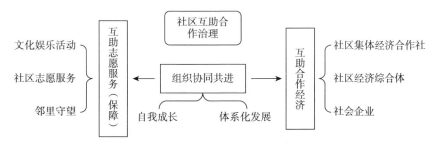

图 8-1 社区互助合作治理的理论模型

二 互助志愿服务

事实上，互助并非国际和国内的现代社会建设主流话语，一般会用公益、慈善、志愿、合作等代替。从互助和志愿的比较来看，志愿作为现代社会服务的国际话语，是指任何人在不为获取物质报酬的情况下，为推动社会福利事业以及社会进步，自愿贡献个人的时间和精力提供的服务，[①] 代表了自愿、服务、参与以及公民公共领域的拓展，已经被国内外政府、学界、社会所接受。根据 2013 年共青团中央修订并发布的《中国注册志愿者管理办法》，志愿精神包括"奉献、友爱、互助、进步"，互助是志愿精神的一种。但是，志愿服务在中国的发展一直面临志愿精神缺乏、志愿者结构单一、组织性不强、缺乏协同联动等问题。[②] 基于此，近年来，不少学者也提出应当重视基层互助性志愿服务的观点，如陆士桢提出，中国特色的志愿服务应当更重视遍布城乡社区的、基层的、广泛参与的、群众性的互助。[③]

笔者认为，互助是中国特色现代社会建设的基础话语，代表了基于集体主义、以有效治理为目的的基层自治组织体系建设，志愿则是中国特色现代社会建设的高层次表达，代表利他、奉献、不求回报的更高层次的引领与示范，其精神、服务以及专业价值对于现代互助的发展也极

---

① 王妮丽、崔紫君：《非营利组织中的志愿者及其管理》，《云南社会科学》2003 年第 6 期。

② 马海韵：《中国公民志愿精神：价值愿景、成长现状及培育路径》，《南京社会科学》2011 年第 12 期；魏娜：《我国志愿服务发展：成就、问题与展望》，《中国行政管理》2013 年第 7 期。

③ 陆士桢：《建构具有中国特色的志愿服务体系》，《杭州师范大学学报》（社会科学版）2020 年第 4 期。

为重要。只是，西方志愿话语下的自下而上的基层自治形式不适用于中国，中国的基层志愿者队伍如果仅凭志愿精神和志愿服务，实际上无法实现有效的基层组织化，如果不依托互助组织只能是无源之水，很难规范化、可持续发展。

故笔者赞同将互助与志愿进行区分并融合。一是互助精神的外延大于志愿精神，互助精神与志愿精神有区别，同时志愿精神之中蕴含互助精神，志愿精神可以看作互助精神的组成和高层次延展；二是互助服务和志愿服务可以用方向和报酬区分，互助是一种多个方向的交换互动，代表社会内部的交换关系，可以用报酬衡量，志愿则是面向他人进行的单向付出，是无报酬或仅给予成本消耗补贴的无偿服务。从回天地区调研情况来看，互助性的文化娱乐活动、社区志愿服务以及邻里守望广泛存在于基层社会，但仍以非正式互助、无偿帮助、志愿服务为主，在社群、组织、低偿、回报、专业等方面的体现不明显。

（一）文化娱乐活动

共同的兴趣爱好与共同的强身健体、休闲娱乐需求推动着居民在社区内自发开展或参与各种文化娱乐活动。居民在活动参与中相互交流，结成趣缘关系，有些活动受到社区、社会组织的关注和培育，以社团的形式固定下来，形成了一定数量的文体娱乐类社区社会组织。这些组织的成员以及活动的内容、时间与场所都比较固定，为成员之间持续的社会互动创造了条件。根据笔者调研，回天地区的各街道、各社区里活跃着唱歌、舞蹈、书法、绘画、跑步、篮球、足球、乒乓球等多种类型的文化娱乐活动和队伍。随着"回天三年行动计划"的开展，2018 年，回天地区 19 个社区自发倡议开展"回天有我"社会服务活动，一些有组织、大规模的文化娱乐活动亦在各街道、各社区广泛开展，笔者调研的典型文化娱乐队伍及活动如表 8 - 2 所示。

表 8 - 2　典型文化娱乐队伍及活动

队伍/活动名称	内容简介
回 + 周末绿跑	将绿色环保理念加入慢跑运动中，参加者在慢跑的过程中不仅不能丢弃垃圾，而且要捡拾路边烟头、塑料袋、纸屑等垃圾，称之为"绿跑"。居民自发成立了回 + 周末绿跑·烟头小组、纸盒小组、瓶盖小组、罐罐小组、口袋妖怪组等有趣的社群

队伍/活动名称	内容简介
回龙观地区足球超级联赛	回龙观地区的足球爱好者自发组织的业余联赛，自2004年至2020年，已经成功举办了16届。2018年，回龙观足球运动协会正式注册成立，该项赛事每年由回龙观足球运动协会承办，赛事规模为18支球队，共700余名运动员参与
北里跑男团 H2社区	由一位爸爸做团长兼教练，带着约15个孩子，每天早上6时30分准时开始训练，一般训练到早上7时30分结束，1小时左右
艺术志愿服务队 H2社区	2007年，社区里刚搬来的50岁出头的刚退休的阿姨们积极参加各类文体活动，组建了腰鼓队、舞蹈队。后经过10余年的发展，这些文体团队于2018年演变成了H2老年艺术团，从最早只有腰鼓和舞蹈两类表演形式，到现在逐渐多元化，包含了民乐、语言类节目等，舞蹈也细分为广场舞、民族舞、健身操三种形式，品质得到了显著提升
老年合唱队 G3社区	成员平均年龄都在70岁以上，年纪最大的90多岁，以聊天、唱歌、放松为主，社交性质较强

（二）社区志愿服务

社区志愿服务主要指在社区场域内，服务者以利他为目的，为服务对象提供无偿的服务，志愿者主要指不关心报酬的人或主动提供无偿服务的人。社区志愿服务具有社区互助属性。

首先，从回天地区街道和社区层面来看，基本上每个街道、每个社区都有大大小小的志愿服务队伍，参与到治安巡逻、垃圾分类、疫情值守、养老服务以及其他各类社区服务中，笔者调研的典型志愿服务队伍及活动如表8-3所示。从街道层面来看，不同街道有不同的志愿服务特色。如龙泽园街道2021年开展"五大青年行动"志愿服务，带领团员积极投身和谐社区建设；以"守护社区，战疫有我"为主题的疫情防控志愿服务活动，覆盖辖区内36个团组织，累计参与人数1300人，累计服务时长21600个小时。

霍营街道从2019年开始探索"双服务四签到"工作机制。由于该街道的社区物业服务质量不高，居民与物业服务企业也无法就提高物业费达成一致，因此通过志愿服务来弥补物业服务的不足，从物业服务和志愿服务两个方面入手，组织环境清洁、治安消防、工程维修三类物业服务人员和社区志愿者到单元门报到签到，共同参与楼门管理、维护楼门秩序、解决楼门问题，同时形成相互之间的合作监督。目前霍营街道每个社区都统一在社区各楼门设置物业服务、志愿服务两块公示栏，组织三类物业服务人员和志愿服务人员到社区单元门报到签到，让社区居民了解物业服务和志愿服务情况。（CH520210409）

表8-3　典型志愿服务队伍及活动

队伍/活动名称	内容简介
妈妈志愿服务队 Z1社区	由社区内30岁至70岁的妈妈及家人组成，他们发挥所长，在参与志愿服务项目、热心公益的同时不断学习新的知识。自其成立，妈妈志愿服务队组织了"快乐居家，趣味做灯笼""每个女孩都是公主""关爱困境女孩""环保酵素制作"等多项活动
为老服务队 H2社区	主要为在册的104位老人提供服务，该册详细登记了符合条件老人的姓名、联系方式，为老服务队成员会定期联系老人，询问其身体状况、子女有没有回来看望、急需的物品等，还会提供帮忙充值燃气费、购买急需药品、购买日用品等服务
巧娘服务队 H5社区	巧娘服务队分为理发组和缝纫组，理发组的志愿者原为专业理发师，缝纫组除负责缝纫的志愿者外，还有一位负责维修缝纫机器的退休老党员。志愿者自愿组织起来，每周三为社区居民提供免费缝纫、免费理发等服务。队内现有十个志愿者，均为退休人员
社区环保队 H5社区	在社区还有一项不成文的规定，每周五社区环保队的三十至六十人会进行捡拾垃圾、打扫卫生、宣传垃圾分类的活动，该活动已持续数年
社区卫士 H5社区	志愿者每天轮流在社区内巡逻、与外来人员沟通、清理自行车
治安巡逻 志愿者队伍 B5社区	治安巡逻志愿者队伍以退休人员为主，主要负责保障辖区楼院的平安、和谐与稳定，日常对辖区内单元楼、居民小区和地下室、暂住人口密集地等重点区域进行巡逻，同时在主要节假日、特殊时期和"两会"期间进行治安巡逻
"京北丽人" 巾帼志愿者队伍 B5社区	由社区中的妇女组成。该队伍在维权助困、科学家教、保障和谐稳定、倡导健康生活、孝老爱亲、维护社区环境等方面发挥作用
民调志愿者队伍 B5社区	负责及时协调和解决居民之间的纠纷，化解矛盾，创建和谐邻里关系，促进和谐社区的建设和发展
文体宣传 志愿者队伍 B5社区	通过举办文体活动，丰富居民业余生活，并在居民中进行社区安全宣传教育，增强群众防火、防盗、防灾意识
手工编织志愿者 B5社区	志愿者编织暖心袜等毛线制品，参与"恒爱温暖一线牵——一斤毛线织一件毛衣送给有需要的孩子"的公益行动

续表

队伍/活动名称	内容简介
敬老为老志愿者队伍 B5 社区	该队伍为年满 80 岁到社区办理老年卡的老人和 65 岁以上户籍居民送生日面，同时为 65 岁以上办理老年一卡通的老人免费拍照。每逢节假日和周末，这个志愿者队伍会统计需求，购置生活物资送到老人手中
青少年志愿者队伍 B5 社区	通常和社区青年汇合作，组织开展青少年活动。社区中的青年汇由区里统一指定内容后，在周末组织活动，参加青年汇活动的人员除了社区中的青少年外，还有社区其他居民。青年汇的活动均在群里报名，不收取费用。青年汇同青少年志愿者队伍一起整合社区青少年资源，丰富青年人生活阅历，培养青少年的社区家园意识

其次，回天地区的志愿者协会、社工机构等专业社会组织也在社区志愿服务规范化建设方面发挥重要作用。以 S3 组织为例，其特点包括两方面。

一是编写志愿者工作手册，进行岗前流程培训。

针对"井上添花"项目①，S3 组织制作了"井上添花"操作手册，详细介绍了项目内容、执行过程以及所需的工具等信息，将这一项目进一步标准化、流程化、体系化，便于后续活动的展开。（S3 20210818）

二是培育专业志愿队伍。S3 组织将志愿者分为普通志愿者和专业志愿者。普通志愿者的要求较低，基本上只要沟通能力没问题，就可以胜任基本的志愿服务。专业志愿者主要分为公益理发志愿者、地铁志愿者、公益讲堂志愿者三类。②

最后，少部分街道、社区、专业社会组织对社区志愿服务给予精神和物质激励，为志愿者提供强有力的动力支持，保证志愿行动的可持续性。③

H1 社区除按照厨余垃圾投递次数进行每月积分兑换小奖品之外，

---

① 它以绿色环保为主旨，通过在井盖上画一些与环保相关的图案来向居民传递绿色理念。
② 这三类也是 S3 组织一直延续的品牌服务项目。
③ 党秀云：《论志愿服务的常态化与可持续发展》，《中国行政管理》2011 年第 3 期。

还推出两类激励举措。一是精神激励，包括微信群公众号推送志愿服务工作照片，每年公示志愿服务时长和排名评比，并以此向街道、区、市级报送；二是物质激励，每年组织志愿者看电影、去其他地区参观学习，社区讲座、活动可以优先报名等。（CH120210810）

（三）邻里守望

"邻里守望"是中华传统"邻里互助"文化与志愿精神的有机结合，主要体现为居民、村民间日常化、生活化、非正式的互帮互助，[①] 建立在社区居民自发、自主互助的基础之上。它尽管无特定的组织形式，具有临时性、不确定性等特点，却是居民正式互助的开始。一方面，体现为邻里间提供力所能及的帮助；另一方面，体现为居民积极参与楼门院治理，如针对某项事务共同捐款捐资、美化清扫楼门等。

三　组织协同共进

互助志愿服务要正式化、规范化发展，离不开社区社会组织建设。故而，笔者认为，社区互助合作治理的组织基础在于社区社会组织，包括互助小组、志愿队伍、互助志愿队伍等。它们的成长路径既包括自我成长，正式登记注册为专业社会组织——互助组织、合作社，也包括体系化发展，接受群团组织、村（居）自治组织等政治型互助组织和其他枢纽型社会组织等的管理，专业社会组织和企业赋能经营，进行体系化运营。[②] 根据调研，笔者尝试将互助小组界定为：某一些有共同需求或志趣的人群组成的自我管理、自我服务、自我教育、自我监督的小型团队。将志愿队伍界定为：某一些因有共同的利他、奉献以及服务社会目的的志愿者组成的小型团队。将互助志愿队伍界定为：互助志愿者共同组成的面向他人服务的小型团队。将互助组织界定为：在党委领导、政府负责之下，由一群个体成员自我管理、自我服务、自我教育、自我监督，通过组织化管理或企业化经营达到可持续发展目的，低成本满足本

---

① 谭建光：《中国志愿服务发展的十大趋势——兼论"十三五"规划与志愿服务新常态》，《青年探索》2016年第2期。

② 尤其应当重视政治型互助组织和枢纽型社会组织的发展，它们可以被党委、政府、居民信任，能够进行组织管理、链接资源和服务、约束市场。

组织成员物品/资金/服务/精神等需求的社会组织。互助组织按照是否属于国家政权的组成部分，可以划分为政治型互助组织和民间型互助组织。政治型互助组织主要指群团组织和村（居）民自治组织。民间型互助组织则是指除政治型互助组织以外的在政府部门登记注册的团体组织，包括各类合作社、业委会、社会团体等。[①] 合作社是高级形式的现代互助组织，可以界定为：法律规定可以从事包括信用合作、生产合作、供销合作等经济合作活动的互助组织。

（一）自我成长

按照是否登记注册以及业务范围，本书尝试将基层组织的成长路径总结为从互助小组、志愿队伍、互助志愿队伍到互助组织、合作社、专业志愿组织。互助类组织和志愿类组织可以相互转换，如志愿队伍转换为互助小组、互助小组/组织中的部分成员可以组成志愿队伍提供志愿服务等，互助志愿队伍在两个方向上都可以发展。

首先，推动文化娱乐队伍/志愿服务队伍向互助志愿队伍/互助组织/专业志愿组织高阶转化。自 2019 年末以来，大量的文化娱乐队伍、志愿服务队伍在社区服务中发挥了重要作用。但总体来看，这些基层组织主要以开展无偿的志愿服务为主，组织内部的互助性和参与的可持续性不足、结构相对松散、专业能力欠缺，实际上可以通过规范化、专业化和精细化的管理发挥更大作用。一是除无偿志愿服务之外，可以选择部分有意愿的志愿者进行培训，将其发展为互助志愿者，组成互助志愿队伍；二是向互助组织/合作社发展；三是向专业志愿组织这一高级形式发展，提升专业服务能力，正式登记注册，承接政府社会服务项目。

其次，深化互助组织的"互助性"。从政治型互助组织的发展来看，虽然社区居委会、青年汇、妇女组织会开展一些文化娱乐、志愿类活动，

[①] 需要说明的是，在民政部门登记的社会团体可以注册为社会团体和民办非企业单位两类，根据《社会团体登记管理条例》（国务院令第 250 号），社会团体是指中国公民自愿组成，为实现会员共同意愿，按照其章程开展活动的非营利性社会组织。根据《民办非企业单位登记管理暂行条例》（国务院令第 251 号），民办非企业单位是指企业事业单位、社会团体和其他社会力量以及公民个人利用非国有资产举办的，从事非营利性社会服务活动的社会组织。另外，根据《中华人民共和国慈善法》规定，符合条件的社会团体可以被认定为慈善组织。我国合作社以农民合作社为主，在农业部门登记注册成立。业委会在住建部门登记注册成立。

但主要发挥的还是自上而下的行政管理和兜底救助功能，如社区自治组织与党组织、社区服务站一般是"一套人马，三个班子"，成员的"互助性"相对匮乏，未来其"互助性"转化和体现仍有待检验。

业委会是业主互助组织，成立业委会也是近年来北京市着重推动的一项工作。根据昌平区提供的数据，截至2021年11月，回天地区物业管理覆盖率、业委会（物管会）组建率分别为100%、97%。

> H6社区业主委员会由70%的业主通过民主投票产生，该业委会的6名委员中并没有社区"两委"成员，但都是高级知识分子，有热情，且具有奉献精神和公益精神。业委会通过摸清社区"人、财、物"底数，利用社区微信群和社区治理小程序开展居民协商议事，联络社区内外资源开展各类社区活动等方式逐步使工作步入正轨。（CH620210417）

再次，合作社以社会组织、社会企业、企业形式存在。

> 成立于2010年6月的E3社会企业，2019年获得北京社会企业、中国好社企、回天地区品牌社会企业三个社会企业认证，2020年，获得北京市昌平区回天地区社会企业认证。该企业主要将服务对象聚焦"妈妈群体"，希望通过售卖绿色有机产品，向妈妈群体及她们的家庭传递健康理念，打造一个由一群妈妈共同创办的安全食品分享平台和一个倡导健康品质生活的社群。2020年初，其将平台称为消费者合作社，消费者可以通过储值成为会员，会员不仅能够以低价（社员价格比正常价格低20%~40%）购买有机产品，随时对商品最低价进行质疑，而且可以十分清晰地获知所购买产品货源地的各类生态情况等。（E320211105）

最后，养老驿站实际上也可以根据老年人低成本、集体化需求而成立老年人合作社。村改居社区保留合作社经济，这将在后文进行具体介绍。

（二）体系化发展

现代互助合作不仅局限于纯粹单一、非营利性的社会组织，同时包括多种形式的互助合作集群，即体系化发展路径。通过政治型互助组织、专业社会组织、社会企业的圈层化管理、培育、经营，既可以弥补各类志愿队伍、互助小组、个体商户在规范性、专业性、风险抵御能力等方面的缺陷，也可以帮助单个组织实现个体的成长——向更高级组织形式的过渡。

1. 政治型互助组织管理

政治型互助组织管理主体是村（居）自治组织和群团组织，管理对象主要包括社区社会组织和社区商户、小微企业等。管理类型以平台管理型为主，功能包括培育社区社会组织、社区商户监督合作等。

首先，培育社区社会组织。

H5 社区有巧娘服务队、治安维稳志愿服务队、楼门长志愿服务队、社区卫士志愿者服务队、东四文化志愿者服务队、环保志愿者服务队、社区老党员志愿者服务队、回天有我志愿者服务队、东四共建志愿者服务队、青年志愿者服务队、京北小卫士志愿者服务队共 11 支志愿者服务队。社区为推动这些志愿队伍规范化管理，一方面，试行志愿者积分管理制度，通过志愿服务活动签到次数统计积分，评定星级志愿者，并给予一定的物质奖励；另一方面，社区也在尝试与周边底商、商户以及爱心企业合作开展活动，帮助企业宣传，获得部分赞助商品、礼品，用于激励志愿者。（CH520210805）

H1 社区组建了舞蹈队、合唱团、书画社等 12 支文体队伍，定期为社区居民献上精彩的演出。这些队伍均属于社区社会组织，由社区培育、组织并在其所在街道备案。（CH120210405）

其次，与社区商户进行监督合作。一方面，调研社区都与周边底商、商户、物业以及爱心企业合作开展各类活动，帮助企业宣传，获得部分赞助商品、礼品。

　　社区商户给防疫志愿者及工作者们配送饮用水、口罩、咖啡等物资，给志愿者送洗衣卡、理发卡、洗牙券。（CZ120210809）

　　另一方面，一些社区也将物业、便利店、理发店等社区商户纳入社区网格化管理。

　　2. 专业社会组织培育

　　专业社会组织主要包括枢纽型社会组织和一般社会组织两类，培育对象同样包括社区社会组织和社区商户、小微企业等。培育方式一般以帮助组建各类基层组织并帮助其规范化运转起来，以及链接资源、相互学习、获得成长为主。根据调研，回天地区的1镇6街道都成立了社会组织联合会，负责社区社会组织的管理、孵化、服务等工作。一方面，帮助社区组建各类社区社会组织是所调研枢纽型社会组织和一般社会组织的一项重要功能。以S7组织培育的5支志愿服务队为例，具体情况如表8-4所示。另一方面，枢纽型社会组织在成立个体商户自治协会、小微企业联盟等组织联合形式方面具有更强优势。

表 8 - 4　S7 组织培育的 5 支志愿服务队介绍

队伍名称	队伍介绍
扶危济困志愿服务队	主要由热心居民、志愿者和退休党员组成，通过志愿者入户邀请困难家庭成员参与社区活动的方式，帮助困难个人及家庭缓解心理压力，增强其生活信心和生活能力。2019 年共开展活动 6 次，直接受益人数 82 人，间接受益人数 180 人
和睦家庭互助交流服务队	主要由社区内的妇女组成，通过开展家庭关系讲座、创意盆栽、美食制作等培训，让社区内的妇女同志减轻工作和生活压力，点燃大家发现美、欣赏美、创造美的激情，并将制作好的成品分享给家中的长辈或者邻里中的老人，弘扬团结、进步、和谐和创新的良好风尚，更好地促进家庭和睦、邻里团结，构建和谐温暖社区。2019 年，该活动已开展 6 次，直接受益人数 73 人，间接受益人数 225 人
文体志愿服务队	主要针对不同的年龄段开展不同的趣味活动，定期组织居民参加文体类活动，如歌唱、舞蹈、编织、棋牌、手工、阅读、文艺表演等。通过整合社区公共文化资源，不断壮大社区志愿服务队伍，培育服务品牌，弘扬志愿服务精神，丰富各个年龄段的社区生活，实现了公共文化长期有效服务社区居民群众。2019 年，共开展活动 3 次，直接受益人数 82 人，间接受益人数 220 人
慧心巧手志愿者团队	主要由社区党员和社区志愿者组成，通过开展花瓶制作、苹果制作和精美手工作品展，满足社区手工爱好者的需要，丰富和充实广大居民群众的精神文化生活，同时为社区居民搭建学习、交流平台，增进邻里情感，构建社区特色志愿文化。2019 年，共开展活动 8 次，直接受益人数 300 余人，间接受益人数 1000 余人，短短两个月时间，慧心巧手志愿者团队的骨干志愿者达 30 人

续表

队伍名称	队伍介绍
传统文化学习交流小组	主要由社区工作人员和社区居民组成，核心成员10人左右。该组织致力于通过普及传统文化知识让社区居民加深对传统文化的了解和认同，增强社区居民的民族自豪感。2019年，共开展活动3次，直接受益人数56人，间接受益人数165人

S2组织于2020年培育成立回龙观街道商户自治协会，有龙域商圈150多家商户企业会员，协会目标是实现商户自治。一是通过自我管理、自我服务、自我监督，帮助市场监管部门进行监督管理；二是通过建立商户信用平台，在保护居民消费权益的基础上，扩大商户影响力和信誉度；三是通过建立社区、居民与商户之间的良性合作，让商户在社区建设中贡献一份力量。其主要工作包括：组织商户进行日常政策宣传、社区协商议事、自查自纠等。（S220210808）

2020年10月，在北京市昌平区住建委和北京市昌平区龙泽园街道办事处的指导和支持下，S1组织推动龙泽园街道辖区内物业服务企业和物业管理人员结成物业联盟。物业联盟第一届理事单位共包括45个小区物业管理项目和19个物业服务企业。联盟成立后，通过建立完善文件管理、信息披露等制度促进了联盟规范化发展，通过持续开展沙龙研讨会、法律专题知识培训、物业管理难题及破解之道专题培训、沙龙研讨会、职业技能大比拼等活动促进了联盟专业化发展。①

3. 社会企业经营

笔者调研的社会企业运营模式主要是社群经营型，指社会企业通过培育兴趣社团、互助小组等实现其公益属性，并通过收取少量费用、提供市场服务等方式以获得盈利的企业运营模式。

E5社会企业作为一家主要面向中老年群体的文化教育类社会企业。一方面，为居民提供歌舞课程，考虑到社区中老年人的付费能力和意愿，把面授课程费用定为300元每半年，共计24次课，每次

---

① 资料来源于回天地区典型经验材料。

2 小时，每小时仅 6.25 元。另一方面，把单纯的合唱教学拓展为社区文化团队孵化培育、社区合唱团教师培养、社区合唱节承办等，帮助社区中老年人展示自我、结交好友，促使他们的老年生活更加充实快乐，真正实现老有所乐。（E520210814）

四　互助合作经济

互助合作经济是互助合作治理中的组织协同共进的高级形式。与互联网、物联网、平台经济、共享经济、共益经济等现代经济形态相结合之后更加务实多元。笔者认为，广义的互助合作经济可以界定为：在党委领导、政府负责下，社会组织、社会企业、（国）央企、社区（村）"两委"发挥平台功能，发展市场与社会合作制约、相互吸纳的有序创新实践，减少市场主体之间的无序竞争，同时鼓励社区创业、灵活就业、互助服务、志愿服务等社区参与类的工作形式，[①] 以满足基层社会治理和民生保障的各类需求的经济形式。根据回天地区实践，目前的互助合作经济主要可以划分为社会企业、社区集体经济合作社、社区经济综合体三种类型。社会企业将在第十章进行详细分析，这里主要介绍其他两种类型。

（一）社区集体经济合作社

社区集体经济合作社主要指股份经济合作社，存在于村改居社区，它是以资产为纽带、以股东为社员的综合性、社区性的集体经济组织，除了为社区治理提供坚强的经济后盾以外，还可以产生强化社区认同、推动社区参与、共解公共问题的连带效应。[②] 笔者将这种拥有集体经济合作社的社区称为互助合作制社区。社区集体经济合作社主要承担两个功能。一是承担集体经济管理功能。通过土地出售与租赁、成立物业服务企业等途径保证集体资产保值增值并扩大收益。二是承担福利服务保障功能。包括保障社员及社区成员的基本生存、基本生活、就业、基本医疗、基本养老等。

---

① 灵活就业、互助服务、志愿服务之间存在一定的交叉。
② 王辉、金子健：《新型农村集体经济组织的自主治理和社会连带机制——浙江何斯路村草根休闲合作社案例分析》，《中国农村经济》2022 年第 7 期。

G1 社区为解决转制以后农民就业问题，村集体经济合作社成立物业服务企业——"北京融和物业管理服务中心"，负责本社区的物业管理服务工作。该企业为本社区生活贫困人员、社会帮教人员、优抚对象、退休老人等劳动能力较弱的人群提供一定数量的工作岗位，2020 年直接聘用管理人员 9 名、前台服务员 14 名、保安 46 名、保洁 52 名、维修工人 19 名。（CG120200810）

（二）社区经济综合体

社区经济综合体指以商业中心、商业街区或社区为工作场域，由政府、企业、专业社会组织分别或联合进行线上、线下综合体平台的整体运营，承担社区服务供给，组织（社群）培育等功能的社区经济模式。其关键属性在于强调经济效益和社会效益并存双赢、商业与公益互嵌互补。按照地理空间和互联空间，可以将其划分为线上区域性社区经济综合体、线上小型社区经济综合体、线下区域性社区经济综合体、线下小型社区经济综合体四种类型。

S1 组织运营天通苑文化艺术中心，由政府投资建设及负责部分运营。[1] 通过开展场地租赁、广告宣传、演出项目合作、剧场商务活动、电影包场及影券团购等与商业主体开展商务合作，赚取营收，同时引进整合名院名团、精品剧目、文化精英、品牌活动，为回天居民打造集文化、艺术、休闲、娱乐、交友于一体的家门口的高品质文化生活空间。（S120210802）

S2 组织以合创家小程序、商户自治协会、社区积分[2]等推动社

---

[1] 该项目的总体运营经费经过测算为 1 年 4000 余万元，其中硬运维约 2000 万元，包括物业、水电、能耗、维修、保险，该部分由政府提供；软运营部分约 2000 万元。根据其 5 年规划，通过政府购买服务的方式，从第 1 年政府补贴 30%，到第 5 年 0 补贴。S1 组织中标该项目，离不开政府的信任。

[2] 笔者认为这种模式的社区积分可以向在一定范围内流通的社区货币发展，通过劳动、服务、兑换、消费、储蓄等形式使用积分货币，向信用合作、消费合作、生产合作等方向发展，同时居民在交换产品、资金、服务中推动情感交互和社区认同，推动互助共同体建设。

区经济综合体建设。2021 年初步运行状况如下。一方面，合创家小程序的积分系统串联起党委、政府、居民、社区、商业等多方主体，充分整合并动态更新街道、社区的各类学习、服务和活动资源，开展可吸引居民参与的知识讲堂、垃圾分类、志愿服务等活动，居民参与活动获得积分。另一方面，商户自治协会将商户联合起来，政府提供项目支持，社区商户在平台上投放服务或产品，居委会提供社区公益金，保证积分体系的正常运转。居民积分可以兑换社区学院的书法课、剪纸课、社区商户优惠券、理发优惠券等。（S220210808）

H1 社区规划引入社区底商，包括华联超市、药店、理发店、宠物店、芬享艺术学院等，同时依托 H1 社区 App 串联志愿服务、互助服务、商业服务等。H1 社区书记也提出设想：暑假期间社区的小学生在家里没有地方去，可调动社区内的老师在老年驿站给孩子做辅导，还可以链接一些其他课程；邻里互相帮助也会获得社区积分，用作抵物业费、到周边底商购物、购买服务抵扣等。（CH120210810）

第二节　党建引领互助合作制社区治理
——以 H1 社区为例

互助合作制社区主要指有集体经济组织的社区，目前一般为村改居社区，它以党建引领为统领，以集体经济为基础，以居民共治为着眼点，推动社区共同体和社区经济体建设。本节即以 H1 社区为例进行分析，其在党建引领、集体经济保障的基础上，走出了一条章程清晰、邻里和睦、协商有序、志愿氛围浓厚的"有人情味儿的社区"之路。这是一个包含志愿公益和互助合作的社区共同体，既是现实共同体，也是意识共同体。一方面，全体居民愿意并实际为社区公共事务奉献力量，也即志愿公益；另一方面，全体居民愿意并且实际互帮互助共克时艰，也即互助合作。而要实现这一目标，需要通过党建引领社区居委会、企业、社会组织、居民等多方共同努力，构成一个包含政治、经济、社会、文化、环境等多因素的社会生态——社区共同体系统。

一　村史背景与社区情况

H1 社区是霍营街道下辖的"整建制村改居"社区，前身 H1 村建于明代，至今已有 400 多年历史。2007 年 10 月 25 日，H1 村进行整体拆迁；2009 年 4 月 25 日，H1 村进行了股份制改造；2009 年 11 月 27 日，H1 村回迁楼正式开工；2015 年 9 月 20 日，H1 村撤村改居；2015 年 11 月 22 日，成立 H1 社区党支部；2015 年 11 月 28 日，成立 H1 社区居民委员会；2016 年 6 月 9 日，H1 社区居民整体回迁，自此 H1 社区彻底完成了"村改居"的蜕变。

2021 年，H1 社区户籍人口近 1300 人，常住人口 5000 余人。社区现有党员（包括在职党员）共 130 人，其中有社区党员 118 人、党委委员 5 人、居委会委员 5 人，下设 3 个党支部、11 个党小组，交叉任职比例达 83.3%。虽然社区人口结构复杂、外来人口多、治理难度相对较大，但 H1 社区通过几年的努力，构建了"共建、共治、共商、共享、共富"的社区治理格局，成为"有人情味儿的社区"。

二　利益共同体：合作社经济及社区福利服务

紧密的共同利益是基层社区良性自治的决定性因素。有效的基层社区治理方式是能与群众的共同利益保持紧密一致的。[①] 利益共同体是 H1 社区共同体建设的重要支撑。H1 社区实现良性运作的一大基础就在于村集体股份经济合作社的存在，通过利益联结加强社区成员之间的关联度和归属感，并且其公共服务更多的是"自给"，自治色彩浓厚，主要体现在三个方面。

一是 H1 社区仍然保留村集体股份经济合作社。社区原村民是村集体合作社的股民，分享合作社利润，处于利益共同体之中，良好的集体经济运营状况也为社区发展提供了经济保障。2009 年 4 月 25 日，H1 村进行了产权制度改革，将原来的合作社改制为股份经济合作社，土地变成了村集体资产，村民代表变为股民代表，每月定期召开股东代表大会，

---

① 卢宪英：《紧密利益共同体自治：基层社区治理的另一种思路——来自 H 省移民新村社会治理机制创新效果的启示》，《中国农村观察》2018 年第 6 期。

共同决议社区事务，为社区共商共治提供了制度基础。与此同时，社区把村里的部分土地建成商业楼出租，同时成立物业服务企业、商贸公司等增加合作社收入，这为提高村委/社区班子的信任度和社区凝聚力提供了重要的思想和现实基础。如村集体出租首开广场的商厦，每年去除税收约有2200万元的收入；2020年，H1社区股份经济合作社分红预决算为451万元，股份分红按照股民工龄、原始股比例等标准确定，老人每年可获得1万多元的股份分红收入。

二是在集体资产保障下将部分资金用于社区基础设施建设和居民福利服务保障。在社区基础设施建设方面，H1社区的社区活动室、会议室、图书馆一应俱全，供社区全体居民免费使用。如2016年，社区投资200多万元，建设了1000多平方米的文体活动中心，购置了跑步机、拉力器、桌球、乒乓球台等多种运动健身器材，以及卡拉OK设备、LED显示屏等歌唱设备。此外，社区打造了一个约800平方米的文化广场，为孩子们配备了沙坑、蹦床、滑梯、秋千等儿童娱乐设施。在居民福利服务保障方面，社区会为特定群体发放春节慰问品、提供升学奖励费、学杂费以及医药费等。

三是建设社区经济综合体。H1社区为满足居民的各种生活需求，针对社区资源匮乏的现状，链接了教育服务、医疗服务、养老服务、商业保险、生活服务等各类质优价廉的商品和服务。如与农商行接洽，在小区内配备了ATM自动提款机；牵头对接引入了人大附中昌平学校、人大附小、华龙苑南里幼儿园、芬享艺术学院等优质教育资源；建设社区老年餐桌（驿站），为70岁以上的老年人提供堂食服务，其中70~84岁的老人可以享受分级优惠，85岁及以上的老人可以免费就餐；这些商户被整合在社区App中，可以在其中发布促销信息。社区也会进行相应信息收集，引入了华联超市、药店、理发店、宠物店等多家便民商户。同时，在社区App和公众号上定期发布招聘信息、补充类保险、公益性教育医疗服务等信息。

三 社群共同体：社区互助志愿服务

社群共同体是全体社区居民的共同体，它是社区共同体最难发动的一环，因为它需要让居民切实参与到社区建设、邻里互助中，也即实现居民共治。与此同时，中国特色的社群共同体并非西方式的自下而上的自治，而是在党委领导、政府负责（政治和行政框架、社会动员）下的自上而下与自下而上相结合的共治。H1 社区的社会动员机制包括楼门长制度、社区志愿服务、文化娱乐队伍、邻里线上互助平台等。

一是建立楼门长制度。2020 年 5 月，H1 社区将霍营管家与楼门长合二为一，共选出 24 名楼门长（包括所有底商的门长 1 名），党员比例为63%。楼门长将本楼门的所有人口（包括以租户为代表的流动人口）全部拉入本楼门微信群，同时将个人联系方式和岗位职责①公示在单元每一层的电梯口。

二是动员居民参与社区志愿服务。社区志愿服务是 H1 社区的一大特色。为推动社区志愿服务常态化、规范化，社区不仅为志愿者配备了统一的志愿者服装，建立了社区志愿者服务站②，并且对登记在册的志愿者进行治安巡查值守排班，制定了严格的志愿者岗位责任制度，每个班次的志愿者上岗前需要拍照上传至社区微信群内，与其他志愿者相互监督和鼓励。现登记注册的志愿者约 500 人（除去约 170 名党员，有330 余名居民志愿者），共有老党员先锋队、在职党员先锋队、青年志愿服务队、巾帼亲情志愿服务队、治安志愿服务队、环保公益志愿服务队等 12 支志愿者服务队，累计志愿服务时长为 7.6 万个小时（每天共约50 个小时）。③

一位垃圾分类志愿者说，"社区的老住户们本身就是同村人，不少还是亲属关系，大家把社区当成一个家，而且做志愿的时候也能一起聊聊天，像以前串门一样"。社区志愿者的无私奉献也感染了家人

---

① 楼门长的职责主要包括：第一，民情反馈，每个楼门长每月要反映两条建议，意见统一汇总到民情记录本上，供社区参考；第二，信息统计，楼门长需要入户走访，收集、核对、整理居民信息，以保证更新信息及时；第三，宣传党务、居务工作，包括宣传疫苗接种、垃圾分类、消防安全等。

② 后来社区志愿者服务站在工会的支持下建立了社区暖心驿站，里面配备有微波炉、饮水机、空调、桌椅、雨伞、针线包等，不仅志愿者，民警、交警、快递员、外卖员都可以在驿站里喝水、热饭。在此基础上，2021 年 H1 社区又在社区东门太平庄北街、建材城东路与 417 乡道交界路口，置备了 H1 社区志愿者服务站——交通警务工作站，作为执勤交警平时值班的场所。

③ 社区志愿者会在"志愿北京"上进行登记注册，并记录志愿时长。

和其他居民，在新冠肺炎疫情期间，一位志愿者的孙子，看到爷爷每天做志愿服务很辛苦，就拿出压岁钱买了鸡蛋分给了所有执勤一线的工作人员。（CG320210415）

三是组建各类文化娱乐队伍。H1 社区致力于打造精品文化，组建新干线书画社、H1 合唱团、自由飞翔舞蹈队、老年太极队、柔力球队等15 支文体队伍，定期为社区居民献上精彩的演出，打造社区自己的文化品牌。① 2018～2019 年，社区内累计开展文体活动 160 余场；活动参与累计 10016 人次，参与活动人群实现全年龄覆盖。

四是搭建邻里线上互助平台。H1 社区提出的邻里互助理念是"我为人人，人人为我"。更广泛的居民参与，能提升居民素质，探索除市场经济以外的按需分配的社会经济部分。方法是：利用社区智慧 APP "霍币"社区经济系统，10 霍币＝1 元，目前，每日签到、参与志愿服务、正确投放垃圾、有效反映社区问题、提出建设性意见都可获得对应数额的"霍比"奖励，②"霍币"能直接用于社区超市消费。

四　党建引领：从先锋模范到引领共建

党建引领是 H1 社区共同体建设的领航和关键，无论是集体经济组织建设还是社区治理的各项工作，都离不开党员干部发挥先锋模范作用，党组织引领驻区企事业单位、社会组织等各类组织共建解决难题以及带动多方组织和居民共同发挥监督作用。

一是选优配强社区"两委"班子，发动党员率先行动，作出表率。一方面，社区党委书记尽心尽力为村集体发展和社区建设谋篇布局，像桶站值守、垃圾分类等服务都是亲自上阵，为"两委"班子、党员、居民作出表率。同时，社区工作人员学历高、业务能力强，敢创新、勇拼搏、善钻研，"两委"班子中有 6 名 30 岁以下重点大学本科生及 1 名研究生。另一

---

①　文艺志愿者创作防疫诗歌、书画作品、快板书累计 600 余篇，如社区居民作《众志成城抗病毒》一诗："众志成城抗病毒，党员干部带头冲。志愿崇高齐参战，保安值守昼夜行。保洁消毒防疫情，为咱社区保康宁。居民齐心团结紧，重创美好霍家营。"

②　社区居民可以在平台上发布需求，由志愿者根据情况接单，如法律咨询、宠物寄养、跟腿代购、日常帮扶、课后辅导等。APP 上也有专门的"垃圾分类"板块，居民到垃圾分类站扫码称重厨余垃圾，计重成功就可获得"5 霍币"奖励。

方面，要求党员必须作出表率，压实责任、落实到人。第一，开展党员先锋岗创建活动，落实"首问负责制"，从 2017 年开始探索把党小组、党员建在网格上，落实党员网格责任制。第二，要求党员在社区互助志愿服务中发挥先锋模范作用。从 2017 年 9 月 25 日开始，每月 25 日是社区党员服务日，全体党员参与"我的社区我打扫""我的家园我打扫"活动。

社区成立老党员先锋队，打造了志愿服务标杆。2020 年 8 月，H1 社区党委发出"垃圾分类我参与"号召后，就有 21 名老党员率先参与垃圾分类桶前值守活动。疫情防控时期，也是社区全体党员、社区工作人员、物业工作人员轮流上阵，在排查登记点实行查证、验码、测温、登记等措施。（CH120210405）

二是坚持培养居民爱国爱党爱社区精神。有爱国家这个大家的意识才有爱社区这个小家的动力，H1 社区非常重视将爱国爱党爱社区的文化输出给居民，对居民产生耳濡目染之效果。在社区党员会议、居民代表会、村集体股东代表会、村民会议等不同场合，社区党委书记都会向大家输送爱国主义和爱党思想，打造共产主义理想社区的理念，潜移默化地影响居民。

H1 社区从 2017 年开始把每月 25 日定为党员学习日，社区书记给全体党员上党课。2020 年 6 月党课内容是：在中国社会主义制度、家国天下的文化观的影响下，社区能迅速响应、因地制宜、创新方法、群防群控，取得了良好的防疫成效……对于社区书记讲党课这项工作，L 书记深有感触，他说道："坚持了三年多，才有今天党员们的思想统一局面，现在每次开会有 60% ~70% 的党员拿着笔记本记录。"（CH120210810）

三是党建引领多方组织参与社区治理。在社区党组织的引领带动下，以社区党建工作协调会为平台，H1 社区吸纳了社区党委（支部）、居委会、业委会、物业服务企业、社会组织或驻社区党政机关、企事业单位等各类单位、组织共同参与社区建设，促进社区各类单位和组织优势互补、资源共享、共建共治。一方面，社区物业为村集体合作社下属企业，社区党委、居委会、股份经济合作社负责人和物业服务企业负责人交叉任职，成立物业党支部，有效避免了居委会和物业之间的相互推诿，同时物业每月向全体居民公开收支、工作计划，并通过"双服务四签到"模式，接受业主监督。另一方面，每月召开一次党建协调会，发动社会组织、企事业单位等主体与社区党支部共同开展活动、解决社区难题。

2017 年通过党建引领及吹哨报到机制协调公交公司引入了在社区内部穿行的专 52 路公交车，解决了居民因交通路线少出行不便的问题；从 2018 年开始，霍营南青年汇面向青少年提供志愿公益、非遗进社区、思想引导、学习培训、交友联谊、城市融入类活动，平均每月开展活动 4 次；北京长城中医医院开展免费义诊、北京得人艺术发展有限公司面向全体居民的歌唱比赛等已经连续开展 3 年；2021 年又与华北电力大学人文学院党支部进行支部共建，与昌平有新读书汇、他山石等社会组织共同开展活动等。（CH120210405）

四是设立社区"12345"电话服务热线。以"12345"热线为主要载体的"接诉即办"工作是当前社区工作的一项重点任务。经 H1 社区"接诉即办"数据统计，类似物业维修、居务办理、邻里矛盾等完全可以在社区内部解决的问题，占"12345"热线问题总量的 85% 以上，此类问题通过拨打"12345"热线，派单流转，最终还是要回到社区解决，不仅效率慢，还占用政府公共资源，让基层大量的精力消耗在处理类似物业维修等问题上。因此，为进一步做好"12345"热线群众诉求工作、降低市区"12345"热线拨打频率、缩短案件办结流程、提升辖区精细化治理能力和水平，H1 社区开通了社区"12345"热线，在每个单元楼内张贴联系方式，同时在社区微信群里发布通知，广泛告知居民有任何问题都可以拨打该电话反映自身诉求，让社区自己的热线承担部分市政热线的功能，解决居民问题。

社区"12345"热线由中控室工作人员负责，7×24 小时值守，接线员秉承"接诉即办"的工作宗旨，5 分钟内根据居民需求进行派单，

15 分钟内到达现场，24 小时内解决问题，如遇短期内无法解决的疑难问题则 5 日内反馈进度。问题解决后，有专人负责回访，进行满意度调查，便于居民进行监督，力求将居民反映的问题在社区范围内予以解决，做到"小事不出网格，大事不出社区"。（CH120210810）

五是强化党员、居民政治参与和民主监督。2017～2021 年，社区共召开居民代表大会、股东代表大会、党员大会等多种形式的民主协商议事会 80 余次，严格按照"十步法"流程，让居民、党员等各个群体参与到社区重大事项决策中，充分保证辖区居民的民主权利，充分发挥民主决策优势，让社区治理更加公开、透明。社区从 2017 年开始开发 H1 社区智慧服务平台，2019 年投入使用，在社区 App、公众号等平台公开公示社区党委、政务、村集体收支情况，并开通建言建议板块，以便接受居民政治监督和保障居民政治参与。

小　结

互助的本质是经济互助。中国作为一个社会主义人口大国，互助是基础话语，不仅因为其个体层面的经济互助、困难共担和集体责任，最主要在于国家领导下的内含集体主义的基础组织，这是党和国家长治久安的根本保障。社区互助合作治理将共建、共治、共享的社会治理共同体建设向共建、共治、共享、共富的社会经济体建设拓展，这也是真正推动居民自治的关键。面对社会主义初级阶段的现实国情，具有中国特色的社区互助合作治理路径应当是居民切实参与的低成本、规范化的治理、保障、服务。通过发挥党委领导下的各类组织能动性，让居民作为提供方参与供给过程，满足居民不同类型、不同水平、不同性质的复杂需求，规范互助志愿服务，发展城市合作社等社会企业、互助合作制社区、社区经济综合体等，探索互助合作型福利、互助合作型经济，建设福利经济体、社区经济体，在降低人民生活支出的同时，不断提高人民生活幸福感、归属感和满意度。其特色体现在以下四个方面。

一是推动居民参与。在社区互助合作治理中，居民既是服务主体，也是获益主体，既在贡献服务、相互帮扶中实现自我营收和价值满足，也通过低廉的价格获取质美的产品和服务。居民在相互交往、分担责任、共享成果中也将增强社群情感韧性，为追逐利润的市场注入温情与信任。

二是建立新型利益共同体。利益驱动是社会发展的原动力，人类的第一个历史行动是为满足生活需要而进行的各类生产活动而非其他，[①]共同体发育的核心是增强利益联结，深化居民之间的利益纽带。以集体经济合作社为依托的互助合作制社区在社区内建立起一种新的社交关系，资源和资金流动使得情感依托、社区参与也随之增加。社会企业、社区经济综合体通过企业内外的机制制约、组织制约等方式维护其经济效益和社会效益双赢目标，探索帮助弱势地位的居民、社群、组织、商户联合起来、成长起来，以整体的形式使利益总体均衡，使企业在良性竞争中达到理性均衡。[②]

三是节约成本扩大供给。互助合作是一种低成本、共同参与式的合作生产方式。一方面，互助合作可以节约成本。通过活化、挖掘、整合内部资源，实现圈层内的自我服务、自我供给和自我满足，同时多元组织协同共进形构了监督磁场，可以有效防范逆向选择和道德风险，与市场之间形成可靠均衡。另一方面，互助合作可以扩大供给。居民需求是多种多样的，但很多居民因条件所限，处于对自身需求的"理性无知"状态。互助合作与行政服务、市场服务之间，既可以是补缺式的、互嵌式的，也可以是竞争性的，其既能照顾到更多老年人、残疾人、儿童等特殊群体的需求，也能辐射到生活服务的一般需求，同时可以向各类生产、增值服务拓展，可以说，互助合作是能够满足各类群体需求的供给形式。

四是充分利用数字技术。数字技术可以助推党委领导、政府负责下的圈层社会治理结构扁平化，推动党建工作、志愿服务以及社区服务的整合，可以向产品供销、储蓄、理财、保险等增值服务拓展，探索积分货币的使用和流通，让中国特色的社区互助合作治理体系建设成为可能。

从当前现实情况来看，社区居民互助多表现为偶尔、应急、自发的互帮互助，实则是行政管理类服务和市场经营类服务的补充，互助合作

①　刘妮娜：《中国互助型老龄社会的系统建构》，《云南民族大学学报》（哲学社会科学版）2022年第5期。

②　高健：《和谐社会的经济基础——利益共同体》，《生产力研究》2006年第6期。

组织以及互助合作经济的发展仍然处于萌芽阶段。笔者认为，社区互助合作治理的理想方向是通过互助合作与志愿、慈善、公益等在精神、服务、组织层面的交互合流，探索、建设、实现党委领导、政府负责下的基层自治组织体系、专业社会组织体系、社会企业体系、企业体系的合作发展，实现国家、居民、组织和市场之间的良性互动——建设具有中国特色的多种形式的现代互助合作组织和互助合作经济，其应当应用于生活服务和民生保障的各个领域，达到民生保障与社会治理共同成长、人民共同富裕和享受美好生活的目的。

第九章　依赖与自主：专业社会组织赋能式治理

专业社会组织是中国特色基层社会治理体系的重要组成部分，具有孵化培育、赋能增效等专业能力，可以有效弥补政府失灵和市场失灵，是推动基层社会治理体系和社会治理能力现代化的重要工具。同时，不同专业能力因其所依赖、能动员的资源数量和程度有所不同，会在实际运营中采取既具共性又有个性的自主策略实现自身可持续发展，助力均衡的城市基层社会治理体系建设。回天地区具有代表性的专业社会组织包括枢纽型社会组织、志愿者协会、社工机构（社会服务机构）等。这些专业社会组织在发起背景、角色功能、组织结构、人事安排、运作机制、资源依赖、专业能力等方面均有不同，但发展路径又颇具共性，即依托可获得的政府、市场和社会资源，通过平台搭建、专业救助、组织培育等方式，实现自身可持续发展与优化基层社会治理的双重目标。本章引入资源依赖理论，立足寓于城市基层社会治理体系中的专业社会组织的整体性分析框架，尝试具体分析回天地区 7 个专业社会组织案例，总结专业社会组织赋能式治理的特色、模式与可行路径。

第一节　专业社会组织赋能式治理模式分析

专业社会组织扎根基层、参与基层社会治理的过程，亦是其通过专业能力，在与政府、社会、市场等多种资源互动中获取实质合法性，拓展自主发展空间的过程。本节主要采用资源依赖理论视角，对专业社会组织赋能式治理进行理论模型构建，并进行具体分析。

一　理论模型构建

以往学者对专业社会组织的自主发展与资源依赖关系进行过诸多研究。从自主与独立角度出发，有两种观点比较有代表性。一是将独立性与自主性分开，认为独立性是组织赖以存在的前提条件，重点关注那些事关组织可否存在的条件问题，包括制度基础和物质基础，而自主性强调的是"按照自己的目标来行事"，涉及组织可否对内部实行自我管理、自我治理，其中最关键的是组织的使命与组织管理主导权问题。[①] 二是把自主性划分为外部关系结构层次的自主性和内部行动与策略层次的自主性，[②] 前者强调因结构安排和权力制约而获得的自主性，也称结构性自主，后者则强调社会组织能动地采取灵活策略以实现对制度逻辑的驾驭，也称策略性自主。[③] 笔者认为，作为基层社会系统的组成部分，任何组织或机构都并非真正独立，需要依赖其他组织或机构，以有序的方式相互关联，并对社会整体发挥相应的功能。[④] 故本书遵循结构性自主与策略性自主的自主性划分展开研究。

进一步地，从自主与依赖角度出发，资源依赖理论认为，组织最重要的是关心生存，没有组织是自给的，任何组织都需要资源，这就需要与环境进行交换，组织对资源的需求构成了组织对外部的依赖，[⑤] 也构成了权力的争夺，而环境给组织提供资源的稀缺程度和重要程度，决定了组织对环境的依赖程度。[⑥] 为减少所需资源的不确定性，组织会采取策略重组其依赖关系，[⑦] 实际上这也是自主发展的动因和结果。以往研究将组织间的双向依赖关系划分为两种。一是对称性依赖和非对称性依赖。对称性依赖指双方组织之间的依赖性大体相当，权力大体平等，非

① 王诗宗、宋程成：《独立抑或自主：中国社会组织特征问题重思》，《中国社会科学》2013 年第 5 期。

② 黄晓春、嵇欣：《非协同治理与策略性应对——社会组织自主性研究的一个理论框架》，《社会学研究》2014 年第 6 期。

③ 曾琰：《超越"结构性自主"：中国社会组织发展的"内在性自主"导向及启示》，《中南大学学报》（社会科学版）2017 年第 6 期；范斌、朱媛媛：《策略性自主：社会组织与国家商酌的关系》，《江西师范大学学报》（哲学社会科学版）2017 年第 3 期。

④ 刘润忠：《试析结构功能主义及其社会理论》，《天津社会科学》2005 年第 5 期。

⑤ R. M. Emerson, "Power-dependence Relations," *American Sociological Review* 27.1 (1962): 31 – 41.

⑥ 冯欣欣、曹继红：《政府与非营利体育组织合作：理论逻辑与模式转变——基于资源依赖的视角》，《天津体育学院学报》2012 年第 4 期。

⑦ T. Casciaro & M. J. Piskorski, "Power Imbalance, Mutual Dependence, and Constraint Absorption: A Closer Look at Resource Dependence Theory," *Administrative Science Quarterly* 50.2 (2005): 167 – 199.

对称性依赖指当一个组织的依赖性大于另一个组织时，权力变得不平等。① 在长期的双边关系中，对称性依赖的双方关系比不对称性依赖的关系更加稳定。② 二是竞争性依赖与共生性依赖。一个组织取得较少的成果意味着另一个组织取得较多的成果，但交换资源对于各自生存极其重要的组织之间存在竞争性依赖；一个组织的产出意味着另一个组织的投入，相互可以交换资源的组织之间存在共生性依赖。③ 共生性依赖比竞争性依赖更利于相对弱势一方的发展，同时不排除存在双方在总体上是共生性依赖中也有竞争性依赖的可能。④ 因此，专业社会组织在与多方互动中，会形成多种类型的双向资源依赖关系，而从整个城市基层社会治理体系角度来看，各个向度之间都能保持一种对称性与共生性的关系是保证整个系统达到均衡和稳定的理想状态（见图9-1）。

图9-1　专业社会组织自主发展与资源依赖关系分析框架

根据前述分析，结合对访谈资料的开放式编码、主轴编码和选择性编码，基于参考节点、副范畴、主范畴以及主副范畴之间的关系内涵（见表9-1），形成专业社会组织赋能式治理的"故事线"和理论模型（见图9-2）。专业社会组织赋能式治理的"故事线"为：专业社会组织的机构特色在于独特的价值理念、非营利属性、中介枢纽意义，其通过寻求政府支持、联合商业、深入社区以及组织合作等，意图助力建设互依共生的基层社会治理体系，推动实现平台搭建、专业服务、组织培育等赋能基层使命。

① 马迎贤：《资源依赖理论的发展和贡献评析》，《甘肃社会科学》2005年第1期。

② E. Anderson & B. Weitz, "Determinants of Continuity in Conventional Industrial Channel Dyads," *Marketing Science* 8.4 (1989): 310-323.

③ 杰弗里·莫佛、杰勒尔德·R. 萨兰基克：《组织的外部控制——对组织资源依赖的分析》，东方出版社，2006。

④ 竺乾威：《政社分开：从资源依附走向共生性资源依赖》，《福建行政学院学报》2017年第4期。

表 9 - 1　专业社会组织赋能式治理访谈资料编码

主范畴	副范畴	初始概念
机构特色	独特的价值理念	同理心、尊重、接纳、自愿、助人自助、友爱、利他、以人为本、平等、民主、可持续发展目标、公共使命、困弱救助、福利服务、权益保护、环境改变
	非营利属性	志愿组织、社工机构、枢纽型社会组织、不分配盈余、社会责任、社会服务、资源依赖、经费不足
	中介枢纽意义	培育载体、转化引流、沟通桥梁、统一规范、资源协调、政策倡导、增能发展、建构网络
互依共生	政府支持	登记注册、政策支持、枢纽认可、行政规范、工作指导、项目招标、专项资金
	联合商业	国企投资、社企合作、开展活动、业务嵌入、经营社群、微信公众号、小程序、网站、媒体报道、分时段定价、灵活利用场地、多业态运营、公益定价
	深入社区	提供场所、购买项目、提供资金、工作对接、项目推动、开展合作、提供服务、骨干带动、活动参与、调解矛盾、信任肯定
	组织合作	孵化体系、联动引领、项目承接、平台搭建、信息沟通、资源共享、业务合作、特色创新、良性竞争
赋能基层	平台搭建	公开信息、征集建议、反馈沟通、交流互动、发布活动、协商议事、矛盾化解、合作共赢、搭载服务、辅助治理、居民共治、微信小程序、联合商户、政购平台
	专业服务	个案帮扶、就业帮扶、残疾人群培训、提供生活补贴、知识普及、心理疏导、传播预防理念、儿童教育、老年人照护
	组织培育	设立学院、智库建设、打造课程、分级分类、专项培训、倒逼成长、资格评审、等级评估、社企认证、物业联盟、孵化基地、专业社会组织培育、社区社会组织培育、社群培育维护

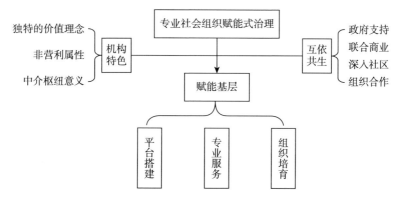

图 9 - 2　专业社会组织赋能式治理的理论模型

二 机构特色

总结而言，专业社会组织的机构特色包括独特的价值理念、非营利属性以及中介枢纽意义。

（一）独特的价值理念

笔者认为，专业社会组织独特的价值理念体现在社会工作与社会治理二者互相通嵌的双重价值上。① 社会工作既是一种利他主义的工作方式，也体现了一种助人自助的现代精神与促进社会公正公平的人生信念。② 而社会工作与社会治理的逻辑相通之处在于，二者都提倡以人为本，目的在于通过协助个人和社会解决问题，并发挥个人和社会的潜能，以增进个人和社会的福利，促进人的发展和社会进步，最终提升基层社会治理的水平。从调研来看，无论何种专业社会组织，其工作范围都包括弱势群体服务、基层组织培育、社会资源整合，同理心、尊重、接纳、自愿、助人自助、友爱、利他、以人为本、平等、民主的价值理念贯穿于专业社会组织的机构发展之中。

比如在困难帮扶方面，一位社工发现有位80多岁的老人经常独自唱歌，却不参加社区合唱团。社工通过交流、倾听和陪伴逐渐和老人建立联系，帮助老人打开心扉，在聊天过程中，发现老人由于和孩子关系不融洽，产生孤独的心理进而导致她和合唱队产生摩擦。在了解情况后，社工对老人的做法表示理解，肯定老人的能力，帮助其建立自信心，然后帮助她和合唱队沟通化解矛盾，最后解开了老人的心结。经过一段时间后，老人变得开朗，在合唱队做自己喜欢的事情，越来越自信，也将自己的能量传递给小区内的其他老人。（S620210413）

---

① 王思斌：《社会工作在构建共建共享社会治理格局中的作用》，《国家行政学院学报》2016 年第 1 期。
② 王思斌：《试论我国社会工作的本土化》，《浙江学刊》2001 年第 2 期；李迎生：《构建本土化的社会工作理论及其路径》，《社会科学》2008 年第 5 期；田毅鹏、刘杰：《中西社会结构之"异"与社会工作的本土化》，《社会科学》2008 年第 5 期。

（二）非营利属性

从组织属性来看，专业社会组织都是不以营利为目的的非营利组织。根据王名编著的《非营利组织管理概论》中的界定，非营利组织是不以营利为目的、主要开展各种志愿性的公益或互益活动的非政府的社会组织。[①] 笔者调研的枢纽型社会组织、志愿组织、社工机构均属于非营利组织。一方面，专业社会组织的非营利属性与其机构目标使命、工作范围密切相关。专业社会组织是随社会建设现代化、精细化、专业化发展而逐步发展起来的，其机构使命在于承担社会责任与提供社会服务，体现为以其特有模式对社会治理产生从微观到宏观、由内到外的影响，进而形成一个完备的技术体系和组织体系。专业社会组织扮演的角色往往是实现者、经纪人、呼吁者、赋权者、行动者、调停者、谈判者、教育者、发起人等，[②] 在保护个人利益的基础上为服务对象提供增能服务、调适社会关系、补充基层治理短板、协调化解社会矛盾、促进社会稳定等。[③] 而这些恰与竞争为本、保护自己、追逐利润的营利属性相反。另一方面，专业社会组织的非营利属性也导致其面临资源依赖和经费不足的现实问题。

（三）中介枢纽意义

社会治理是多元主体共同治理的过程，从整体性的基层社会治理体系角度来看，专业社会组织是党－政－社－企资源依赖网络中的组成部

[①] 非政府组织和非营利组织的说法主要因与政府还是与企业相区分而产生。根据王名的界定，非政府组织指的是除政府之外的其他社会组织，但由于约定俗成，这一概念中并不包括企业等营利性的社会组织，不包括家庭等亲缘性的社会组织，也不包括政党、教会等政治性、宗教性的社会组织。相对于企业、家庭、政党和教会等社会组织来说，非政府组织往往更具有公共性、民主性、开放性和社会价值导向。所以严格说来，非政府组织这一概念指的是除政府之外的其他社会公共组织。非营利组织则源自美国，指由私人为实现自己的某种非经济性愿望或目标而发起的各种各样的社会机构或组织，不仅包括基金会、慈善筹款组织等公益类中介组织，也包括社交联谊、互助合作、业主和专业协会等互益类组织，还包括私人创设的学校、医院、社会福利服务机构、艺术团体、博物馆、研究机构等服务类组织。参见王名编著《非营利组织管理概论》，中国人民大学出版社，2010。

[②] 库少雄：《社会工作实务》，社会科学文献出版社，2002。

[③] 叶楚生：《社会工作概论》，台湾同泰印刷局，1986；周永新：《社会工作学新论》，香港商务印刷局，1994。

分，故笔者认为，专业社会组织在其中的重要作用就在于充当资源协调、建构网络、政策倡导、增能发展的中介枢纽。所调研的 S1 组织和 S2 组织的枢纽作用十分明显，但实际上每个社会组织都有机会成为一个区域性的枢纽型社会组织。

志愿者协会和社会工作机构也具有中介枢纽的共性特征。志愿者协会作为志愿者组织的一种，负责志愿者的招募、注册、培训、管理、服务工作并承担相应法律责任；作为具备社团法人资格的层次较高的志愿者组织，志愿者协会规划、指导、协调一定区域内的志愿服务工作，在文娱活动、环境保护、关爱特殊群体等方面发挥疏导、扶助、教化、凝聚功能，承担着一定的行业规范与组织管理功能。[①] 调研的 S3 组织和 S4 组织均在昌平团区委、街道办事处的支持下成立，并经昌平区民政局注册。社会工作机构则偏向弱势群体救助与社区发展，通过协调多方资源，利用专业理念和方法提供专业服务，帮助社区联动资源解决矛盾问题，为个人、基层组织、社区提供指导、赋能、增能。[②] 笔者调研的 S5、S6、S7 组织均在昌平区民政局注册成立，一方面关注关怀老年人、残疾人、早产儿等特殊群体，另一方面开展或承接社会服务类项目、基层治理类项目。

三 互依共生

资源依赖理论指出，社会组织是一个利益集合体，生存是社会组织的首要使命，社会组织所拥有资源的数量、质量、结构决定了其实力和竞争力。但是，社会组织内部无法生成生存和发展所需的各种资源，唯有通过与环境的互动，采取竞争、联盟、嵌入等策略，组织才能获取所需的资源。因而，不管组织规模大小、组织目标如何、组织技术高低，资源的获取、转化、使用、存储都是其发展过程中重要的活动内容。[③]

① 唐璨：《论我国志愿者协会的功能定位》，《中共成都市委党校学报》2012 年第 2 期。

② 蔡屹、何雪松：《社会工作人才的三维能力模型——基于社工机构的质性研究》，《华东理工大学学报》（社会科学版）2012 年第 4 期。

③ 乔运鸿、龚志文：《资源依赖理论与乡村草根组织的健康发展——以山西永济蒲韩乡村社区实践为例》，《理论探索》2017 年第 1 期；J. Thompson & W. McEwen, "Organizational Goals and Environment: Goal-setting as an Interaction Process," *American Sociological Review* 23.1 (1958): 23.

整体来看，专业社会组织与政府、市场、街道、社区，以及专业社会组织之间，均有相应的依赖关系。政府主要为专业社会组织提供公信力背书、政策支持、资金支持、资源链接等；市场主体则通过业务嵌入、物资捐赠等方式给予专业社会组织资金或技术支持；社区则是专业社会组织最基础的深耕场域，与社区的关系影响专业社会组织的使命达成效果与社会认同程度；专业社会组织之间亦可通过相互交换或共享资源，实现资源的最优组合与效用最大化。不同层次、不同类型的专业社会组织的资源依赖关系存在一定差异，如图9-3所示。尤其在与政府、国有企业、大型私企等强势部门的互依共生关系中，往往呈现专业社会组织依附性更强的非对称性依赖关系。但专业社会组织也会通过赋能基层治理、与基层联合等方式，使其与政府、市场的关系逐渐趋向对称性依赖。

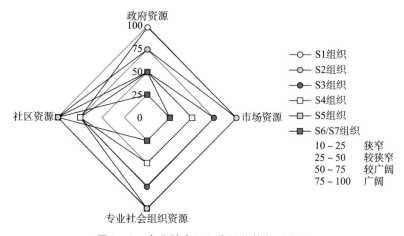

图9-3　专业社会组织资源依赖关系差异

（一）政府支持

政府支持是社会组织得以发展并发挥作用的重要影响因素，主要表现在以下三个方面。

一是信用背书。信用背书包括业务指导、登记注册、等级评估等。作为政社关系网络的"中间人"，专业社会组织需在行政机关登记注册以获得合法性，进而承接政府购买项目，参与社会治理等。同时，政府定期对专业社会组织进行等级评估，提供相应的支持，为公众选择提供参考。如昌平区政府将各级、各职能部门用于购买专业社会组织服务的资金统一纳入 S1 组织统筹规划，通过此平台吸引带动其他专业社会组织参与实践，S1 组织则负责收集、发布、评审政购项目，发放中标通过书，对中标项目进行督导评估，形成统一完善的政府购买专业社会组织服务管理机制。S5 组织于 2019 年在北京市昌平区民政局注册，被认定为北京市 3A 级社会组织；S6 组织于 2017 年在北京市昌平区民政局注册，后被认定为北京市 5A 级社会组织。S3 组织和 S4 组织分别在回龙观地区办事处、回龙观镇团委、东小口镇政府的支持、指导下成立。

二是政策支持。如针对回天地区社会组织示范区建设，北京市系统出台了 "1 + 3 + N" 的示范区建设政策文件体系。"1" 是指《关于回天地区社会组织创新发展示范区建设的试点方案》；"3" 是指《关于在回天地区开展完善政府购买社会组织服务机制的试点方案》《昌平区关于培育扶持社区社会组织的实施意见》《昌平回天地区社会企业认证与扶持试点办法（试行）》；"N" 是指若干个配套文件，包括《回天地区政府购买社会组织服务资金管理办法（试行）》、《回天地区城乡社区社会组织备案管理工作细则（试行）》、政府购买社会组织服务 "三目录一机制" 等。上述政策体系的建立，为回天地区专业社会组织创新与发展提供了重要政策保障。

三是资金支持。资金支持的主要方式包括政府专项资金支持、购买服务项目、政策性拨款、税收优惠等。如 S1 组织运营昌平区社会组织孵化基地以及体育文化场馆等，均得到政府专项资金支持。一般性的专业社会组织资金主要来自政府购买服务项目。如 S6 组织 2017 年、2018 年、2019 年分别承接多个政府购买服务项目，除区－镇－街的政府购买服务外，还包括社区、妇联等。

（二）联合商业

联合商业是专业社会组织获得发展运营所需资源的创新方式。公益与商业的连接点在于社群，社群组织、经营是二者的共同目标，故专业社会组织与企业合作，能够起到促进公益价值与经济价值共生发展的作用，实际上这也是社区互助合作治理的组成部分。回天地区专业社会组织在这方面有很多创新经验。

S1 组织、S2 组织、S3 组织均有与其成立渊源深厚的企业支持。如S1 组织的负责人也是昌品城市文化发展有限公司的主要负责人之一，该国企通过业务合作参与其运作过程，给予多方支持。S2 组织由创集合（北京）科技有限公司免费提供办公区域，并帮助其免费开发"合创家"小程序，为其开拓线上治理网络，并提供长期技术支持。S3 组织创始人也是 E1 社会企业的负责人，二者共同通过网站集合网友志愿者及社区居民志愿者的力量，开展志愿活动等。

> 从 2019 年开始，S3 组织与 E1 社会企业连续三年共同开展"回天映像"项目。该项目分为回天映像摄影大赛、回天映像诗歌大赛、回天映像短视频大赛三个栏目，旨在通过文字、图片、影像，记录回天三年行动计划的优秀成果，每年从参赛作品中评选出优秀作品，在首开广场、北京华联同成街购物中心、永旺梦乐城北京国际商城、天通苑文化交流中心等进行巡展活动。截至 2021 年，已举办线上和线下 13 场专题沙龙活动，线上活动累计观看人数为上千人次。在项目开展过程中，S3 组织也培育了一支热爱生活、热爱公益的摄影志愿者队伍，这支队伍由近 30 位回天地区的社区居民组成，不定期地在主办方推荐下参加各类社区活动共 70 多场次，承担活动公益拍摄的重要任务。（S320210818）

（三）深入社区

社区是专业社会组织开展工作、赋能基层的主场域，相关活动落地离不开社区"两委"和居民的信任与支持；同时社区也需要专业社会组织帮助其提升社区治理能力、培育社区组织、解决社区问题。

一是与社区"两委"建立联系。专业社会组织在承接政府购买社区治理服务类项目、孵化培育社区社会组织或志愿队伍等过程中，不论是已经选定社区，还是需要寻找合适的社区落地，均需要与社区"两委"对接工作，进行沟通、协商、指导。从两种枢纽型社会组织的比较来看，街道层级的枢纽型社会组织得益于街道的信任与支持，可以迅速联动社区"两委"，在所辖社区内打开工作局面，而区域级枢纽型社会组织与社区"两委"则更有"距离感"。相较于枢纽型社会组织，其他专业社会组织的服务领域更加聚焦，多数也会依托某街道或某几个特定社区开展项目。但同时，由于一些专业社会组织能力不足，实际运作中也会出现社区"两委"不配合的现象。

二是让社区居民参与进来。如S1组织开发的"回天邻里"小程序与S2组织使用的"合创家"小程序，都是通过线上方式推动居民参与。相较而言，街道层级的枢纽型社会组织与社区居民的联系更为紧密。所调研的志愿者协会和社工机构均是锚定居民特定需求，从老年人、儿童、残疾人等特殊群体出发，为社区居民提供服务，并进一步强化社区基层组织培育功能，扩大服务范围，在更广泛的居民群体中树立形象、建立信任。如S5组织以早产儿关怀品牌项目为切入点融入社区，进一步参与到社区治理和难题解决中。包括与龙泽园街道合作，开展街道环境秩序提升项目；承接社区志愿者团队培育项目；承接帮助社区成立业主委员会项目等。在参与社区治理过程中，S5组织通过引导居民消除陌生感、调控谈话氛围、建立信任等方式，积极消除分歧、促进协商议事，有效缓和了居民和社区工作人员之间的矛盾，使居民更加积极地参与到社区治理中。

> S5组织工作人员讲述道："帮助社区成立业委会那会儿，在机构对接的社区里，有一个比较激进的居民，天天在居委会闹事，双方说和不了，我通过和他接触，空闲时间约他吃了两次饭，通过聊天了解了他的真实想法，对他的疑惑也进行了解答，以真心换真心，这个居民后来在居委会也不好意思大吵大闹了。"（S520211028）

又如S3组织承接"G＋"绿色社区公益项目，通过培育绿色人文（"G＋最美长卷"）、绿色出行（"G＋健步走"）、绿色环境（"G＋井上添画"）、绿色消费（"G＋跳蚤市场"）四个项目，设计并制定符合绿色社区理念的项目操作流程，为社区志愿者们提供专业、实用的项目操作指导，推动社区居民自发组织、开展"G＋"绿色社区项目系列活动。截至2021年，"G＋"绿色社区项目共在九个社区实施。

（四）组织合作

组织合作是不同专业社会组织之间整合资源、协同发展的重要途径。专业社会组织之间存在明显的竞合关系，不同专业社会组织之间的互动方式存在差异。

首先，枢纽型社会组织与专业社会组织存在非对称性的互依关系。枢纽型社会组织对本区域专业社会组织有孵化培育的责任和功能，专业社会组织的成长则有赖于枢纽型社会组织的资源支持，同时专业社会组织也是枢纽型社会组织深入基层、扎根基层、赋能基层的重要抓手，双方共同致力于某区域基层社会治理体系建设目标，并在协同发展中实现共同成长。如 S1 组织负责运营的昌平区社会组织孵化基地自 2018 年 4 月正式开放以来，已入驻各类社会组织、社会企业近 100 家。面对大型政购项目，S1 组织联合其他专业社会组织共同参与。S2 组织建立了"一学院、三组织、五队伍"中枢系统，即以"社区学院"赋能，依托社区信息化普及服务队、社区心理健康服务队、龙域东一路商户自治协会三个成熟组织，助推基层组织向环境治理、便民服务、心理疏导、矛盾调解、安全防控五大治理方向孵化转变。同时，回龙观街道物业企业联合会由其进行代管。

其次，枢纽型社会组织之间、专业社会组织之间存在竞合关系。以 S1 组织与其他组织之间的关系为例，一方面，其他组织参与 S1 组织的政府购买服务项目以及其组织的各类培训等，在这种情况下 S1 组织与其他组织是培育与被培育的关系；另一方面，当 S1 组织与其他组织都希望成功申请项目或者运营平台时，其又转变为竞争关系。

四　赋能基层

赋能基层是专业社会组织的主要任务，主要表现在通过采取平台搭建、专业服务、组织培育等多元策略，联动党－政－社－企的资源依赖网络，共同赋能基层治理、扶贫济困、培育基层组织和社群、推动居民参与和社区发展。

（一）平台搭建

专业社会组织作为灵活、专业、互益的第三方组织，其平台搭建功能日趋显现。主要包括线下资源联动平台和线上互联网平台两部分。

首先，线下资源联动平台主要体现为将多方资源联动起来形成合力。

一是枢纽型社会组织汇聚政府、企业、社区、社群等多方资源。如 S2 组织以社区学院为牵引，与其他社会组织、企业合作，邀请专业人员为社区居民免费提供涵盖智能类、家居类、心理类等方面的课程，吸引居民参与社区活动。截至 2020 年底，S2 组织社区学院已在 10 余个社区成立分院。在此基础上，借助回龙观街道购买服务资源，每年结合中国传统节日及重要时间节点策划设计特色主题活动，截至 2020 年底，共举办 260 多场活动。

二是其他专业社会组织帮助社区联系外部资源并提供技术指导。如 S3 组织在 2019 年与五个社区签订了项目孵化合作协议书，提供相关工具与技术支持。

> 在健步走活动中，由社区发布活动通知，S3 组织找赞助商为参赛者提供统一的服装，并提供指导老师带领队伍开展活动。在社区跳蚤市场上，S3 组织对接 E2 社会企业①将居民闲置的衣物、书籍、文具、玩具、小家具、小电器以及可以再次使用的生活用具捐出，由企业统一收集捐赠，并给予后期捐赠说明、展示等。(S320210818)

其次，专业社会组织依托科技手段，以线上互联网平台推动政府、社会组织、社会企业、社区、居民、商户之间的信息互通与行动协同。其优势体现在两个方面。一方面，可以实现多方信息迅速共享；另一方面，有助于帮助居民形成虚拟共同体，进而拓展到现实共同体。

一是搭建政民互动平台。以政民互动平台促进信息上传下达，提升政务公开水平。如 S1 组织通过搭建"回天有我"网站与小程序，集社会组织信息注册、社会企业认证、政府购买服务、回天社会创新学院、服务案例数据库、活动发布等功能于一体，推动各方信息公开、资源链接、项目对接，提升工作效率。

二是搭建互助志愿平台。借助微信公众号、志愿北京大型官方平台、社区网、微信群等，民主协商议事，凝聚互助志愿力量。2020 年初，S3 组织协同 E1 社会企业、回龙观企业信用建设促进会以及 S4 组织，发起战"疫"网者（网络志愿者）行动。

---

① E2 社会企业是 2006 年成立的一家社会企业，成立初衷是支持流动儿童教育、关注打工者生存现状、倡导有尊严的捐助，2018 年荣获中国慈善展会金牌社会企业认证。

战"疫"网者（网络志愿者）行动从 2020 年 1 月 31 日正式开始，至 2020 年 2 月 25 日，战"疫"网者（网络志愿者）行动在"志愿北京"共招募 310 名志愿者，累计录入志愿工时 3174 小时，累计推送官方疫情相关新闻 83 条，每天信息传播覆盖达 15 万人次，并根据居民需要开设微信公益群——战疫网者健身群、微信公益课堂——亲子关系课堂等。（S320210818）

S6 组织根据居民需求建立互助微信群，如居民可以通过旧物交换微信群线上商量交换事宜，节约时间和资源。

三是搭建社区经济平台。如 S1 组织在"回天邻里"小程序推出电子出入证、疫情地图、实时防疫公告、居家隔离服务、疫情一键上报、防疫志愿招募等方便居民生活和社区工作人员管理的功能与服务。S2 组织推出"合创家"小程序，联合街道、社区、商户、居民等主体于线上互动，集缴费、评分、门禁、垃圾分类称重等功能于一体，并进一步在线上搭载辖区医疗、教育、商超、休闲等社区互助与商业服务。居民通过参与互助志愿活动，获得相应的积分，当积分积累到一定程度就可以兑换相应等级的福利。

（二）专业服务

专业社会组织秉持社工理念，运用专业社工方法，积极介入，帮扶老年人、残疾人、儿童等弱势特殊群体，为他们提供专业服务，增强其自我生存与发展能力，帮助社会预防风险、解决痛难点。专业社会组织也以此作为融入社区的切入点，逐渐扩大服务对象、服务领域，由点到面扎根社区。

如 S5 组织的负责人是一位早产儿母亲，她知道初为人母，面对孩子问题不知如何处理，面对自己的负面情绪也无法排解。她于是建立 S5 组织，由社工引导，联合保健所医生和有经验的宝妈，通过在群里分享早产儿健康知识、育儿经验以及心理支持，帮助新手妈妈缓解焦虑，解决育儿难题。

如疫情防控期间早产儿天天因为急性胃肠炎出现脱水危险，在 S5 组织里的医生、医务社工、早产妈妈们的共同帮助下及时进行了家庭救治。群内的妈妈们还为天天建立了服务小组，帮助天天一家

解决就医难题，最后帮助天天一家成功渡过了难关。（S520211028）

S6 组织承接了温馨家园（社区残疾人职业康复站）的运营工作，在温馨家园中为残疾人提供服务，其服务内容主要为开展个案、小组工作以及开展一些关于缓解压力、释放情绪的讲座。

> 如社区一位残疾人拨打市民热线"12345"表示自己活不下去了，社区居委会让社工对她多加关注。这位妇女下肢截瘫，没有收入来源，还带着一个上学的孩子。她当时全部积蓄被骗，又患有子宫肌瘤。S6 组织社工在初步交谈了解情况后，首先告诉她：任何人都具有优势和潜能，人就像一颗多面的钻石，只需要换个角度就能发现每个人身上不同的优点。让这位妇女不要气馁，大家共同努力克服困难。接下来，一方面，社工通过筹款软件帮她发起了社会筹款；另一方面，在社区和社工的帮助下，她开了一个煎饼摊，通过卖煎饼和售卖自己制作的毛笔，获得一些生活补贴。（S620210413）

S7 组织以协同式互助养老模式破解空巢老人无人照护的难题。通过建立属地化互助志愿团队（如银龄资源库和老老互助组）陪伴社区孤寡老人，以邻里守望相助的方式提供养老服务。

> 一般是由两个社会工作者组织社区的低龄老人志愿者，与高龄失能或老龄独居的老人结对子，每月一次，定期上门探望，通过 30～40 分钟的聊天给予老人精神慰藉，了解老人需求。在结对过程中，低龄老人会通过观察高龄老人的生活细节来了解其状况，如结对老人之间会定下一个约定，若高龄老人某天没有拉开窗帘，那他有可能是生病了，与他结对的低龄老人便会上门询问，低龄老人也会通过观察高龄老人每天是否取牛奶等细节来了解高龄老人情况。在上岗前，机构会对志愿者进行技能培训，如进老人家要观察其生活环境是否舒适，与老人沟通过程中要观察其是否具有逻辑思维能力，了解其是否存在疾病的危险，询问其情绪状况、与子女和邻里的关系等。（S720210913）

（三）组织培育

组织培育主要包括专业社会组织培育、联盟类组织培育、社区社会组织培育、社群培育等。

首先，枢纽型社会组织在专业社会组织培育、联盟类组织培育方面发挥重要作用。如 S1 组织通过昌平区社会组织孵化基地孵化专业社会组织，为其提供工作场地、项目支持、指导培训等帮助。承接"安居回天"物业服务创新示范项目，积极组建地区物业经理人联盟，并成立业委会指导中心，为辖区内业委会（物管会）提供工作指导服务。

其次，枢纽型社会组织、其他专业社会组织在社区基层组织、社群培育方面均发挥重要作用。主要体现在从"0 到 1"的组建和从"1 到 1 +"的增能两个方面。

一是帮助组建社区社会组织、社群、队伍。如 S6 组织从 2019 年开始，逐步在 H3 社区建立了 8 支志愿者服务队，服务范围涵盖养老、医疗、理发等，具有了一定的群众基础。2020 年，该社区进行老旧小区改造，导致社区矛盾加剧，社区"两委"感觉处理难度大，S6 组织即承接街道购买 H3 社区"社区化纠服务站建设"项目，帮助 H3 社区成立同心志愿服务队来调解社区矛盾。又如 S5 组织为 2 个社区共培育 10 支志愿者服务队，其中 4 支进行了街道备案。其中，互联网志愿者服务队为老人提供手机就医培训，受到居民的热烈欢迎。

二是帮助已有社区社会组织提质增能。如 S2 组织在社区已有的广场舞队、合唱队、书法队等兴趣类组织或队伍资源基础上，拓展其参与治理属性，培育孵化环境治理、便民服务、心理疏导、矛盾调解、安全防控 5 个治理方向的社区共建先锋队，孵化培育出共建先锋队 10 余支。在此基础上，S2 组织对社区需求以及队伍经验值进行分级，根据项目难度及社区社会组织能力评级进行任务匹配、发布及执行评审。

> 三个等级队伍分工如下：三级队伍主要进行较为简单的工作，其内容多为体力劳动；二级队伍则能够参与到社区活动的策划中，如撰写活动策划书等工作；一级队伍可以参与更加专业的工作与活动，如参与政府购买社会组织服务等。队伍升级的过程也是社区社会组织能力提高的过程。（S220210808）

第二节　回天地区社会组织枢纽
——以 S1 组织为例

作为枢纽型社会组织，S1 组织通过打造专业性、系统性社会组织孵化基地，搭建信息化协同平台和智能化社交平台，充分发挥了平台枢纽、专业赋能、价值引领等功能，辅以自我造血机制，日益成为回天地区最重要的社会组织枢纽。其重要特色在于两个方面。一是与国企合作并与基层社会密切联系，通过组织培育、社区增能、商业协同、科技支撑等多元策略组合，在一定程度上加强了政社合作；二是通过与多方资源依赖互动，探索支持赋能弱势，协调合作强势，推动互补/协同依赖的互惠合作、竞争依赖的相互制约，维持社会系统的相对稳定，进而保持有利于各主体生存发展的整体环境。本节将具体介绍 S1 组织的实践特色。

一　初生背景：结构性自主的相对缺乏

S1 组织是北京市昌平区政府推动成立的枢纽型社会组织，在成立之初，昌平区社会组织孵化基地就由 S1 组织管理运营，基地建筑面积 2000平方米，基地运营费用由昌平区民政局定期拨付。S1 组织是政府工作和政绩考核的重要内容，并且在最初的人事任命、决策制定、业务开展等方面由政府主导推动，符合具有官方背景的社会组织在成立初期对政府资源扶持表现出较强依赖性的共性特征。同时，S1 组织通过人员交叉任职的方式与昌品城市文化发展有限公司产生密切联系，获得其多方支持。总体来看，S1 组织成立之初的结构性自主缺乏虽然存在，但与政府和企业的双向互动也为其超越结构性自主创造了可能空间。

二　多元策略组合推动自主发展

(一)　组织培育：建立社会组织、社会企业支持体系

S1 组织作为昌平区的枢纽型社会组织，逐步建立起了社会组织、社会企业服务管理体系，通过联合专业社会组织扩大行动影响力和合法

性,[1] 发挥规模效益和增量效应。

首先,孵化培育各类社会组织。从 2018 年成立开始,S1 组织就致力于搭建昌平区的社会组织三级孵化体系。一方面,昌平区社会组织孵化基地招募入户一批社会组织,并把同方向、同链条上的社会组织集中到专项特训营进行针对性培育;依托回天创新学院,打造多样化优质课程,开设公共课、专业课等课程,开展工作坊、沙龙、一对一诊断等活动,扩大服务范围;利用社会组织综合党委平台服务培训社会组织党支部、党员;通过搭建"区－镇(街道)－社区"三级孵化体系,推动 1 镇 6 街(道)的社区社会组织联合会建设,对备案的社区社会组织实施统筹管理与服务。

> S1 组织工作人员讲述道:"针对刚刚成立的社会组织,我们会提供基础的答疑服务和课程服务;针对有一定经验的中间型的社会组织,我们会开展公益创投和主题月活动[2];针对成熟的社会组织,就帮助它们进行政府、社区购买服务等资源对接。除现场办公机构之外,其他机构也可以参加。根据这几年的统计,每年实体入驻基地的社会组织数量在 30~40 家,每年通过创新学院服务的社会组织有 100 多家。"(S120210802)

另一方面,通过"回天有我"政购平台收集、发布、评审政购项目,对中标项目进行督导评估,建立统一的政府购买社会组织服务管理机制,实现以政购促孵化,帮助社会组织成长。

其次,开展回天地区社会企业认证工作。结合回天地区的实际需要,在北京市昌平区民政局指导并成立专家组把关讨论下,S1 组织制定了《回天地区社会企业认证工作方案》,负责社会企业认证的申报、评审等工作。对通过认证的社会企业,S1 组织通过建立回天地区社会企业微信

---

[1]　晋军、何江穗:《碎片化中的底层表达——云南水电开发争论中的民间环保组织》,《学海》2008 年第 4 期。

[2]　公益创投是通过给予社会组织一定的项目资金扶持,推动社区治理服务实现专业化;主题月活动则是开展社会组织培育项目,在项目开展过程中进行评估与指导,提升其项目运行能力。

群、开设专业课程、发展训练营等方式，促进其交流互动、资源对接。根据数据统计，2019～2021 年，回天地区共开展 3 次社会企业认证工作，已累计认证 33 家社会企业，其中 7 家被认证为品牌社会企业。

（二）社区增能：探索专业赋能社区治理

社会组织帮助社区增能的过程也是其拓展自身社会基础、提升行动合法性的过程。S1 组织在这个方向上主攻的是社区治理类重难点项目，这些项目的顺利完成也使其收获了美誉。如 2020 年其承接的"安居回天"物业服务创新示范项目和"益分类"垃圾分类创新示范服务项目，分别面向企业、基层组织和居民进行专业赋能，同时探索社区自我造血机制。

一是成立伙伴联盟。广泛动员小微企业、专业社会组织、个体商户等基层治理主体，结成伙伴联盟，以组织联合畅通沟通渠道、促进资源共享、凝聚基层力量。

> S1 组织工作人员讲述道："我们推动龙泽园街道辖区内物业服务企业和物业管理人员结成物业联盟，搭建起辖区物业服务企业和社区之间的沟通桥梁，同时也制定统一的行业规范，推动物业管理精细化，提升物业服务品质，帮助维护物业服务企业和业主的合法权益。我们还联合'回天地区'7 个镇街（1 镇 6 街道）成立了'回天环保联盟'，成员单位包括 10 家社会机构、20 多家垃圾分类上下游企业。"（S120210802）

二是成立业委会指导中心。2021 年，S1 组织整合了不同行业、不同方向的专家资源，成立业委会指导中心，为辖区内业委会（物管会）提供包括指导业委会筹备、成立和规范化发展等指导服务，帮助并指导成立了 14 个业委会、18 个物管会，开展线上线下咨询指导服务 60 余次，输出《业委会成立工作指导手册》1 本。

三是面向居民开展宣传教育。线上线下合力宣传，普及物业管理与垃圾分类相关常识及法律法规，让居民主动学习、参与并践行垃圾分类，也让业主了解并正确认识物业管理，并在此过程中有意识地发展基层组织、社群。

四是建立街道和社区专项基金。借助回天社区公益基金会优势，调动街道、社区、企业、商户和居民的力量，畅通社会资金参与基层治理渠道，并建立相应的资金管理机制和使用细则，所筹集的资金主要用于街道或社区服务项目、优秀公益项目等方面。

（三）商业协同：以社群经营实现经济和社会目标双赢

商业协同是 S1 组织自主策略的突出特色，也是 S1 组织联动政府、企业、社区、居民的重要工具。其主要方式是通过政府和国有企业建设文化体育场馆，打包交由 S1 组织（联合北京昌品城市文化发展有限公司）进行运营。S1 组织打破了单一依靠政府财政补贴或纯商业企业主体的运营方式，招募各类小微企业、个体商户、专业社会组织入驻，共同经营，培育不同类型的居民社群，同时采取内容、时段、空间菜单式的"公益（免费）＋商业（收费）"模式，以商业反哺公益，实现公益价值与市场效率的融合与共生发展。截至 2022 年，S1 组织已经参与天通苑文化艺术中心、天通苑体育馆等场馆运营工作。

在天通苑文化艺术中心运营中，S1 组织引进了名院名团、精品剧目等，开展咖啡沙龙活动、全民阅读服务、传统文化服务、红色党建服务等品牌文化活动/服务，进一步地，通过机制输出、服务输出、技艺输出联动镇（街道）和社区（村）。中心图书馆在每日下午五点前向公众免费开放，剧场、排练厅也可以供公众免费试用；同时开展活动场地租赁、广告宣传、演出项目合作、剧场商务活动、电影包场、影券团购等商务合作，图书馆在每日下午五点后变为付费自习室，地下一层的创美空间对外租赁收取费用，书店销售图书和相关文创用品，以此营利。

天通苑体育馆也会在一定时间段以低于市场价格的标准面向消费者收费，同时通过承接篮球赛等体育赛事获得收益。

（四）科技支撑：建立大型社区治理数字平台

S1 组织在成立之初，就主动与科技企业合作探索科技支撑赋能方式，畅通各类相关主体的沟通渠道、打造虚拟社群共同体、[①] 引导居民积极参与基层治理，具体做法有三。

---

① 牛耀红：《社区再造：微信群与乡村秩序建构——基于公共传播分析框架》，《新闻大学》2018 年第 5 期。

一是开发"回天有我"综合服务平台。该平台主要面向政府、社会组织和企业，集社会组织信息注册、社会企业认证、政府购买服务、回天社会创新学院、服务案例数据库、活动发布等功能于一体，实现多方之间的高效协同。

二是开发"回天有我""回天邻里"等社区治理小程序。主要面向社区和居民，探索构建回天社区居民在线交流与社区参与场景。"回天邻里"中包括社区公告、社区议事、社区环保、社区物业、社区信箱、社区党建等模块，居民可以通过小程序了解社区信息动态，参与社区议事并反馈意见建议。以电子出入证为例，回天社区居民用手机端小程序自行填写基础信息，向所在社区申领电子出入证；社区工作人员登录管理系统后台，就能对本小区提交申请的居民信息进行身份审核，对符合要求的居民发放电子出入证。

三是开发社群机器人等社区管理助手。主要面向社区和居民，由科技企业后台对机器人进行具体设置和管理。

三　S1 组织的多方资源依赖关系分析

（一）S1 组织与政府、国有企业①

S1 组织在其成立之初呈现出较强的"官办"色彩，与政府和国有企业初步表现为非对称性依赖关系。而后，S1 组织通过采取组织培育、社区增能、商业协同、科技支撑等多元策略，联合了社会组织、社会企业、小微企业等多方资源，共同赋能基层治理，与基层的联合、与政府的合作获得了政府和国有企业的信任，使其承接更多政府"任务"，成为政府的"伙伴"，并与国有企业达成更多合作，双方关系逐渐趋向对称性依赖。

同时，S1 组织与政府、国有企业具有不可相互取代的资源性差别和结构性差别，存在互补性依赖关系。首先，作为政社关系网络的关键"中间人"，S1 组织承担社会组织孵化培育、管理服务、社会企业认证、政府购买服务等工作，发挥了行政资源转化与整合、利益综合与表达等

---

① 党组织和党员嵌入政府、社会、市场、专业社会组织，发挥全面领导与统筹协调作用，这里不对其进行着重分析。

作用，为政府畅通了与专业社会组织之间的沟通渠道，打破了专业服务上的行政僵化困境。而政府则为 S1 组织提供了资金、政策、公信力背书等资源，S1 组织负责的社会组织孵化培育基地、社会组织管理服务平台、社会企业认证平台实际均由政府行政资源背书，才得以在各项工作中迅速打开局面。其次，企业社会责任（CSR）强调企业对消费者、社区和环境的贡献，[1] 推进三者动态平衡，有助于为企业树立品牌形象、增强投资者信心、获得消费者青睐等。故在互补依赖下，昌品文化企业在基础设施建设、线上治理平台搭建等方面为 S1 组织提供资金和技术支持，S1 组织则为其培育社群基础、搭建小微企业和个体商户平台、密切政府社区关系等提供渠道。

（二）S1 组织与社区、其他专业社会组织、其他企业

S1 组织面向的主要目标对象是社区、其他专业社会组织、其他企业，目的在于通过与其进行差异性互动，逐步做实做强"基层社会"，完成 S1 组织的使命任务。S1 组织与这些目标对象之间虽然不存在结构性的资源差异，但组织双方的异质性资源融合可以产生新的能力，达成双方共同目标，即存在协同性依赖关系。

首先，社区居委会、业委会、社区社会组织等所代表的社区——基层自治组织体系拥有最大规模的社群资源，同时居民对社区有更强的信任，代表基层"互助"力量，而枢纽型社会组织的特点在于其具有专业能力以及对政府、市场等资源的识别整合能力。S1 组织即通过承接物业服务、垃圾分类等相关政府购买服务项目帮助社区、服务社区，同时社区也为其提供相应的社群、场地等资源。其次，S1 组织在与市场主体互动中，通过推动成立企业联盟、进行技术培训、对接社区社群资源等方式帮助它们发展成长，也依靠这些企业增强基层治理的活力动力。最后，其他专业社会组织的成长有赖于枢纽型社会组织的资源支持，同时其他专业社会组织也是枢纽型社会组织深入基层、扎根基层、赋能基层的重要抓手，双方共同致力于回天地区基层社会治理体系建设目标，并在协同发展中实现共同成长。面对大型政购项目，S1 组织即会联合其他专业社会组织共同参与，如与昌平区创新创业服务者协会等联合承办回天地

---

① 刘成晨：《国企社会责任及其购买社会工作服务的路径》，《现代企业》2022 年第 3 期。

区"城事社计大赛"等。

(三) 走向对称共生性依赖

狭义地看，S1 组织与政府、企业、其他专业社会组织、社区有共同的民生保障和社会治理使命，而政府、社区、国有企业存在或大或小的行政逻辑，追求治理目标；专业社会组织和社区社会组织属于公益逻辑，追求影响力目标，希望能够获得机构的自主发展空间；企业、个体商户和社会企业亦有一定社会责任或公益属性。故枢纽型社会组织在社会影响力、治理效能等方面均与其他几类主体存在竞争和比较。在或显性或隐性的竞争中，各类主体为更好地实现自身目标而发力，促进基层治理主体"百花齐放"而非"一枝独秀"。广义地看，在基层社会系统中，S1 组织与其他主体并存，通过资源交互，在合作与竞争中共同成长，其关系的根本在于对称共生——通过互补/协同依赖的互惠合作、竞争依赖的相互制约，逐步从非对称性依赖走向对称性依赖，维持社会系统的相对稳定，进而保持有利于各主体生存发展的整体环境，实现共同发展。

但从整个基层社会治理体系建设角度看待 S1 组织，可以发现其发展仍有掣肘。一是业务主管单位是民政部门，一方面，以行政逻辑来看，基于安全和竞争需要考虑，政府往往会干预社会组织的人事、财权以及日常运转等方面，导致社会组织发展还是在有限的行政资源框架内运作；另一方面，仅通过民政系统而非街道党工委，触及的实际上是"有限"的基层，其所搭建的嵌入街道、社区的社会组织三级孵化体系亦很难得到街道、社区的完全响应。二是仅拥有社会组织的身份，对其他专业社会组织的组织动员能力不足。三是推动居民参与的能力不足。虽然 S1 组织探索依靠各类文化体育场馆、数字平台、基层组织等方式吸引居民参与，但效果欠佳，要真正实现居民共治，需要向居民利益相关的互助合作推进，这需要党委、政府、社区、市场的共同努力，仅靠S1 组织是无法实现的。

小　结

在城市基层社会治理体系中，专业社会组织的功能包括四方面。一是保护政府权责边界不被基层社会各样需求所过度捆绑；二是为居民提供救助和参与平台，帮助其表达诉求、参与社区治理、走出困境；三是为基层组织赋能，帮助各类基层组织提高自身能力，同时形成对相关企业的监督约束；四是为企业提供社群资源，作为基层社会信任的平台，帮助其建立客户群体等。这些功能的实现需要与多元治理主体进行多向度的资源依赖互动，其关键在于与政府、企业建立良好合作关系，为基层赋能，与基层社会紧密相连，其组织功能的实现会帮助其在资源依赖互动中获得优势，推动专业社会组织的自主可持续发展。

但根据本章案例分析，笔者认为，要真正实现均衡基层社会系统的稳定性依赖，需要在以人民为中心思想的统一指导下，一是建立党的社会组织管理部门，如社会组织党工委等，由政府相关部门给予行政支持，依托枢纽型社会组织，建立起党领导的包括社工机构、社会团体、社会企业等在内的专业社会组织体系和社会企业体系。二是建设党领导的互助合作 – 社会经济体系，让专业社会组织、社会企业真正与社区、社区社会组织、企业、居民相连，建设具有中国特色的多种形式的现代互助合作组织和互助合作经济，从而达成整体稳定而有活力的均衡基层社会系统建设的理想状态，如图 9 – 4 所示。

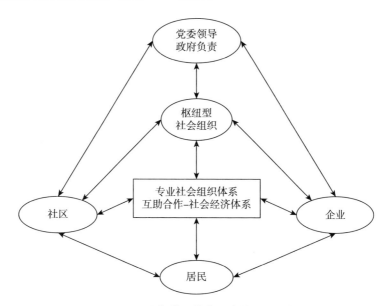

图 9 – 4 均衡基层社会系统的理想状态

第十章　公益与商业：社会企业经营性治理

　　市场是资源配置的最有效方式，面向未来需要发展适应中国社会建设的约束性市场工具和新型市场经济形式，也即需要更合意的组织范式、产品和服务提供方式来达到推动基层社会治理现代化的目标。[①] 社会企业作为一种得到政府认证的介乎于社会组织和市场企业之间的混合组织，兼具公益属性和商业属性，既可最大限度地激发企业社会责任，提供公共产品和服务，亦可通过市场化的运作方式获取盈收，是推动基层社会治理的重要力量。2019 年 7 月，北京市昌平区委社会工作委员会、昌平区民政局出台《昌平区回天地区社会企业认证与扶持试点办法（试行）》，提出昌平区回天地区社会企业认证扶持工作在区委社会工委和区民政局指导下开展，区市场监管局协同指导，由昌平区社会组织发展服务中心统筹开展，并对回天地区社会企业认证原则和条件、扶持措施、监督管理等方面作出规定。2022 年 4 月，北京市社会建设工作领导小组印发《关于促进社会企业发展的意见》，明确提出要建立社会企业认定制度、培育发展社会企业、加强社会企业监管。这是北京市首次从市级层面制定的专门针对社会企业的政策文件。本章将对回天地区认证的 8 家社会企业做重点分析，总结社会企业的经营性治理模式，同时以 E1 社会企业为例进行案例分析。

第一节　社会企业经营性治理模式分析

　　社会企业与公益和商业相连，具有社会目标和经济目标。从社会目标角度来看，其目的在于助力社会建设；从经济目标角度来看，其目的在于追求利润和企业可持续发展。本节在以往研究基础上，尝试提出社会企业经营性治理概念，并进行理论模型构建及具体分析。

---

① 刘德鹏、贾良定、刘畅唱等：《从自利到德行：商业组织的制度逻辑变革研究》，《管理世界》2017 年第 11 期；肖红军、阳镇：《共益企业：社会责任实践的合意性组织范式》，《中国工业经济》2018 年第 7 期。

一　理论模型构建

创新与混合展现了社会企业的专业性，而这也是其介入社会服务的技术优势。以往研究对此进行了诸多探讨，如提出通过积累社会资本，实现服务产品在公益与商业之间的有机转化，整合政府、社区和志愿者资源等策略促进公益与商业的兼顾；[①] 提出面向公益和商业的双元经营系统，通过链接社会市场与商业市场、链接社会资源与商业资源，实现产品开发过程中资源的互相支援等。[②] 从以往研究可以发现，如何有效应对公益性与商业性的调试性平衡是社会企业可持续发展的关键，[③] 从参与基层社会治理的角度，笔者将社会企业参与称为经营性治理。

对于企业公益性与商业性的调试性平衡，现有研究一般从企业混合价值取向、义利权衡和成长度三个角度进行分析。其中，混合价值取向主要是指组织是社会、经济和生态目标的糅合，[④] 金·阿特洛在此基础上提出可持续发展光谱（见图 10 - 1），展示社会企业的两种成长路径。

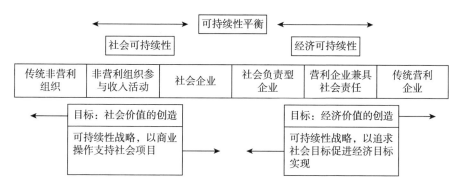

图 10 - 1　金·阿特洛可持续发展光谱

资源来源：参见朱健刚、严国威《从庇护性就业到支持性就业——对广东省残疾人工作整合型社会企业的多个案研究》，《残疾人研究》2019 年第 1 期。

---

① 武静：《社会企业如何兼顾公益与商业——基于制度逻辑的分析》，《北京社会科学》2018 年第 10 期。

② 罗伟、胡哲生、梁夏：《双元价值驱动的社会企业双元经营系统研究——以微客国际服务有限公司为例》，《管理案例研究与评论》2020 年第 3 期。

③ 刘玉焕、尹珏林、李丹：《社会企业多元制度逻辑冲突的探索性分析》，《研究与发展管理》2020 年第 3 期；武静：《社会企业如何兼顾公益与商业——基于制度逻辑的分析》，《北京社会科学》2018 年第 10 期。

④ J. Emerson & F. Twersky, *New Social Entrepreneurs: The Success, Challenge and Lessons of Non-profit Enterprise Creation* (San Francisco: The Roberts Foundation, 1996).

一是传统非营利组织经由参与创收过渡为社会企业，二是营利性企业经由承担社会责任转型为社会企业，两种转化路径分别呈现出社会可持续性和经济可持续性两种状态。从义利权衡角度，根据企业价值观念和实际运行中的资源分配，可以将社会企业划分为三类。一是公益为主型社会企业，其营收主要用于反哺公益，公益使命是组织发展的核心目标；二是公益与商业兼具型社会企业，即在组织发展中将公益活动与组织营收置于同等地位，其发展目标在于追求公益与商业的高阶平衡；三是商业为主型社会企业，其将商业营收置于首位，公益项目主要是为商业发展树立企业形象、培育客户群体。① 企业成长度主要从市场合法性、联盟合法性和关系合法性三个方面进行衡量，其中市场合法性主要体现为组织的集群化发展，技术和产品合法推动企业规模扩张，进一步利用商业手段实践社会使命；联盟合法性是建立起牵手各方、共同参与的平台，与多方形成共益联盟；关系合法性则体现为夯实并扩大消费群体，基于互信关系与社群形成坚韧的共治共享共同体。② 笔者从 3 个维度对调研的8 个案例进行了类型划分（见表 10-1）。

表 10-1 8 个案例的调试性平衡状况

维度	E1 社会企业	E2 社会企业	E3 社会企业	E4 社会企业	E5 社会企业	E6 社会企业	E7 社会企业	E8 社会企业
混合价值取向	经济可持续性	社会可持续性	经济可持续性	经济可持续性	社会可持续性	社会可持续性	经济可持续性	经济可持续性
义利权衡	公益与商业兼具型	公益为主型	公益与商业兼具型	公益与商业兼具型	公益为主型	公益为主型	公益与商业兼具型	商业为主型
成长度	高	高	高	中	中	中	中	中

在此基础上，通过对访谈资料的开放式编码、主轴编码和选择性编码，基于参考节点、副范畴、主范畴以及主副范畴之间的关系内涵（见表 10-2），建构社会企业经营性治理的理论模型（见图 10-2）。社会企

① 谢家平、刘鲁浩、梁玲：《社会企业：发展异质性、现状定位及商业模式创新》，《经济管理》2016 年第 4 期；苗青、张晓燕：《"义利并举"何以实现？——以社会企业"老爸评测科技有限公司"为例》，《吉林大学社会科学学报》2018 年第 2 期。
② 刘振、崔连广、杨俊等：《制度逻辑、合法性机制与社会企业成长》，《管理学报》2015 年第 4 期。

业经营性治理的"故事线"为：社会企业通过公益规制、企业文化、互依互惠网络等适应性调试，明确义利并举属性，在此基础上，进行社区服务供给并推动创新经营。

表 10-2　社会企业经营性治理访谈资料编码结果

主范畴	副范畴	初始概念
义利并举	公益规制	资产锁定、非公参股、限定分红、影响力投资、注册专业社会组织
	企业文化	善意驱动、情怀推进、社会使命、公益让渡、维护初心、商业认知、文化建设、价值认同
	互依互惠网络	情感传递、政社企合作、多方共益、凝聚社群、丰富活动、抱团发展、利益共同体、共度危机、协助治理
社区服务	社区教育	合唱教学、培育文娱队伍、提供专业课程、精神建设、文化动能
	社区矫正	社会融入、支持性就业、辅助性就业、庇护性就业、分类救助、项目矫正
	可再生资源回收	资源活化、降低闲置率、旧物回收、分类处理、物尽其用、生态维护、手工再造
	社区零售	食品售卖、日常用品售卖、办公用品售卖、零售服务
	信息化服务	信息技术、信息资源、生活服务平台、政民互动平台
创新经营	会员优待	会员储蓄、会员优惠、会员服务、群体黏性、会员互助
	低价售卖	有尊严帮扶、节约成本、降低价格、公益可持续
	连锁扩张	企业连锁化、延长产业链、优化业务组合、扩展市场范围、技术赋能
	科技支撑	线上下单、电子资源、链接平台、智慧门禁、技术参与、软件开发、物联互联

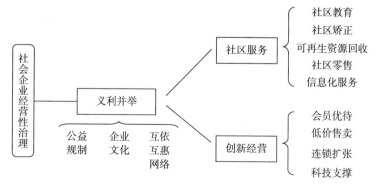

图 10-2　社会企业经营性治理理论模型

二　义利并举

社会属性是社会企业区别于一般商业企业的本质特征，社会目标和社会价值创造是社会企业的出发点和落脚点，[①] 但由于社会企业的商业性和公益性具有相反的发展要求，过度追求经济而挤压社会价值创造空间的问题成为学界关注社会企业可持续发展的重要命题，为规避"社会脱嵌"和使命漂移，[②] 调研案例主要通过公益规制、企业文化、互依互惠网络等进行内外部约束。

（一）公益规制

为兼顾双重目标，同时有效应对公众、消费群体以及潜在的合作伙伴对商业化行为和双重身份产生的不信任，一些社会企业从顶层设计出发，将企业公益属性内嵌于组织治理和管理体系，[③] 通过其与组织的高度融合来规避社会责任异化。

1. 建立资产锁定、股利上限和非公参股机制

资产锁定是指对企业盈余的目的做专用性限制，即资产的使用应当符合章程所制定的追求公益目标的约束，同样，股利上限也是为防止股东随意变动资产流向而对收益做的限制，[④] 这一机制成为维护社会企业社会价值的重要规范。

> E6 社会企业为了防止使命漂移，在认证时对社会企业的分红指标进行章程备案，规定企业盈收 80% 不分红、20% 分红的股利上限，同时对企业的营利资产进行锁定，限定企业股份不继承，分红部分继续投资于该公司或用于该公司所服务的社会利益，以此实现

① 于晓静：《以社会企业创新推动公共服务供给》，《前线》2018 年第 9 期。
② 刘志阳、庄欣荷、李斌：《地理范围、注意力分配与社会企业使命偏离》，《经济管理》2019 年第 8 期；刘志阳、李斌、赵陈芳：《公益创投对社会企业使命偏离的影响研究》，《东南学术》2020 年第 3 期；肖红军、阳镇：《共益企业：社会责任实践的合意性组织范式》，《中国工业经济》2018 年第 7 期。
③ 刘德鹏、贾良定、刘畅唱等：《从自利到德行：商业组织的制度逻辑变革研究》，《管理世界》2017 年第 11 期。
④ 邓辉、周晨松：《我国社会企业的法律形式及其认定标准和路径》，《南昌大学学报》（人文社会科学版）2021 年第 5 期。

公益性和商业性的均衡发展。（E620220511）

此外，一些社会企业还通过让非营利组织持股来在社会各界中培育社会信任和社会认同。

> E2 社会企业脱胎于一家社会组织，为了防止企业公益属性受到侵蚀，消除社会组织以及社会各界对其市场行为的质疑，E2 社会企业通过让公益组织持股的形式优化股权结构，将公益属性嵌入组织治理和制度建设。在 E2 社会企业的股权构成中，50% 以上的股权持有者是公益组织，其中包括一家基金会和一家民非组织。（E220220518）

2. 引进社会影响力投资

相较于传统的商业投资，社会影响力投资（也称"公益创投"）建立在被投资者的有效需求之上，以帮助社会企业扩大社会影响力、实现社会使命为目标，在缓解企业资金约束的同时可保证企业的公益属性不变质，降低社会创业者逐利倾向，抑制使命偏离。[1]

> 2018 年，亿方基金会对 E2 社会企业进行了社会影响力投资，为保证其社会使命不偏移，设定了企业捐赠 20% 的税前利润用于慈善的硬性指标，量化的指标使 E2 社会企业的社会属性得以精确测量，[2] 有效提升了 E2 社会企业解决社会问题的效率和可持续性。（E220220518）

3. 注册成立专业社会组织

囿于社会企业独立法律身份的缺失，以及公众认知不足等问题，[3]社会企业的发展空间受到一定的限制。

---

[1] 刘志阳、李斌、赵陈芳：《公益创投对社会企业使命偏离的影响研究》，《东南学术》2020 年第 3 期。

[2] 曹堂哲、陈语：《社会影响力投资：一种公共治理的新工具》，《中国行政管理》2018 年第 2 期。

[3] 刘蕾、吴欣同：《"两块牌子"：社会企业的资源拼凑逻辑——对市场环境和制度环境的双重回应》，《东南学术》2020 年第 5 期。

E6 社会企业的创始人在访谈时提道："企业的身份承接项目有很大的问题，很多的项目就不在列的清单里面，即便是在清单里面，以回天地区为例，社会企业中标的很少，基本上都是社会组织。"（E620220511）

而在民政部门登记注册成立的专业社会组织具有身份优势，可获取认知合法性、与政府建立良好的关系、获取更多的公益资源，① 故一些社会企业选择成立独立的专业社会组织，将业务和人员相互嵌入，提升社会企业解决社会问题的灵活性和合法性，占领交叉领域新高地。如 E1 社会企业、E4 社会企业等都在发展过程中成立或支持专业社会组织。

（二）企业文化

社会企业的发展经常摇摆于追逐营利的市场端和提倡非营利的社会端之间，② 其摇摆过程可以看作社会企业创始者如何管理与不同身份相关联的期望与行为冲突的过程。③ 具有公益和商业双元文化身份的社会创业者据个人经历、价值认知、社会使命等非正式制度因素，以及政策导向、市场竞争、社会环境等正式制度的影响进行资源配置，使经济目标和社会目标达成一致，形成连续一体的商业化社会化互相支援、互相交织的运营模式。在企业文化塑造的过程中，公益为主型的企业和商业为主型的企业在公益文化和商业文化的碰撞中也呈现出不同的转变逻辑。

1. 公益认知下的市场转型

对于公益为主型的企业来说，在创始人的个人经历和认知主导下，首先关注的是社会问题和公共利益，在企业的创立初期，主要依靠善意驱动、企业家自身投入以及社会捐助等形式维持组织生存。

E6 社会企业创始人认为："我们是国家的一分子，就要为这个

---

① 刘蕾、吴欣同：《"两块牌子"：社会企业的资源拼凑逻辑——对市场环境和制度环境的双重回应》，《东南学术》2020 年第 5 期。

② 朱健刚、严国威：《从庇护性就业到支持性就业——对广东省残疾人工作整合型社会企业的多个案研究》，《残疾人研究》2019 年第 1 期。

③ 袁彦鹏、鞠芳辉、刘艳彬：《双元价值平衡与社会企业创业策略——基于创业者身份视角的多案例研究》，《研究与发展管理》2020 年第 3 期。

'家'做些什么，在自己力所能及的范围之内，把自己有的东西给到需要帮助的人。"（E620220511）

因此 E6 社会企业着手对打架、精神失常等群体进行救助，尽管在政策的影响下以咨询公司的身份注册，但一直将自己定义为公益组织。E5 社会企业发现中国的艺术普及率很低，且超大型社区居民当中老年人占比较大，而"老有所乐"是老年人对老年生活的普遍追求，受限于经费和师资等因素，居委会在开展专业性的社区文体教育和举办居民文娱活动等方面大多是有心而无力，因此 E5 社会企业到社区开展专业歌舞教学活动。E3 社会企业创始人是一位全职妈妈，在三鹿奶粉事件之后开始关注食品安全问题，聚集妈妈群体到社区传播绿色理念，以期通过自身努力开展有关食品安全的"自救"运动。E2 社会企业前身为公益组织，主要是在基金会、个人、组织的资金捐赠下为进城务工群体提供法务咨询等帮扶服务。

但随着组织的发展，传统的公益形式可能使社会企业经常面临资金不足的危机。

E4 社会企业创始人谈道："都是自己掏钱，但你得先存活下去，你再搞什么所谓的理想，作为社会企业也需要挣钱，要自己养活自己。"（E420210420）

在几经亏损后，一些社会企业逐渐向市场端靠近，公益文化逐渐为商业思维让渡发展空间，社会企业大多采取多元扩张型的商业战略以维持自身生存。如 E2 社会企业通过成立公益商店的形式，以闲置物品售卖的低价交易获取生存所需，减少对外界的资金依赖；E3 社会企业开始专注商业化发展，通过设立微信小程序、拓展宣传渠道、明确合作社属性等营收性的运作模式提升企业收入。但即便向商业靠拢，社会企业也仍然采用低价售卖、有限分红、股利上限等形式保证公益初心。

2. 商业主导下的使命发育

对于商业为主型的企业来说，在创业初期，即对商业定位有着清晰的认知。

　　E1 社会企业工作人员讲道："靠热血靠激情做的公益不长久不系统，要想做公益做慈善，没有一个稳定的资金流是很难做长久的，所以我们的网站建设之初是商业网站运营模式。"（E120210427）

　　E8 社会企业工作人员讲述道："作为一个企业，在社会上要长期发展，我们立足于自己的品牌产品。因为只有实现了公司的发展才有能力，至少有经济能力去做其他事情……解决了生存问题之后，我们再加入社会企业。"（E820220520）

也有较为可持续的运作模式和稳定的收益。

　　E1 社会企业工作人员说道："网站最早靠给商家做广告盈利，头十年日子比较好，可以说（商家）就排着队来找我们，那时候确实是太火了，当时做广告就是这个没位置了，去等下个月再做吧，就是这样一个状况。"（E120210427）

随着组织的深入发展，一方面，商业为主型企业采取"收缩型"战略，构建具有韧性的、协同互惠互依的社会网络，稳固维护企业可持续发展的社群，如 E1 社会企业负责人拒绝了资本的投资，希望守住固有的社群。

　　E1 社会企业负责人说道："对这个网站都非常有感情，希望我们老了还能够看到这个网站，就感觉是一个自己养大的孩子一样，我们原来每年会举办一个网友的大型聚会……希望多少年之后还能继续再聚。"（E120210427）

另一方面，商业为主型企业在亲社会性、移情作用、社会使命感等内隐因素影响下逐渐寻求更大化的社会价值，拓展公益空间。如 E8 社会企业作为一家技术服务型企业，从建立之初即有承担社会责任的使命感和责任感，在实现商业发展可持续之后，创始人受邀到面向听障人士的特殊教育学院参与学生面试培训。虽然听障学生们工作出色、处世单纯，但在社会上也受到了很多歧视，这一状况触动了 E8 社会企业创始人，同时也形成了企业内部的互助、友爱、公益的公司文化。

E8 社会企业创始人说道："通过与听障学生一年半左右的接触，我们就认定了要做社会企业类似的事情。"因此 E8 社会企业帮扶听障人士就业，并参与社会企业认证，希望在"活下去"的基础上创造更多的社会价值。（E820220520）

（三）互依互惠网络

社会企业根植于相互联系的社会网络，与外界制度环境具有共生依赖性，[①] 其公益属性和社会价值的"使能"，需要同政府、社区、商业企业、社会组织及社群等建立网络关系，从组织外部寻求具有互补性资产和能力的合作伙伴。[②]

1. 情感传递

情感认同是获取社会认同和组织支持的关键因素，线上线下的互动互助活动可有效凝聚社群，在寻求满足感和归属感中建立起紧密的情感共同体，从而创造出更多的创新服务。如 E7 社会企业作为一家实体书店，除以顾客会员制的形式与读书爱好者在短期内形成稳定的利益共同体外，还通过举办日常的演唱会、羽毛球比赛，组建夜跑团体、夜读团体、吃货团体，招募志愿者参与书店管理等形式，使用户形成强烈的身份认同感与归属感，将社群打造成一个深度聚合和链接的团体组织。

E7 社会企业工作人员说道："书店是一个年轻人的天堂，要把会员力量发动起来，让大家群策群力，把大家喜爱的地方打造成像家一样，形成'书店是我家，我们都爱它，大家都来搭把手'这种志愿者模式，把书店盘活、做大、做强。"（E720220511）

2. 多方共益

利益联结是社群交往中最持久的、最稳定的关系纽带，它通过个体

---

① 刘玉焕、尹珏林、李丹：《社会企业多元制度逻辑冲突的探索性分析》，《研究与发展管理》2020 年第 3 期。

② 时立荣、王安岩：《中国社会企业研究述评》，《社会科学战线》2019 年第 12 期。

互助和社会共享资源的有效结合，实现优势互补与协同发展相结合，与共益相关方建立具有高度合法性的行动联盟，在资源有限约束条件下以最小的成本达到最大的绩效。[①]

> E7 社会企业与周边的商家开展深度合作，串联起周边饭店、理发店、健身房、牙科诊所、眼镜店等商家。E7 社会企业的会员到这些商家消费，告诉商家自己是 E7 社会企业的会员，商家就会给一个折扣，比如说配眼镜打六五折、七五折，吃饭打八折、八八折、九折等。（E720220511）

3. 政社企合作

在社会目标上，社会企业与政府、社区、社会组织具有一致性，社会企业通过拓展治理属性、构建社会发展的美好景象等方式与政府和社区、社会组织互联互动，形成政社企合作的互依互惠的发展网络。以 E1 社会企业和 E4 社会企业为例，它们作为分别在 2000 年和 2003 年成立的社区服务网站，拥有大量本地居民用户，其也利用网站媒体属性及社交属性，充分发挥桥梁作用，搭建起政府与居民沟通交流的平台，辅助政府治理。

三　社区服务

2022 年国务院办公厅印发的《"十四五"城乡社区服务体系建设规划》指出，社区服务以公共服务、便民利民服务、志愿服务为主要内容，以为民服务、便民服务、安民服务为主要功能。其中，为民服务包括教育、卫生、就业、社保、养老、社会救助、未成年人保护、环境保护等公共服务；便民服务包括社区物业、维修、家政、餐饮、零售、美容美发、物流配送、快递、可再生资源回收等生活性服务；安民服务包括社区矫正、社区戒毒、社区康复、刑满释放人员帮扶和精神障碍社区康复服务，为遭受家庭暴力的居民提供应急庇护救助服务等。笔者调研的社会企业提供的社区服务主要包括社区教育、社区矫正、可再生资源回收、

[①] 孙丽媛：《从利益共同体到命运共同体的共生逻辑》，《求知》2020 年第 1 期。

社区零售、信息化服务五类。

（一）社区教育

在基层社会治理中，文化内聚是一种实用的治理技术。[①] 社会企业以社区为依托，为居民提供公共文化资源、公共活动空间，搭建居民"共创"平台，是完善公共文化服务、参与文化治理的重要力量。

1. 社区教育服务

社区教育服务主要面向老年人、儿童、残疾人等弱势群体。如 E5 社会企业以显著低于市场的价格，在社区开展合唱教学、培育社区专业歌舞团队、为居民提供专业化歌舞课程，激发社区文化活力。

2. 精神文化服务

主要包括读书会、音乐会等。

E2 社会企业依托公益商店，为进城务工群体提供读书、听音乐、交友的场所，通过打造实体空间，营造"身在异乡的精神家园"。（E220220518）

E7 社会企业是一家专注于文化及相关产业和新零售模式下信息化建设的文化企业，以"让更多的人爱上读书"为愿景，以"帮助邻居们便捷、低成本地获得快乐而满足的专注"为目标，主要为周边群体提供阅读空间和图书租赁服务，"希望为城市亮一盏灯，让书籍能够一直陪伴着人们"。为了提升读者的体验、满足读者的精神文化需求，E7 社会企业设立了专门的选书委员会提高书店售卖书籍的质量，不仅对店内所有的书进行筛选后推荐上架，并且利用小程序推出涵盖内容广泛且专业的主题书单，给读者提供他们想看的书和值得看的书。（E720220511）

（二）社区矫正

社区矫正主要是指充分整合社会资源和社会力量，对犯罪群体进行

---

① 盛显容：《论当代中国文化治理的演进逻辑》，《学校党建与思想教育》2021 年第 8 期。

教育、改造并帮助其融入社会，满足其再社会化和实现自我发展的需求的社区服务。就目前的实践来看，社会企业主要通过项目输出和支持就业的形式来帮助这些群体重新融入社会。①

1. 开展社区矫正项目

如 E6 社会企业作为一家致力于社会治安风险群体及家属系统性预防与帮扶工作的社会企业，自创立以来紧紧围绕帮助社会治安风险群体及家属融入社会这一使命开展工作，至今相继开展了针对服刑、刑满释放、精神类疾病、心理疾病、药物滥用等人员的矫正和帮扶。其主要开展四个项目。一是盼望花园项目。针对帮扶家庭或其他群体的问题型儿童和青少年开展的工作，包括对自闭症、脑瘫、多动症、抑郁症、网络依赖等群体开展训练和研究工作。二是赋羽计划。针对有一定能力的受助家庭开展从价值观塑造到创业培养，助力其成为有相应经济基础和社会身份的人，使其顾惜当下境况而选择脱离之前生活的项目。三是启程项目。专项针对社区矫正和刑满释放人员开展的创业就业项目。四是仑者山俱乐部。由 E6 社会企业联合行业协会、助残企业、社会企业支持启程项目和疫情受困人员走出困境的俱乐部制的项目等（E620220511）。

2. 通过支持就业实现社会融合

推动特殊群体和弱势群体参与就业可激发这些被劳动力排斥在市场外的群体的潜力，并且在社会参与中重拾尊严，与社会重新建立联系。②

一是支持性就业。支持性就业主要针对具备一定劳动能力的群体，通过提供培训来增进工作能力及与同事的互动。③ 如 E6 社会企业主要通过为吸毒、犯罪等特殊群体提供就业的方式来帮助他们回归社会，减少基层社会治理风险。针对能力比较强、但陷入困境的失足人群，派遣专职人员根据他们的情况进行创业引导，帮助他们选好项目，找一些投资，和他们一起发展，然后再脱离关系（E620220511）。目前创业领域涉及广泛，包括科技类、医疗类、贸易类、餐饮类、大健康类等。

---

① 廖娟、赖德胜：《残疾人就业服务体系的构建：从分割到融合》，《人口与发展》2010年第6期。

② 张维维：《社会企业与社区邻里关系的重建——以四个社会企业为例》，《浙江社会科学》2020年第4期。

③ 吴忠良、肖非：《社会资源整合：推进残疾人支持性就业的关键》，《学术交流》2018年第5期。

二是辅助性就业。辅助性就业是一种组织具有工作意愿和工作能力，但难以进入竞争性市场的人员进行集中就业的形式，具有环境开放性与岗位易得性，是社会企业承担社会责任、参与就业帮扶的辅助性业务之一。庇护性就业也是辅助性就业的一种，主要针对残疾人群，是具有保护性的介于托养照料和正规就业之间的就业途经。

E6 社会企业为适合就业的失足人群提供岗位。在创立之初，尝试接受一些特殊群体，带着他们在立水桥旁创建小餐厅，员工像在社会其他单位一样领取工资。（E620220511）

（三）可再生资源回收

资源回收型的社会企业，主要对衣物、家电、玩具、文具等社会闲置资源进行回收、活化，达到保护环境、减少浪费、降低资源闲置率的社会目标。如 E2 社会企业即为一家致力于回收闲置物品的社会企业，通过回收旧衣、旧书、旧物来实现资源可持续利用。

1. 回收闲置资源

旧物收集是资源二次利用的前端工程，E2 社会企业与大学、企业和社区等多元主体合作，在这些共建单位放置旧物回收箱、代售点，居民、学生等群体有闲置物品则投放进回收箱，当回收箱中的旧物收满后合作方与客服联系，E2 社会企业的客服派车去运输。其合作的企业包括滴滴、字节跳动、何家物业、弗耐特洗衣店、麦田房产、中介店等。麦田房产作为 E2 社会企业的一个代售点，目前在北京有 300 多家门店，周边居民不用的物品可以放到麦田房产门店里去，收集到一定数量后，麦田房产门店会下单，由 E2 社会企业去取（E220220518）。

2. 旧物分类处理、物尽其用

对于捐赠的物资，E2 社会企业会统一运到车间进行分拣和严格消毒，同时根据物品的质量、性质等进行分类，决定捐赠物资的下一步处理走向。其具体包括四个走向。一是转捐转赠。也即联合支教老师、公益组织、合作单位等去挑选合适的、匹配的衣物进行精准捐赠。E2 社会企业工作人员说："贫困地区一些支教的老师、公益组织、合作的单位还有一些企业伙伴都会通过各种渠道联系我们。我们比较提倡精准捐赠，他们提供信息，我们挑选合适的、匹配的物资寄过去。"二是公益义卖。E2 社会企业在三个城中村开设公益商店，对衣服、家居、食品等回收物品和各界捐赠的物品进行限价售卖。三是手工再造。将旧衣物提供给进城务工的女性群体，她们依据组织设计的图样，将旧衣依照款式制作背包等产品进行售卖。四是回收处理。对于无法使用的旧物，E2 社会企业将交给回收公司统一处理，具体处理途径包括再造棉花、大蓬棉等（E220220518）。

（四）社区零售

社区零售主要指食品、日常用品、办公用品等的售卖。

E3 社会企业主要通过售卖绿色有机食品来转变人们的食品消费理念，打造"舌尖上的健康"。截至 2022 年，E3 社会企业经营了 300 多种产品，包括水果蔬菜、糕点面食、零食茶饮、蛋奶豆制品、粮油干货、调料酱菜、环保日用、中医生活等，其主要业务是售卖有机水果蔬菜、糕点面食、零食茶饮等八类产品。在产品来源方面，大多数产品都是在农业专家的指导下，通过实地考察进行选择的。E3 社会企业对农场主的人品和生产方式的透明度十分重视，力图找到没有化肥农药、除草剂、抗生素、激素以及生产环境相对清洁的产品。（E320211105）

E6 社会企业在提供特殊群体帮扶的同时，也开设零售服务。其中包括农副产品销售、食品销售、保健食品（预包装）销售、特殊医学用途配方食品销售、食用农产品零售等，销售渠道包括线上和线下两种。（E620220511）

（五）信息化服务

信息技术的大规模普及为居民生活提供了更为系统、专业和便捷的信息化服务，也重塑了发现和利用机会的方式。一些社会企业即将信息化服务与社区服务、社会创业相融合，利用信息资源来满足居民诉求，解决复杂的社会问题。主要包括搭建生活服务平台和政民互动平台。E1 社会企业和 E4 社会企业是典型案例。

E4 社会企业共有论坛、资讯、生活、商业、政务、自建六大专题板块，二十余个子版块。其中热门版块包括便民广告、天通快讯、房屋租售、就业资讯、教育资讯、休闲娱乐、二手市场、装修建材、汽车资讯、商界店铺等。（E420210420）

四　创新经营

社会企业兼具市场性与社会性，首要目标是"活下去"。[1] 在竞争导向的驱动下，社会企业自主经营、自负盈亏的基础是要凭借一定的技术、产品或服务，在特定市场中获取经营收益。[2] 社会企业通过销售、租赁、服务等方式参与到市场活动中。

（一）会员优待

E7 社会企业是会员制书店，提供充值会员制的图书租售服务。书店根据不同人群的需求，设置了不同种类的会员卡，包括月卡、季卡、年卡，为不同用户群体提供精细化的个性服务。会员主要分为四种类型：爱书青年、GAP 青年、ABOOK Friends 和 ABOOK 精神股东卡。其中爱书青年分为上班一族和酷爱读书两种类型，二者在收费标准、专注空间和免费畅饮享受上有部分区别；GAP 青年也分为全时自习和平时自习两种类型，二者在收费标准、借书额度和专注空间上有部分区别；精神股东卡是对 ABOOK Friends 的升级和优惠，在借书额度和购书折扣上有一定的差别。除此之外，加入半年以上的老会员可享 9 折优惠。会员的"权利"还在于可以不限次数、不限时长的循环借阅所有图书（E720220511）。

（二）低价售卖

社会企业设定低于市场价的价格售卖高质量产品或服务，以此在获取利润维持社会企业发展的同时，传播社会价值，提升居民生活质量。

一是商品低价限卖。如 E3 社会企业在销售中，产品价格都比外面商

---

① M. T. Dacin, P. A. Dacin & P. Tracey, "Social Entrepreneurship: A Critique and Future Directions," *Organization Science* 22. 5（2011）：1203 – 1213.

② N. Pless, "Social Entrepreneurship in Theory and Practice—An Introduction," *Journal of Business Ethics* 3（2012）：317 – 320.

品要低一些，要么就是跟淘宝最低价持平，要么就是比淘宝最低价低一块钱、几毛钱（E320211105）。

二是服务低价售卖。如 E5 社会企业以低价服务来帮助社区中老年歌唱爱好者掌握歌唱技巧。E5 社会企业创始人表示，"希望为歌唱爱好者提供专业、低价、易学、趣味性强的声乐教学产品，帮助他们'唱好一点'"（E520210814）。

三是通过低价限售实现有尊严的帮扶。如 E2 社会企业在三个城中村开设公益商店，对衣服、家居、食品等各界捐赠的物品进行限价售卖，其目的主要在于通过市场平等交换来维护需求群体特别是打工群体的尊严。据 E2 社会企业数据统计，这些公益商店的平均单价为 10 块钱，衣服在 4 块钱到 40 块钱不等，其中，最贵的衣服 40 块钱，通常是八九成新的冬季长款羽绒服，短款的羽绒服在 30 块钱左右，夏季的衣服平均 6 块钱一件，短袖裤子 10 ~ 12 块钱一件。公益商店除了衣服，也陆续出售一些其他物品，比如零食、小吃类食品。据店员分享，有一个小孩跟着妈妈到店里，特别开心地给店员说："阿姨你们的爱心超市真好呀！在这里妈妈可以给我买好多好多好吃的，在别的商店妈妈都舍不得给我买。"（E220220518）

（三）连锁扩张

在固有运营模式无法满足企业的发展需要的情况下，一些社会企业通过连锁化、延长产业链、扩大市场范围等扩张形式有效应对市场冲击，维持发展的可持续。

一是创设连锁的分支机构。如 E6 社会企业的总公司设立在北京，随着帮扶人群的扩大，服务范围逐渐突破地域界限，分别在成都和西安设立了分公司，通过组织设立的属地化来拓展社群范围和规模。此外，E6 社会企业还根据自身的发展需要，运营图书馆、打工子弟学校、民非、社工机构和社区工作站等。据统计，E6 社会企业的服务领域基本覆盖西南、华东、华北地区，包括浙江、上海、湖北、福建、江西、四川、重庆等省市。

二是延伸产业链，优化业务组合。也即实现企业造血模式的多元化，缓解单一收入来源的不稳定对企业造成的冲击。如 E5 社会企业在低价服务无法满足企业生存的挑战下，把单纯的合唱教学拓展为社区文化团队孵化培育、社区合唱团教师培养、社区合唱节承办、社区文化品牌打造等；E6 社会企业在发展初期主要对边缘群体进行收费培训，面对帮扶群体不太乐观的经济条件，企业开设餐饮服务，在创造就业岗位的同时实现企业收入来源的多元可持续；E7 社会企业计划拓展业务，帮助企业和政府建立图书角，每个月定期根据需求配书并根据单位性质推荐书目，来持续为书店发展注入新的动力。

三是运用信息技术扩大市场范围。微信群、小程序和 App 等掌上平台突破时空限制，有效提升了服务便捷性并扩大了服务范围，通过技术赋能增强了社会企业抵御市场风险的能力。如 E2 社会企业开发了微信小程序和支付宝小程序两个平台，捐赠者在平台上搜索企业名称，即可跳转至下单页面，捐赠群体只需在平台上填写地址、预约时间，快递即可上门免费回收。E2 社会企业工作人员说："这两个平台都可以下单，点免费上门收衣，写一下地址，预约一天，与我们合作的快递公司便上门去取，对于捐衣服的人来说很简单。"（E220220518）在线上治理工具的催化下，E2 社会企业的闲置物品来源于全国各地，有效推动了企业良性运转。

（四）科技支撑

互联网、物联网应用范围不断扩大，"数字治理"逐渐成为必然趋势。社会企业以其兼具市场性和社会性的特征，在技术开发与应用方面有突出活力与优势。科技不仅是社会企业发展业务的手段，也可以成为业务本身。

1. 技术参与

互联网企业在数字时代应运而生，互联网业务本身在当下也成为社会企业实现社会价值、参与社会治理的方式之一。E8 社会企业是回天地区本土的互联网企业，通过技术开发服务社会，完成公益目标。E8 社会企业工作人员说："小程序'回天有我'1.0 版本就是我们做的。我们通过互联网手段让大家跟回天地区的百姓有一个链接。""回 + 创业图书馆，是我们回龙观自己的图书馆。它的门禁系统、智慧管理系统目前是我们设计的，帮助图书馆去进行一些动态的书籍管理等。"（E820220520）创始人表示，"我们通过科技和实体的结合，真正服务于回天地区"（E820220520）。

2. 技术支持

数字经济的出现正在加速变革传统经济模式，如 E7 社会企业运行线上小程序，里面分有多个主题书柜，定期推荐经典书籍作品，例如"习大大的书柜""马克思研究书柜""中华传统文化书柜"等，给读者提供了更优质的作品和更便利的阅读方式。

E7 社会企业成立早期便实现了"借还书全自助，出入口人脸识别"。为进一步给读者提供便利借阅体验，企业将店内资源编码整理，实现一书一码，通过小程序，顾客可以检索图书精准定位。E7 社会企业还开发了"读书弹幕"，面向公众免费开放。E7 社会企业工作人员说："在读书广场，可以看到大家在看什么书以及对书的评价，而且有一些精彩内容的分享，比如说哪一段写得好，就可以拍个照传上来，也可以写几句感想。"（E720220511）

第二节　互联网社会企业服务回天居民社群
——以 E1 社会企业为例

社群强调因个体自由意志自愿结合而成的共同体，是一种富有生机并能持续发展的有机体，具备持久力、向心力和内聚力。从个体角度而言，社群代表了一种互助 - 信任关系的重建；从组织角度而言，它是一种低成本的可行的组织（经营）模式。而从社区服务企业角度而言，笔者认为，在了解社群自愿结合特点的基础上，培育社群并对其进行有效经营非常重要。换言之，经营社群是社会企业发展的重要环节，也是社会企业公益与商业并重，同时达到相互促进目的的核心体现。本节以 E1 社会企业为例，展示社会企业经营居民社群的可行模式。

一　E1 社会企业的发展历程

E1 社会企业是一家为回龙观地区居民服务的社区网站，是集中发布回龙观本地信息、互助信息的地方性交流网站，也是全国最早创建的社区网站之一。随着我国互联网行业跌宕起伏的发展，E1 社会企业也在适应潮流与自主探索发展中逐渐走向成熟。2019 年，E1 社会企业被认证为回天地区品牌社会企业。

（一）起步阶段：2000～2007 年

E1 社会企业成立于 2000 年 3 月，最初是其创始人为回龙观地区具有买房需求的年轻人建立的一个买房、入住、装修以及衣食住行的经验交流论坛。随着网站入驻人数不断增多，就坚持将网站做了下来。随着互联网技术在我国的快速发展和普及，政府对互联网的监管逐渐加强，要求网站必须有网络内容服务商（ICP）证，为此，E1 社会企业创始人在 2004 年注册成立了 D 科技公司。2004 年至 2005 年，网站人气不断上升，流量也在持续增加，网站渐渐有了广告宣传收入和每天几十万的访问量，仅在空闲时间维护网站已经难以满足用户需求。E1 社会企业创始人便辞去了互联网企业的工作，开始专职经营网站。在这一过程中，网站架构也逐渐完善，由原本单一的网络论坛（BBS）发展为综合性社区网站。

（二）发展阶段：2008～2013 年

到 2008 年，网站已经拥有 26 万注册会员。2008 年汶川地震发生后，在回龙观镇政府的支持下，E1 社会企业与回龙观镇政府合作组织了 300 多位主动报名的志愿者在街头募捐，募集到 60 多笔善款，悉数寄到红十字总会。随后 E1 社会企业创始人认为这种公益慈善与网站的初心相符，并得到回龙观镇政府的支持，遂开始筹备建立志愿者组织，最终于 2009 年 3 月正式成立 S3 组织。同年，E1 社会企业入驻北京青年创业示范园，公司队伍扩充至 7 人，网站进入稳步发展期。

2010 年，为丰富社区文化，在回龙观镇政府的支持下，E1 社会企业举办了第一届回龙观百姓春晚，晚会全程由居民自己组织，所有节目都是由居民自己策划、编排、表演。虽然整个晚会并不十分专业，但为回龙观地区居民创造了一个自我展示的平台，居民的参与度极高。此后，回龙观百姓春晚逐渐成为回龙观地区的一大品牌，截至 2019 年已经连续举办了十届。

2011 年，团购网站兴起，顺应互联网发展趋势，E1 社会企业开通了"观网团购"栏目，为网友提供社区线上服务。此外，为更好地实现对网友线上线下服务的对接，网站开设了龙禧苑服务站，主要作为观网团购、观网活动的取货点，同时也为社区居民提供拉卡拉还款、上网查询、物品临时寄存等服务。截至 2012 年，网站注册用户已超过 50 万，日访问人次达到 100 多万，根据 Alexa 全球网站排名[1]，E1 社会企业位居

---

[1] Alexa 排名是指网站的世界排名，主要分为综合排名和分类排名，Alexa 提供了包括综合排名、到访量排名、页面访问量排名等多个评价指标信息，大多数人把它当作当前较为权威的网站访问量评价指标。

8000 位左右。

（三）受到冲击：2014～2016 年

随着移动互联网逐渐兴起，以网页浏览为主要业务的传统互联网受到严重冲击，E1 社会企业的网站浏览量下降到日均不足 10 万，广告收入也逐渐减少，网站的生存问题开始凸显。为此，网站顺应互联网行业的发展趋势，开通并运营了 E1 社会企业官方微信订阅号、E1 社会企业团购频道微信订阅号、观网亲子微信服务号等。其中，E1 社会企业官方微信订阅号在北京市昌平区网信办发布的订阅号排行榜中排名第二。① 2015 年，E1 社会企业同望京网联合推出 App "京彩生活"。2016年，E1 社会企业与望京网、京广互动（北京）广告有限公司、北京盛世家和科技有限公司合作成立邻友圈（北京）网络科技有限公司，官方App 更名为 "邻友圈"。②

（四）成熟阶段：2017 年至今

2017 年，E1 社会企业发起 "爱恨回龙观" 活动，北京电视台对此项活动进行了报道。2019 年，其获评北京市首批社会企业，以及回天地区品牌社会企业，牵头成立北京市昌平区回龙观企业信用建设促进会，更加深入地参与回天治理。一是与昌平区社工委、发改委联合设立了"求计问策" 专栏；二是配合回龙观街道开展的 "回天秩序 2019" 百日攻坚专项工作，组织 "乱象随手拍，助力回龙观秩序整治" 及 "交通志愿者招募" 等活动；三是开通网上 "12345"，为回龙观地区居民建立起网络问政直通车。

二 经营居民社群的主要方式

与传统社会组织相比，社会企业的突出特征在于运用商业化的手段来解决社会问题，③ 利用可持续的商业模式实现自我造血。④ 正因为社会

---

① 网站在传统业务方面（网页广告）创收比重逐渐降低，微信公众号创收占比则不断上升。

② "邻友圈" App 运营两年后，其他企业不再追加投资，邻友圈（北京）网络科技有限公司被注销，目前，邻友圈 App 主要由望京网（北京优腾科技有限公司）运营。

③ 王名、朱晓红：《社会企业论纲》，《中国非营利评论》2010 年第 2 期。

④ 高传胜：《社会企业的包容性治理功用及其发挥条件探讨》，《中国行政管理》2015 年第 3 期。

企业的商业手段，它们才得以依据市场规律，通过市场竞争来筹集资源，实现公共服务的有效供给。[①] 因此商业可持续既是组织生存发展的支撑，[②] 也是社会企业实现社会目标的前提。E1 社会企业主要通过公益与商业相结合的社群经营策略，积极应对复杂制度环境的挑战。下面主要从社群培育（公益版块）和连带经营（商业版块）两方面进行分析。

（一）社群培育

E1 社会企业的网站有综合论坛和社区分站两大部分，综合论坛主要包括论坛、亲子、生活指南、服务中心、咨询、房产、交易市场、原创基地、活动、集采等版块，社区分站包括 42 个社区的小论坛。这里介绍发起文化娱乐活动、开展互助志愿服务和辅助政府治理三方面的社群培育方式。

1. 发起文化娱乐活动

E1 社会企业自成立以来，几乎每年都会组织开展几场大型文化娱乐活动，丰富居民文化生活，其品牌文化娱乐活动如表 10 - 3 所示。如《超级回声》大奖赛、西瓜文化节、新年音乐会、回龙观足球超级联赛等，参与者多达几百上千人，在周末开展的日常活动更是非常之多，如相亲会、招聘会、跳蚤市场等，每年开展活动上百场。

表 10 - 3　E1 社会企业的品牌文化娱乐活动

活动名称	活动简介
《超级回声》大奖赛	回龙观《超级回声》大奖赛由 E1 社会企业于 2002 年发起，前身为"回龙观卡拉 OK 大赛"，2006 年起更名为《超级回声》大奖赛，是回龙观乃至北京市比较有号召力的音乐品牌活动。《超级回声》大奖赛旨在弘扬社区文化，丰富社区居民的业余生活，为回龙观及周边社区歌唱爱好者提供一个展示、交流、切磋的平台，发现、打造回龙观自己的社区明星
西瓜文化节	每年夏天，E1 社会企业都会联合西瓜种植户举办"西瓜文化节"活动。活动当天，凡是报过名的居民都可以到场免费吃西瓜，还可以参与挑选西瓜、猜西瓜重、儿童组滚西瓜、家庭组运西瓜、亲子组喂西瓜、西瓜知识问答、指压板接力赛等游戏。西瓜解渴消暑，活动趣味性十足，格外受回龙观年轻人和孩子们的喜爱

---

① 葛琳：《社会企业参与社区治理的困境与思考》，《党政论坛》2020 年第 1 期。
② 时立荣：《转型与整合：社会企业的性质、构成与发展》，《人文杂志》2007 年第 4 期。

活动名称	活动简介
新年音乐会	回龙观"新年音乐会"是 E1 社会企业举办的一年一度的盛大新年庆祝聚会活动，由 E1 社会企业、回龙观街道办事处主办，E1 社会企业音乐联盟承办，音乐会曲目演员主要由 E1 社会企业音乐联盟成员、《超级回声》大奖赛获奖选手及当地的舞蹈团、合唱团成员等组成
回龙观足球超级联赛	"回龙观足球超级联赛"是北京市昌平区回龙观足球协会依托 E1 社会企业自发组织的业余足球联赛，简称"回超"。2002 年诞生了第一支回龙观业余足球队——野猪林足球队，2003 年初，流浪明星足球队和天龙足球队相继成立，正式拉开了回龙观足球运动的大幕。2004 年，回龙观文化社区成功举办了第一届回龙观业主足球联赛，开创了国内社区体育运动走向规模化、制度化、公益化的先例
回龙观百姓春晚	2010 年，在回龙观镇政府的支持下，E1 社会企业举办了第一届回龙观百姓春晚，其也逐渐成为回龙观地区的一大品牌，在回龙观晚会上表演节目、成为组织晚会的一分子或现场观看晚会已经成为许多观里的居民提前庆贺新年的方式。2010 年至 2019 年，回龙观百姓春晚已陪伴回龙观的社区居民一起走过了 10 年。10 年中，已累计海选节目 3000 多个，海选演员人数超 1 万人次，正式参演演员近 4000 名，现场观众近万名，累计 23 万人次网络观众，近 2000 名幕后工作人员参与
亲子嘉年华	2012 年起，E1 社会企业开始举办"亲子嘉年华"活动。此活动具有一定的商业性质，主要是 E1 社会企业联合回龙观地区亲子相关行业的优质商家，为居民提供亲子相关的商家信息，通过现场体验，便于居民货比三家进行选择，免去居民东奔西跑之苦，活动期间也会举办各种各样的趣味游戏，让孩子们在游戏的过程中，发掘自身的天赋和潜力

2. 开展互助志愿服务

志愿服务主要包括面向贫困地区、灾区以及日常性的志愿帮扶，如组织张北希望小学捐助活动、帮助困难居民、不定期慰问敬老院、召集一些热心的小朋友前往敬老院表演节目等。2019 年，S3 组织成立之后，一些志愿服务活动主要依托 S3 组织开展，E1 社会企业帮助宣传招募等。

互助服务主要体现为网友、版主之间自发的提出需求和提供帮助等，包括求租车位、拼车、转让闲置物品、转让预付卡、钟点工求职、团购物品、寻人寻物、好人好事等，在 E1 社会企业网站里比比皆是。另外，很多文化娱乐活动同样体现了互助服务特征。

3. 辅助政府治理

E1 社会企业利用其互联网媒介及社交属性，充分发挥桥梁纽带作用，搭建起了政社沟通协商平台，取得良好成效。2006 年，E1 社会企业就曾为基层消防、公安、工商、税务、政协等在网站开设"回龙观社区服务中心"版块，便于居民及时了解相关信息。如交通队发布交通情况、派出所发布警情预警、消防队发布火情通报、物业发布停水停电通知信息等。

2017年，E1社会企业发起"爱恨回龙观"活动，通过征文、随手拍、街头采访等形式，围绕交通、教育、环境、文体设施、公共配套、医疗、就业7个方面征集居民意见，吸引了48万人次参与，征集到问题及建议2000余条，政府各相关部门对居民提出的问题给予了高度关注，其中部分问题被写入"回天三年行动计划"，居民反映的陈营东桥、北郊农场桥等交通断点、堵点问题，已经得到了有效解决。2019年7月，为配合回龙观街道开展的"回天秩序2019"百日攻坚专项工作，E1社会企业联合回龙观街道组织了"乱象随手拍，助力回龙观秩序整治"及"交通志愿者招募"活动，广泛动员居民积极参与乱象举报，同时通过网上"12345"系统，直接与政府部门对接，反映居民诉求。

自2018年10月以来，昌平区网信办与E1社会企业和E4社会企业共同建立了"收集整理－通报办理－领导把关－反馈回复"的闭环工作流程。首先，问题收集报送。由E1社会企业网、E4社会企业网每周二上午收集整理上一周网民反映的问题，并按照一般问题和热点问题分类提交。其次，问题审核交办。审定后的热点问题由社区网每周三报北京市回天工作专班，其他通过"昌平区公众服务统一办理平台"向区内各相关单位派单。再次，领导审核把关。最后，问题回复反馈。一般问题的回复经相关镇街主要领导审核后，向E1社会企业、E4社会企业反馈，由两家社区网在网站上回复网民；热点问题的回复经主管区领导审核后，由区委网信办反馈至两网，两家社区网在网站上回复网民，并通过区委办公室、区政府办公室分别呈报区委书记、区长审阅；由昌平区回天工作专班向北京市回天工作专班报送。①

（二）连带经营

E1社会企业拥有注册用户70多万，庞大的会员基础以及政府治理、

---

① 资料来源于回天地区典型经验材料。

商家经营为 E1 社会企业创造了营利条件，笔者认为其可以称为连带经营。一方面，E1 社会企业的连带经营主要体现在它为政府、社区、其他商业企业等提供广告、平台、会员、技术所产生的广告收入、交易收入、会员/订阅/定制收入、技术服务收入等。其中，主要收入来自商业企业，二者在资源上相互依赖，在业务上相互促进。另一方面，这种经营也是在自我约束、自我监督基础上的经营。2019 年其牵头成立北京市昌平区回龙观企业信用建设促进会，共同规范本地区企业信用管理，加强企业合作。其连带经营方式以广告收入为例进行介绍。

1. 线上广告

E1 社会企业通过为周边商家在网页上打广告的形式收取广告费，既为商家进行广告宣传，又为居民推荐了优质的服务商家，同时增加了网站自身的收入。

E1 社会企业工作人员说道："网站最早是靠给商家做广告来营收的，头十年日子比较好，可以说（商家）排着队来找我们，那时候确实是太火了，当时做广告就是这个没位置了，去等下个月再做吧，这样的一个状况。这些网页广告对许多商家的发展都起到了重要的作用，其实有好几个装修队靠我们网站发展起来，现在自己成立装修公司了。"（E120210427）

2. 线下广告

线下广告一般通过与周边商家进行合作，通过线上宣传、引导居民探店的形式为商家引流，增加店内人流量。

从 2013 年开始，E1 社会企业会在每年的 11 月举办"邻里讨糖节"活动，由于这项活动的主要受众是孩子，E1 社会企业会与周边的舞蹈工作室、儿童表演中心、武术馆、语言培训班等幼教机构合作举办。有意参与"邻里讨糖节"活动的商家需要向网站缴纳一定的广告费，网站会根据所有参与活动的商家位置制作地图，由家长带着小朋友到店打卡，领取糖果。商家在为到店的小朋友发放糖果的同时，也会推出一系列活动，如免费体验课程，邀请家长和孩子免费试听，达到宣传产品、吸引客户的效果。相关负责人介绍说："等于说我给你拉了一个人进你的店里，而且这个人肯定是孩子，是你的目标用户，这个活动我们每年特别火。"（E120210427）

三 互联网社会企业经营居民社群特点分析

E1 社会企业作为一个为当地居民服务，当地居民、组织、商户、企业在其中互动、社交、互助的互联网服务平台，类似于一个虚拟的现代互助组织，内在包含政治、经济、社会、文化等综合性功能并与其他功能性组织进行互动，实际上也是一个体现了党委领导、政府负责、专业赋能、企业经营、居民参与、法治保障、科技支撑的共同体和经济体。信息高效便捷传递又放大且扩展了其多元功能作用，而以信息技术服务为基础的多元增值收入是网站可持续发展的重要支撑。主要特点包括以下五点。

一是行政规制。作为有庞大居民群体线上集聚的互联网平台，E1 社会企业逐步纳入政府的多元行政规制之中，包括作为互联网企业的市场监管，以及被认证为北京市社会企业、回天地区品牌社会企业，都是对其进行的监督和约束。

二是政府借道。由于庞大居民群体的政治属性，政府在对 E1 社会企业进行有效监管的基础上，也借助社区网这一成熟平台的社情民意反映获取便利，来解决自身灵活性、弹性不足的问题，如建立网上"12345"系统等。而 E1 社会企业也可以借此与政府建立良性互动关系，居民在社区网反映的问题得到有效解决则进一步增加了网站的客户黏性。

三是义利并举。E1 社会企业之所以逐步向社会企业方向发展，与其创始人的初心密切相关，在笔者访谈中，他就提道："之前有过资本想投资网站调整运营模式，但自己没有同意，自己就是一个观里人，想把这个平台守好。"（E120210427）所以 E1 社会企业并不是纯粹以营利为目的，而是有服务一方百姓的情怀，也正因如此，E1 社会企业开展了各类文化娱乐、互助志愿、协商议事等公益项目，并且注册成立 S3 组织和回龙观企业信用建设促进会两家专业社会组织，更好地发挥服务基层治理功能。

四是社群经营。社群经营是社会企业经营性治理的主要方面，既包括培育社群，也包括连带经营。E1 社会企业的特色在于这个平台居民的自发组织性，互动、社交、互助以居民主动、自发的行动为主，平台只是为其更好地进行下去提供助力，是辅助而非主导。连带经营主要是平台与商户、企业的合作营收等。

五是技术支撑。科学技术是第一生产力，技术支撑是互联网社会企业可持续运营的关键。E1 社会企业也拥有一支强大的技术队伍支持。这是很多社会企业难以为继，而互联网社会企业能在长时间的竞争中生存下来的重要原因。

小　结

2022 年 4 月，北京市社会建设工作领导小组印发《关于促进社会企业发展的意见》，提出力争到"十四五"末期，本市基本建立促进社会企业发展的体制机制，社会企业纳入党委、政府工作议程和相关部门工作体系；基本建成社会企业行业支持体系，主管部门和行业组织相互配合，推动社会企业服务管理规范化；部分重点领域支持社会企业发展的政策基本成熟，社会企业的贡献较为明显；社会企业和社会企业家精神得到社会认可，市场化、社会化支持体系初步形成；社会企业的吸引力不断增强，认定社会企业超过 300 家。在此基础上再用 10 年时间，力争健全完善本市支持社会企业发展的制度体系和政策体系，社会企业成为经济发展、民生保障和社会治理的重要主体，对北京市率先基本实现社会主义现代化的贡献充分彰显。可以说，这份文件把社会企业发展提高到了中国式的社会主义现代化建设的战略高度。但是，从政府的管理体系和社会企业的发展现状来看，社会企业仍然作为社会部门/第三部门的组成部分，由民政部门进行扶持和规范，并没有将其上升为党领导的社会经济体建设的重要力量的高度。社会企业以小微企业为主，资源相对匮乏，同时其兼具公益性或以公益性为主，营利能力受到约束，面临资金不足、业务量少等可持续发展困境。

而追溯社会企业在发达国家的实践源起，笔者认为其有两个重要背景或共识。一是社会企业是社会经济的转型，社会企业包括合作社之非营利化和社团之企业化，这一前提有比较成熟的合作社和社团发展基础。

二是社会企业是一个广义的概念，是各种非营利和营利组织所构成的一个连续统一体：从具备社会承诺的营利公司（如企业慈善），到协调利润和社会双重目标的公司（混合体），再到通过商业化方式获得利润来支持社会使命的社会组织/合作社（如销售与使命相关或不相关的产品、成立营利子公司、与营利公司合作、从事与其事业相关的市场营销等）。

故而，笔者认为，可以借鉴发达国家社会企业界定和发展经验。一方面，广大从事社区服务、福利服务行业的小微企业、个体商户都属于社会企业范畴。国家市场监管总局发布的数据显示，截至2021年底，全国登记在册的个体工商户已达1.03亿户，它们集中的行业依次是"批发和零售业""住宿和餐饮业""居民服务、修理和其他服务业"，第三产业占比超90%。它们既关系中国最普通百姓的生计，需要保护，也为百姓提供最直接的服务，需要规范。故应当通过社会企业精神宣扬、行业自律、社会监督、政府认证监管等方式，推动其良性发展。另一方面，应当重点发展枢纽型社会企业。重点推动党委领导、政府负责、国有及大中型企业支持的互联网企业、社会团体、基金会、合作社等的枢纽型社会企业化，与群团组织、枢纽型社会组织、基层群众自治组织等合作，经营居民社群、联合小微企业和个体商户等，共同建设中国特色社会治理共同体和社会经济体，这也是社区互助合作治理的重要组成，推动共同富裕的现代互助社会建设。

第十一章　问题、对策与展望

　　北京市回天地区是 20 世纪末期城市化进程中形成的大型社区，是超大城市庞大人口规模、复杂人口样态的缩影。面对单个社区治理能力不足的结构化困境，它探索建设统合功能互补的圈层化基层社会治理体系，取得了较好的成效。同时，其中单个社区的创新实践形成了小型社区治理体系建设的良好示范。但与此同时，回天地区的基层社会治理体系建设也面临诸多困难。本章就尝试根据调研情况，分析基层社会治理可能面临的发展困境，并结合其他地区典型经验，提出相关对策建议和未来展望。

第一节　存在的问题

　　根据回天地区调研，本书认为城市基层社会治理存在的问题主要包括四方面：一是各方主体权责不明，二是党建引领多方共建形式大于内容，三是居民共治的社区共同体建设有待加强，四是亟待创新专业社会组织和企业参与体制机制。

一　各方主体权责不明

　　社区"两委"、业委会、物业服务企业、共建主体之间的权责关系不明，社区"两委"、物业工作存在交叉，工作人员压力大、得不到理解，业委会有效运转仍面临困难。

（一）社区"两委"承上难以顾下

　　首先，社区治理能力不足。社区"两委"仍是管理思维，缺少化堵为疏的工作意识与工作方法。一方面，疫情防控、垃圾分类、"12345 接诉即办"、人口普查、社区文化、志愿活动等充斥于社区繁忙的工作中；另一方面，社区工作时间长、工资低、缺乏晋升通道和学习机会，社区"两委"的资源动员、矛盾化解、问题解决能力不足。在政府问责、绩效考评和居民诉求的多重压力下，社区工作人员获得感不足，社区人才流失严重，特别是难以吸引中青年群体。

其次，党的领导对居民自治缺乏有效调动。社区党组织书记和居委会主任"一肩挑"强化了党的领导，但也存在模糊居委会功能和作用的隐患，产生社区居委会"行政化"和"边缘化"的双控。[①] 基层党组织的定位应该是联动社区治理主体、整合社区治理要素、充当"联动枢纽"角色，但在基层实践中，党组织承担了大量的基层事务，对于其他人群，即便居民骨干的参与也多集中于文化娱乐、志愿服务等浅层次参与。

（二）物业服务企业饱受诟病

首先，物业费收缴率低，供需不匹配。回天地区大部分社区的物业收费低，经济适用房、保障房的物业费每平方米仅收取 0.55 元、0.65 元，商品房大部分也仅收取 1 元多，而回天地区历史遗留问题较多，基础设施和房屋质量等方面存在诸多问题。一方面，居民希望社区硬件设施得到改善，物业服务质量得到提升；另一方面，物业服务企业没有大修能力，同时认为居民想得到高质量的物业服务就应该多缴物业费。双方僵持进一步导致业主质疑物业费去向、物业费缴费率低，由此形成"物业费收费低－物业服务质量低－物业费收缴率低"的恶性循环。

其次，老旧社区物业权责边界模糊。一方面，"12345"市民热线投诉转社区"两委"负责解决，导致社区压力大，为满足居民需求，老旧社区内涉及维修资金使用、花草照护、公共空间维护等物业权责事务很多都交移社区"两委"来解决，社区硬件设施维护也由社区党群服务经费出资；另一方面，物业作为社区服务企业，承担社区治理有限责任，但是社区居民存在一种"既然我交了物业费，小区所有问题都应该由物业负责"的错误认知，[②] 经常出现以激进行为进行维权的不理性抗争行为。此外，物业是社区共同体的一部分，但是当前物业更多地被排斥在社区共同体之外。

---

① 郑杭生、黄家亮：《论我国社区治理的双重困境与创新之维——基于北京市社区管理体制改革实践的分析》，《东岳论丛》2012 年第 1 期。

② 张曙光、王晓娜：《党建引领：物业纳入社区治理体系的逻辑和路径——基于北京实践的分析》，《中共福建省委党校（福建行政学院）学报》2022 年第 2 期。

（三）业委会有效运转面临诸多困难

首先，业委会与业主关系陌生化。由于社区业主之间的陌生化，社会规范与信任度低，业委会难以对业主实施有效治理和有效动员，而业主对业委会也难以进行实质化的监督。

其次，业委会对物业的监督能力不足。业委会本身是不计报酬、非职业化的志愿性民间组织，面临缺乏激励、能力不够、专业不足等问题。不少社区对物业的监督、选聘、任期考察更多由社区"两委"和物业协商主导，业委会发挥的作用有限。同时，业主大会召开频率较低，业委会缺乏召开业主大会进行集体决策的积极性，具有小范围专断的倾向。①

二　党建引领多方共建形式大于内容

基层党建引领的作用没有充分发挥，政治优势、组织优势没有充分转化为基层社会治理优势和治理效能，政府部门、社会组织、企事业单位等参与共建的相关体制机制有待进一步完善。

（一）基层党建引领各方优势没有充分发挥

首先，党建引领社区治理悬浮化。一是基层党建与基层社会治理的有机结合有待加强。目前社区党建工作仍以应对各项检查为指针，以完成任务而非居民和社区问题解决为目的。二是社区在职党员双报到制度逐步松散化。由于缺乏相应监督考核约束、报到服务活动内容简单、社区"两委"的带动和引领能力不足等，在职党员双报到制度对在职党员日益缺乏约束和驱动。

其次，多方主体缺乏实质性合作制约。一方面，多方主体在制度约束下被动地参与社区建设，主体之间缺乏稳定、持久、实质性的共建关系，"共在但不共生，分工但不合作"。② 另一方面，合作与制约相辅相成，当前党建引领多方共建的重心在于吸引多方参与，忽略了多元主体的利益诉求，所采取的非正式化的规则约束和监督手段难以让各方主体主动参与进来。

---

① 刘建军、王维斌：《社区物权治理的政治逻辑》，《齐鲁学刊》2019 年第 4 期。
② 徐建宇：《城市社区治理中社区组织化的连接、选择与策略研究》，《中国行政管理》2019 年第 9 期。

最后，居民诉求难以高效满足、有效匹配。党建引领多方共建的目的是整合资源以及资源再分配，但在实际运行中，社区治理主体间条块分割、信息壁垒、资源浪费等现象较为普遍，一些报到的单位以出资修建路灯、道路等基础设施为主，居民所反映的老旧小区停车难和加装电梯难、优质教育和医疗资源短缺等软性服务"老大难"问题无法有效解决。小微企业、个体商户缺乏机制化的社区参与渠道，只是偶尔到社区举办活动。

（二）多方共建平台未能应时而新

首先，社区协商议事平台未充分发挥作用。一是协商治理能力不足。在大量的社区事务处置过程中，哪些需要协商治理、如何进行协商治理往往取决于社区"两委"的意愿。二是协商平台形式化。不少社区协商治理资源有限、解决问题能力不足，协商议事厅、政民议事厅等协商平台出现大事上层协商、小事不需协商的困境。三是协商主体被动化。居民参与协商往往受社区、街道等外在力量的驱动，以被动的身份消极参与，主动性较弱、自主性不强。四是协商治理意识匮乏。协商治理更多地被当作工具来缓解社区矛盾，当问题缓解后就容易忽视协商治理的作用，[①]缺乏协商环境营造和协商文化输出，这可能会导致协商的不可持续性。

其次，社区网格治理缺乏多方参与。一是缺乏党建引领网格组织联动和资源整合。目前社区网格仍然是一种由人口网格和空间网格构成的平面状态，没有通过互联网、党建引领组织联动将其立体化；缺乏将社会组织、底商、共建企业、事业单位等纳入网格体系的常态化机制；重行政管理，轻社区治理，导致社区网格在资源整合、激活社会资本等方面的优势没有发挥出来。二是"网"与"格"之间缺乏有序衔接。当前社区网格化建设主要聚焦于社区"网"，人才、资源、服务等也主要停留在社区"网"这一层面，缺乏对社区"格"的赋能增效，这就导致社区"格"发育不足、资源匮乏、能力不够。三是缺乏有效监督与考评。社区网格化治理的分工较为模糊，对治理效果的考核难以覆盖繁杂的网格事务。

---

① 张立伟：《我国农村社区协商治理的现状、困境及发展对策——基于全国 7 个农村社区治理实验区的分析》，《行政论坛》2019 年第 3 期。

三 居民共治的社区共同体建设有待加强

现代城市营造了一种充满竞争而又分工复杂的社会氛围,基于血缘、地缘、亲缘关系的传统共同体逐渐失落,基于地缘的邻里守望、邻里互助等美德日渐式微,社区行政化倾向降低了居民的参与意愿,而居民参与的缺席,又使得社区无法感知居民的真实需求,难以提供有针对性的、精准的管理与服务,由此循环往复导致居民由社区共同体建设的法定参与者变成了实际的缺席者。[①]

(一) 社区服务和社区活动吸引力不足

首先,社区参与以精英群体为主。目前社区参与的群体主要是社区内各单位代表,离退休的党政干部及少量的居民积极分子,担任社区楼门长、网格员和文化娱乐队伍、志愿服务队伍负责人,这实质上是对精英群体“过度使用”和对普通居民“动员不足”的表现,导致社区参与“虚假繁荣”。[②]此外,目前社区精英主要起着辅助社区“两委”执行行政事务的作用,不仅对居民的带动作用不明显,也容易垄断话语权致使普通居民被边缘化。

其次,社区活动缺乏科学设计。一是缺乏差异性。现有社区活动主要包括社区“两委”牵头开展、居民自发娱乐以及社会组织/社会企业组织三类形式,大多面向老年群体,针对儿童、全职妈妈以及外来务工人员等的文化活动相对较少,对社区居民的层次性和差异性关注不足。二是缺乏治理性。当前社区触发的多是范围相对窄、程度相对浅的志愿性、项目性的居民参与,对于协商议事、楼门治理等治理类的项目设计则较少。

最后,社区志愿服务缺乏机制保障。从笔者基层调研来看,2020年是社区志愿服务常态化的一年。从过去简单的社区巡逻、慰问孤老、重大节日值班等临时性活动转向了垃圾分类桶前值守、人口普查入户采集信息等常态化活动。尤其是回天地区物业管理服务人员少,许多常态化

---

① 唐亚林、钱坤:《“找回居民”:专家介入与城市基层治理模式创新的内生动力再造》,《学术月刊》2020年第1期。

② 王德福、张雪霖:《社区动员中的精英替代及其弊端分析》,《城市问题》2017年第1期。

工作和活动都借用了大量的志愿者资源，有的社区志愿者超过百人。但在志愿者工作标准、精神和物质奖励、专业培训等方面，多数社区并没有建立起常态化机制。

（二）社区公共精神培育滞后

首先，精神文化设施利用不足。一是社区活动室闲置率较高。不少社区活动室为方便管理，大多数时间关着门，实际使用效果并不好。二是活动室缺乏有效维护。各级部门只拨付建设资金，对于后期的维护、管理缺乏持续有力的资金保障。根据调研，只有极少数社区聘请专业社会组织进行运营，这种高成本的方式难以实现可持续。三是空间布局忽略居民需求。社区文化设施的空间布局和规划忽略了居民的动态需求，社区景观、公共基础设施、人文等方面建设相对不足。

其次，缺乏社区公共精神培育。一方面，当前社区居民所需的公共产品和服务主要由政府提供，滋生了居民"等、靠、要"的消极依赖心理。[①] 另一方面，社区治理越来越倚重规则治理、技术治理，缺少暇余时间来真正化解居民需求和矛盾、营造社区邻里友爱氛围、培育居民的公共意识和公共精神，这压缩了情感治理（共同体）和居民自治的作用空间。

（三）社区互助合作发育薄弱

首先，社区互助合作概念模糊。目前对社区互助合作的理解仅停留在邻里相互帮扶、无偿化的志愿服务层面，呈现小范围、随意化、临时性等特征。但实质上社区互助合作不仅包括无偿的志愿服务，还包括低偿的互助服务以及更高层次的互助保障、合作社组织等。

其次，缺乏对经济型互助的培育，具体体现在三个方面。一是经济型互助组织没有发展起来。在回天地区的实践中，经济型互助主要以基金会和社区集体经济组织的形式出现，且多存在于村改居社区，城市互助合作社、社区基金、楼门基金等实践很少。二是经济型互助组织缺乏与社会功能的有机融合。经济型互助组织特别是社区合作社的经济能力不一，只有个别发达的经济型互助组织有能力承担社会功能为居民提供

---

① 陈友华、佴莉：《社区共同体困境与社区精神重塑》，《吉林大学社会科学学报》2016年第 4 期。

福利保障。三是经济型互助组织覆盖范围较小。就所调研的回天地区实践来看，主要存在于社区中，缺乏区域性的经济型互助组织。

最后，对社区互助合作缺乏有效管理。一方面，对合作社、社区基金会等缺乏合理定位，经济型互助组织作为高风险的会员制组织被限制发展。另一方面，尽管回天地区出现了超越社区的互助经济平台，但缺少相关法律保护、政策保障以及准入准出机制、监督机制和激励机制，导致相关业务发展缓慢，互助性体现不明显。

四　亟待创新专业社会组织和企业参与体制机制

（一）专业社会组织可持续发展能力不足

首先，枢纽型社会组织存在发展局限。一是形式化困境。不少枢纽型社会组织存在"官办"背景，其职能的发挥受街镇的影响较大，部分街镇对枢纽型社会组织的功能定位不清晰，仅把其当作自身职能的延伸。二是专业化困境。对一般社会组织而言，枢纽型社会组织是专业督导者、资源整合者、沟通桥梁和坚强后盾，[①] 但不少枢纽型社会组织将服务对象直接定位于政府和居民，从事业务类似于一般社会组织。

其次，专业社会组织专业能力有待提升。主要体现在四个方面。一是缺乏明确定位。专业社会组织由民政局主管，进入社区主要扮演打工者而非共建/赋能角色，缺乏话语权。二是数量和类别不均衡。偏重于精神文化和困难救助类，而楼门院治理、协商议事、业委会和社区社会组织培育等社区治理类较少，与社区需求不匹配。三是可持续发展能力不足。专业社会组织的经费主要来源于政府，自身的造血能力不强，同时由于工资低、可提升空间小，部分专业社会组织人员流动过快，吸收高学历、高技能优秀人才的能力欠缺。四是专业认可度较低。很多专业社会组织专业能力不足、工作经验不足、扎根社区深度不足，且部分组织为了迎合政府需要承接多个领域的项目，在综合服务与专业服务之间出现失衡。

再次，社区社会组织缺乏生长土壤。一是管理不够规范。社区社会

---

① 钱坤：《从"管理"走向"服务"：枢纽型社会组织的实践困境、功能转型与路径选择》，《兰州学刊》2019 年第 11 期。

组织主要是在街道备案，由居民自发组织，管理、扶持、监督、规范等机制有待完善。二是类型相对单一。大多是文化娱乐队伍和社区志愿服务队伍，治理类组织缺乏，只有少部分社区有纠纷调解、协商议事、互助养老等社区社会组织。三是扶持力度较弱。在调研中，不少居民反映社区社会组织缺乏开展活动的场地和资金。

最后，各类社会组织之间缺乏合作。主要体现在三个方面。一是社会组织发展服务中心、企业联盟、行业协会、街道社区社会组织联合会、社区基金会等枢纽型社会组织之间缺乏合作，没有建立可行有效的资金－组织－服务－评估的合作机制，在回天地区社会组织体系建设中的合力作用有待加强。二是枢纽型社会组织对其他社会组织的组织联动能力不足。三是其他专业社会组织之间缺乏合作，多处于低水平竞争状态。

（二）社会企业缺乏生长环境

首先，社会企业受认可度低。我国社会企业发展仍处于起步阶段，由于社会企业具有公益性和商业性双重属性，在社会信任不足的当下，人们对以市场谋公益的行为目的持怀疑态度。

其次，社会企业营利能力不足。具体体现在三个方面。一是人才匮乏。社会企业的发展需要既懂市场又富有公益精神和创业精神的人才，但由于其非营利属性、缺乏晋升通道，对人才的吸引力不足。二是市场环境限制。一方面目前社会企业享受的优惠政策相对较少，另一方面其资源动员能力受限，较难吸引融资，这使它在市场竞争中缺乏优势，很多在依靠创始人的情怀和投入勉强维持。三是缺乏有效商业模式。一些企业在战略层面和商业模式设计上存在先天不足，生产经营活动表现出低效率和不可持续性。

（三）企业参与社区治理缺乏共益思维

首先，缺乏企业经营社会/社区/社群思维。企业参与社区治理可分为公益慈善阶段、交易阶段、综合阶段三个阶段，[①] 就调研情况来看，大部分企业停留在割裂的公益慈善阶段或交易阶段。在公益慈善阶段，多数企业参与社区治理的目的是完成捐赠任务，树立企业形象。而在交

---

① 张桂蓉：《企业社区参与：外在压力抑或内在需求？》，《国外理论动态》2015 年第 10 期。

易阶段，物业、餐饮、商超、家政等社区服务企业、个体商户以追逐利润为目的，以投资者的审视姿态参与社区活动，纯粹利用社区资源开拓自身市场。这种割裂的社会建设思维导致基层社会往往被市场裹挟，企业也没有实现其长期利益最大化的目的。

其次，缺乏社区参与深度融合机制。一方面，没有建立社区服务企业、个体商户依托社区、利用社区、发展社区的体制机制，社区商业与社区产生脱嵌。另一方面，大多数企业参与社区治理的内容局限于文化娱乐、垃圾分类、志愿服务、公益课题等，缺乏真正的社区营造类、建设类合作，难以融入社区。

第二节　相关对策建议

根据调研发现的问题以及其他地区典型经验总结，提出以下四个方面的对策建议。

一　依法明确关键治理主体职责

（一）着力提升基层党组织领导能力

党的领导的行动主体是党员和党组织。一是吸纳人才。以体制吸纳等方式吸纳各类青年人才、社会和经济组织成员加入，或以兼任基层党组织职务的形式加入，壮大党的基层组织队伍。二是政社企党组织嵌入。党组织嵌入社区、社会组织、经济组织等。三是划小治理单元。把党组织建到更小治理单元上，发挥楼门院自主治理和辅助治理的双重功能。四是发掘培育优秀党员。通过培育、选派优秀党员到重点岗位、担当重要职位，发挥其务实肯干、冲锋在前的表率作用。

（二）充分发挥社区居委会自治职能

建议试点创新基层群众自治组织体系，以楼院为载体，将基层民主治理单元下沉——从社区自治延伸到楼院自治，形成楼院－楼栋－楼门三级自治组织体系。同时，在社区党委领导下，楼院居民党支部、居民党小组发挥引领作用，组织楼院层面成立楼院自治组织，如楼院居民议事委员、楼院居民楼委会以及楼院自治服务队伍等。建立健全居务监督委员会，推进居务公开和民主管理。鼓励更多的本社区居民和业主参与居委会选举，通过依法选举稳步提高城市社区居民委员会成员中本社区居民比例，使其更好地代表居民利益。

（三）给社区"两委"减负增能

政府与社区的关系是指导与服务，而非领导与被领导。要进一步明确社区"两委"与政府部门的职责边界，划定清晰的职责范围，进行分类设计，制定社区"两委"自身职责清单和需依法协助其他部门履行的职责清单。在实际工作中，各单位和部门下派任务时应当落实人、财、物等必要支持和细则指导，同时不将清单以外的工作转嫁给社区"两委"，不以部门文件、会议部署、"责任书"等形式变相地向社区"两委"施加过多压力，使其有充分的时间和精力了解社情民意，更好地为广大人民群众服务。

二　深化党建引领多方共建机制

（一）创新党建引领的分层协商机制

完善多级分类机制，结合不同的社区公共议题，支持和帮助居民养成协商意识、掌握协商方法、提高协商能力，不断完善基层协商民主的主体、平台、规则、流程和方法，推动形成既有民主又有集中，既尊重多数人意愿又保护少数人合法权益的社区协商机制，着力提高基层协商的公开性、透明性和公正性。

案例：北京市西城区红居南街社区分层协商机制[①]

红居南街社区的分层协商管理模式（见图11-1）主要分为四层，分别为胡同（楼院）协商、网格（小区）协商、社区协商和街道协商。根据不同问题所涉及的人员范围，合理采用不同的协商层次，并由不同层次的协商平台和会议召集人发挥主要作用。利用这种分层协商的模式，红居南街社区解决了许多社区内部基础设施方面存在的问题，改善了居民的生活条件和社区的卫生环境，包括拆

---

① 笔者调研案例。

除违章建筑、停车管理、解决施工噪声扰民问题、主管道维修、清理小广告、安装信报箱等。同时，红居南街社区还开展了许多以精神文化内容为议题的协商会，在社区内弘扬良好风气，营造良好的文化环境。

在抓好环境整治促提升行动中，红居南街社区居委会组织辖区居民代表、积极分子召开了背街小巷治理参与式协商会议。会上，居民提出装修垃圾随意堆放、不清理问题，希望社区可以寻求有效的办法彻底解决该问题。为此，社区"两委"先后在楼院、网格内征求居民的意见、建议，初步掌握了居民的诉求。2017年12月，社区召开了红居南街社区"友邻家"议事协商会，大家一致同意收取居民家庭装修垃圾清运保证金。在运作过程中，社区及时向居民进行公示、征求意见，并获得了街道城建科的大力支持。最后促成了对装修家庭收取装修垃圾清运保证金，由红居南街社区"友邻家"议事会负责执行，社区"两委"和社区居民进行监督的工作方案。

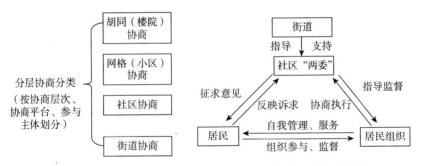

图 11-1　北京市西城区红居南街社区分层协商机制管理模式

（二）一事一议回应民生关切

在一些迫切需要解决但居民难以达成一致意见的问题上，应当发挥党建引领作用，一事一议。动员（准）低龄老年人，尤其是离退休老干部、低龄老年党员，并通过他们带动年轻人、全职妈妈等群体，监督社区和居民事务。

一是针对停车难问题，可以探索成立停车自管会、建设地上停车楼、协调周围商场和路边停车等。如笔者调研的北京市西城区不少社区试点停车自管会模式（见图 11 - 2），取得较好效果。它在街道办事处的指导以及物业服务企业的支持下，以社区原有的车友会为组织基础，由社区"两委"指导成立社区停车自治管理委员会（简称自管会）。自管会成员通过居民自荐以及楼门推荐相结合的形式选举产生，每届任期 3 年，可连选连任。自管会与社区相互配合开展工作。一方面，自管会协助社区"两委"完成社区车位的划分以及车辆信息的录入，只有录入过信息的内部车辆才能进入院内停车。另一方面，在社区"两委"的协助下，自管会就社区停车管理制度的制定、引进停车管理公司、停车位收费等开展入户走访、召开居民座谈会，征求居民意见，并票选出停车管理公司管理社区停车事务。停车管理公司通过社区自管会与社区车主签订停车协议，并与自管会共同监督社区居民按规停放车辆。

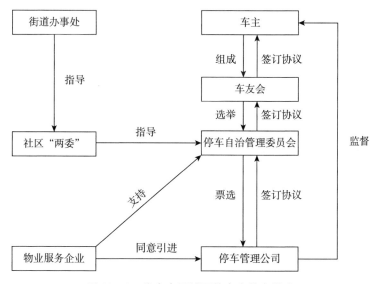

图 11 - 2　北京市西城区停车自管会模式

二是针对加装电梯问题，建议按照社区人口高龄化程度加装。如果完全让社区或居民自己动员加装电梯，且同一楼内全部业主同意加装后安装使用，是比较难实现的。而回天地区部分社区人口高龄化的现象又使得实施这一工程越来越迫切。故建议试点由政府拨款引导社会资本投入，按照社区人口高龄化程度加装电梯，一楼不缴纳电梯使用费，其他楼层梯度缴纳。

(三) 创新党建引领物业管理模式

一是建立红色物业、红色物管会和红色业委会。在党建引领方面，在小区业主委员会、物管会中成立党支部，扩大党的组织覆盖范围和工作覆盖范围；同时指派社区专职副书记担任物业服务企业党建指导员，强化社区党组织对业委会、物业服务企业党建工作的领导。在人员任职方面，业委会委员、物业服务企业工作人员兼任社区"两委"委员，实现"交叉进入，双向任职"，加强人员间的联系。在工作机制方面，建立居委会、物业服务企业、业委会协同治理工作机制，例如合署办公、定期召开会议、建立微信群，对居民反映突出的物业问题进行专题研究、协商解决。在人员方面，充分发挥党员的先锋模范作用，将党员纳入社区服务队，定期组织开展志愿服务。

二是探索通过党建引领，将社区中的多家物业联合起来，成立物业联盟。建立需求清单、资源清单和问题清单，建立微信群实现互通，各物业服务企业优势互补、资源共享、经验共鉴，为居民提供更好的服务。

案例：北京市西城区核桃园社区——党建引领物业联盟[①]

核桃园社区在社区党委的协调下，成立了物业联盟。这个联盟中包含了社区中的十家物业服务企业。社区党委通过会议收集相关数据，让物业服务企业描述自己的资源，在物业联盟中建立了三个清单：需求清单、资源清单和问题清单。此外，在社区党委的组织下建立了一个微信群，在社区居民有问题和需求时充分响应，各物业服务企业相互无偿出借一些工具和人员。通过这种方式，物业服务企业可以在现有资源的基础上为居民提供更好的服务，也为其创造了更好的口碑 (见图 11-3)。

案例：北京市石景山区八角北里社区——红色物业[②]

八角北里社区中有六家物业服务企业，其中乐生活物业服务企业是主要负责的物业服务企业。该物业服务企业在 2015 年通过招标进驻八角北里社区，作为社区的公共区域管理委托方，负责管理社

---

① 笔者调研案例。
② 笔者调研案例。

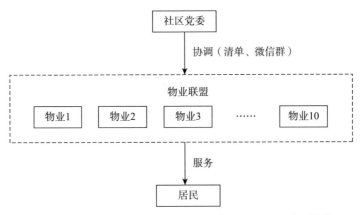

图 11-3　北京市西城区核桃园社区党建引领物业联盟模式

区所有的公共空间，包括停车位管理，生活垃圾、建筑垃圾的清运等。2019 年，八角北里社区通过党建引领，开始探索运作"红色物业"（见图 11-4）。一方面，推动实现交叉任职，社区党委指派党委委员担任物业服务企业党建指导员，居委会派驻委员到物业服务

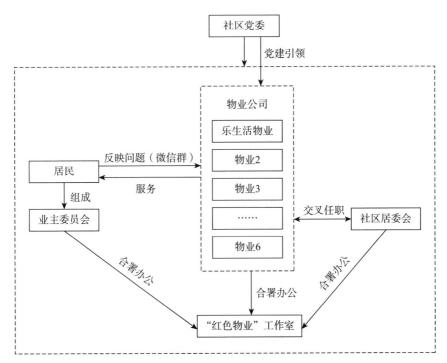

图 11-4　北京市石景山区八角北里社区红色物业模式

企业任物业质量监督员，强化物业服务企业的责任意识，强化社区党委对物业服务企业党建工作的领导。另一方面，构建了工作平台，成立"红色物业"工作室，社区居委会、物业服务企业和业主委员会合署办公。同时建立了微信群，方便居民、社区网格员向物业管理员反映各类物业管理问题。通过这些方式，物业服务企业改进了服务，社区每月环境卫生类投诉骤降为 200 件左右（之前社区每月环境卫生类投诉在 500 件以上），物业费收缴率达到 70%~80%。

（四）划小党组织治理单元引领多方共建

相较于社区，楼院具有更紧密的社会关系和更紧凑的地缘特征。可以试点创新基层党组织设置方式，划小治理单元，将居民党支部建到楼院上。

案例：浙江省宁波市招宝山街道探索居民自治互助站模式①

招宝山街道根据"家人治家"理念，以党建为引领，以基层社会网格为基本单位，通过街道社区引导、社区社会组织整合、社会力量支持、居民主体参与，探索建立了小区级社区社会组织——小区居民自治互助站，在居民家门口搭建了一个由小区居民自己组成的就近协商事务、解决纠纷、组织活动的平台，并形成了场地经费"众筹"、小区事务"众议"、公益服务"众行"、社区文化"众享"的"四众"互助自治模式（见图 11-5）。

首先，依托"街道大工委-社区大党委-小区党支部-网格党大组-楼道党小组"的组织格局，统筹区域内党员、楼组长、居民骨干、老干部、物业管理人员、共建单位、商户等资源，引导乐于奉献、群众认可的党员同志担任互助站负责人。自治互助站核心成员一般有 7~13 人，由楼组长、业委会成员、物业管理人员、网格长、商家及小区居民代表组成，在社区党组织的指导下，组织居民积极参与社区公共事务治理。

---

① 张逸龙、乐巧琼、罗梦圆：《小区居民自治互助站：践"家人治家"理念创和谐共享社区》，《宁波通讯》2018 年第 24 期。

其次，挖掘"能人"。党员骨干们深入居民，挖掘小区中的"能人"资源，成立"能人库"，再以"能人"为核心，成立社区公益型社会组织，服务于本小区和周边小区居民。如港城花园小区自治互助站，通过吸纳小区内的老干部、老党员、老医生等能人，建立了"小区能人库"，组建了民情收集调解、医疗服务咨询、居家维修、环境绿化等服务小组。

最后，分级协商。制定"三级三商三流转"分类流转机制，依托小区居民自治互助站、社区协商议事委员会、街道小区居民自治互助站领导小组三级体系，通过站内协商、社区共商、街道会商，线上以QQ、微信讨论群为载体，线下以"会客厅""睦邻吧""聊天室"为平台，协调解决小区内居民反映的个性化琐碎问题和公共事务。

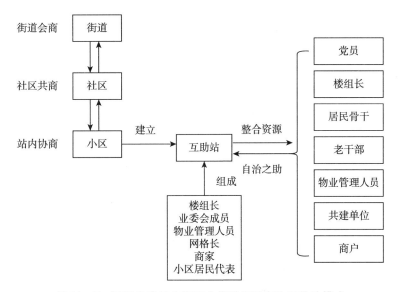

图 11 - 5　浙江省宁波市招宝山街道居民自治互助站模式

（五）完善在职党员双报到机制

切实推进在职党员向社区报到的再组织化，建立在职党员双报到的社区评价和奖惩机制，将在职党员的党组织活动建到社区上，使"悬浮"的在职党员真正成为基层治理的"在地化"中坚力量。

一是以组织和项目的方式带动在职党员参与。通过临时党支部/功能型党支部、兴趣型党支部、社区支部"编外党员"、抱团认领公益项目等多种途径提升在职党员参与社区治理的责任感和积极性。

二是建立在职党员社区评价和奖惩机制。明确规定在职党员社区党组织活动的年参与次数和月参与次数，增加社区对在职党员党组织活动参与情况的考核权限，对于在社区治理、志愿服务、物业管理中起到带头参与和示范作用的党员，给予社区和原单位通报表扬及相应奖励。建立模范党员家庭荣誉评价制度，在有社区模范党员的家庭门口挂奖励牌。

三　推动居民共治的社区共同体建设

（一）以互助文化增强邻里黏性

一是社区干部应真心为居民服务。在日常生活中主动维系与居民之间的感情，与居民之间建立信任、包容等积极性情感联结，并在此基础上推动社区中的人际互动结构更富有韧性，以应对诸多问题和困难。

二是探索打造"互助回天"文化品牌，弘扬集体主义和互助互援的精神。具体而言，可与专业社会组织/企业合作，开展具有互助互益性而非仅仅是文化娱乐性的活动。如针对儿童群体，可聘请专业老师，举办促进家庭及邻里互动的亲子活动，以及儿童美术、英语、体育等活动；对于中青年群体，可举办自驾游、自助餐、手工编织等活动。总之，应创造机会让社区各类群体积极参与互助互益，增强邻里情感联结，强化社区居民的向心力、凝聚力。

（二）大力培育社区社会组织

一是加强枢纽型社会组织孵化培育功能。摸清社区社会组织底数，明确其合理定位、政策性支持、人员团队支持、稳定的资金拨付，帮助其发展和开展工作。在枢纽型社会组织的指导之下，社区社会组织可以在统一品牌项目的基础上进行自我创新，服务本社区居民。

二是积极动员合适人员成立社区社会组织，到街道办事处进行备案，在社区中开展各类活动、服务。民政局、街道办事处、社区可以使用购买服务专项经费或党建经费向社区社会组织购买服务。在购买服务的过程中要提炼出工作目标、任务、进度及考核指标等。在购买服务项目实施过程中，可以引入在社区社会组织培育中具有专长的第三方作为指导机构，对项目的实施过程进行指导。

案例：北京市西城区红居南街社区楼院公共事务协调管理委员会①

2005 年 6 月，为了弥补社区管理方面的不足，红居南街社区楼院公共事务协调管理委员会应运而生（见图 11－6）。楼院公共事务协调管理委员会属于自治类社区社会组织，目的是有效应对老旧小区存在的楼院公共问题，如卫生清洁、基础设施维护、治安巡逻、为老服务等。同时配合政府和社区的很多中心工作，通过发挥政策宣传、民意收集、利益协调、社区建设等方面作用，助推完善社区治理体系建设。

在楼院公共事务协调管理委员会的成立和运作过程中，党建引领为其组织建设和制度建设提供了有力的帮助。楼院公共事务协调管理委员会组成人员包括楼门长、社区党员、社区工作者、德高望重居民，共计 11 人。在党组织的支持下，坚持每月集中开展一次民主参与式协商会议，遇到重大事项再另增加专题协商会议，基本实现各楼院公共事务的民主协商、民主管理、民主决策以及民主监督。

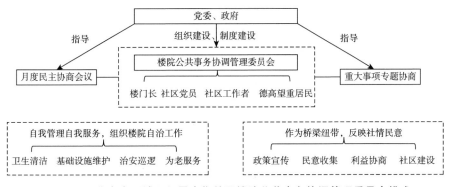

图 11－6 北京市西城区红居南街社区楼院公共事务协调管理委员会模式

（三）建立志愿服务常态化机制

一是探索将互联网时间银行作为志愿服务的组织形式和工作机制。明确政府在时间银行平台开发、运维以及可持续运行上的资金责任，建立长效资金拨付机制；根据地方情况，救助性的养老、助残、扶幼等兜底服务项目和党建引领的社区治理项目部分或全部地放到时间银行系统中

① 笔者调研案例。

完成；在制度先行的前提下，拓展资金来源，推广企业经营社会的理念。

二是推动志愿服务社区化、组织化、规范化。设计各类社区互助志愿服务，组织各类志愿者参与社区互助志愿活动，服务所在社区。可以探索成立社区志愿者协会，制定社区志愿者协会章程和相关制度，定期奖评，并且规定志愿者协会会员和社区活动积极分子享有优先接受社区服务的权利。从而，一方面盘活社区内外各类资源，另一方面激发居民的主人翁精神，增强社区居民的归属感，并赚取部分利益，促使居民在共同解决社区问题的过程中实现"自助"与"互助"。

案例：深圳市推动志愿服务社区化[①]

深圳义工工作立足于社区，走社区化发展道路，让义工来自社区、服务社区，推动社区志愿服务常态化（见图 11-7）。

一是建立社区服务网络。深圳市义工联在团市委、市民政局的领导下，依托市、区、街道、社区四级共青团组织，形成了在市、区两级建立义工联，街道建立义工服务站，社区建立义工服务队（站、中心、基地）的四级义工服务网络。在服务网络的保障下，实现了社区资源的联动。

二是发掘社区义工资源。深圳积极调动社区居民积极性，组织居民成为义工，为社区服务。如福田区莲花北社区义工站，组织社区内退休在家的老人成为义工，开展联防联治、看家护院、照料社区内残疾人等服务。

三是常态化开展社区志愿服务。开展扶贫帮困、教育培训、文化娱乐、生活服务、社区矫正、社区平安等常规服务。

四是社工引领义工服务。社区志愿服务总队依托各社区党群服务中心平台，由社工在各社区中组建社区义工队，一方面进行义工招募与培训、制度制定、服务设计、时数记录与表彰激励等工作，另一方面引导义工为社区居民开展助困扶弱、知识科普、环境提升、慈善服务等多种志愿服务，满足居民的多样化需求。

---

① 参见郑政鑫《深圳"社工+义工"社区服务模式研究》，硕士学位论文，南京大学，2014。

五是建立志愿者长效激励机制。深圳设有"百名优秀志愿者""星级志愿者"等荣誉称号。电子义工证具有金融、交通、医疗服务功能，可享受 20～50 天的贷款免息期、用于搭乘地铁、享受每年 10 万元额度的意外保险等。同时，《深圳市义工服务条例》中明确指出，鼓励有关单位在招工、招生时，在同等条件下优先录用、录取有义工服务经历者。

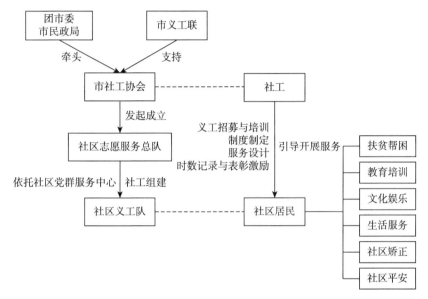

图 11－7　深圳市志愿服务社区化模式

（四）搭建基层综合治理平台

针对回天地区居民结构复杂、收入差距大、人口老龄化比例高、房屋出租率高的问题，可探索搭建相关平台，包括居民互助互益平台和出租房管理平台。

一是搭建大型社区互助平台。试点时间银行模式，由区级或街道级政府负责和支持，由枢纽型社会组织进行运营，以社区为单位建立互助志愿者信息库，与党员双报到、社区党建等党组织活动相结合，鼓励社区党组织、工青妇等群团组织和各类草根型互助组织、专业社会组织、企业充分挖掘社区互助志愿者资源，利用时间银行平台，创新设计各类福利、公益活动，在推动社区和谐团结的基础上，通过信任体系重建推

动福利经济和社区经济的进一步发展。如根据各地、各街道、各社区的
实际情况，探索将其他党建类、福利服务类、社区治理类项目资金放到
时间银行的平台上，探索由国有企业/物业服务企业经营社区共同体，探
索募集社会资金（社区基金会），探索成立社区互助合作社（盈利部分
用于互助服务），探索个人低偿付费服务的供求对接，探索针对平台用户
的其他专业增值服务，以达到开源节流和充分利用互联网平台高效链接
资源的目的。

案例：广州市南沙区南沙时间银行社区互助平台[①]

南沙时间银行已经初步搭建起区级层面的社区互助平台，构建
出"1+10+71"的管理模式（见图11-8），即在区民政局设1个
南沙时间银行管理中心，各镇（街道）共设10个分站点，各村
（居）共设71个服务点，依托各个分站点，链接各方资源，以互助
的方式满足居民基本的社区服务需求。南沙时间银行鼓励居民从自
身需求出发，自定义发布服务，内容涵盖家庭维修、培训教育、文
化艺术、运动休闲、专业技术、定制服务等，由居民设置时间货币
奖励招募志愿者，其他符合条件的会员都可以承接服务。时间货币
依据广州市上年度社会平均工资与最低工资标准的中间值折算产生，
1枚时间货币等价于1.9元。志愿者可以在时间银行平台上随时随
地用时间货币兑换礼品，如200元购物卡需要用104枚时间货币兑
换，食用油需要用28枚时间货币兑换。

同时，南沙时间银行与社区各类组织形成合作。一方面，与南
沙区党委组织部合作，推出党员时间银行项目。党员注册成为南沙
时间银行会员，既设计党员服务项目，由党员提供服务，党员也可
以实时承接居民的服务需求。党员会将所获时间货币捐入党代表志
愿服务基金，供有需要的居民使用。另一方面，与街道、社区的居
民自治组织、老年协会等互助组织以及其他专业社会组织合作，帮
助它们设计项目、引进外部资源、发布招募需求等。此外，社区居
民通过平台发布生活需求时，系统平台将依据情况自动推送对接社

---

① 笔者调研案例。

区周边的互助组织的服务资源以供居民挑选，互助组织的志愿者也可以在平台上自主承接服务。

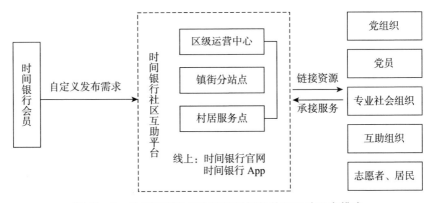

图 11 - 8　广州市南沙区南沙时间银行社区互助平台模式

二是搭建大型社区综合治理平台。互联网是培育社会治理共同体的重要依托，可以让层级化、历时性的上通下达渠道时效化、扁平化。一方面，将微信公众号、微博、App 和网络论坛等新媒体、自媒体与电视、报纸（社区报）等传统媒体充分融合，进行宣传和互动，打造助力基层社会治理现代化的"融媒体"。另一方面，可以将各街道、各社区公众号、S1 组织的友邻里等线上治理平台，以及 E1 社会企业社区网、E2 社会企业社区网等打造成集信息传递、民意表达与回应、民主协商和认同凝聚等多重功能于一体的回天人民"网上精神家园"，从而形成线上线下互动相结合的基层综合治理平台。

（五）创新互助合作制社区经济形式

中国的社区不仅代表社区场域、社区生活共同体，也代表社区集体。可以探索发展以集体经济合作社为代表的互助合作制社区经济，也可以探索群团组织、老年协会等建立合作社体系。

案例：新加坡合作社体系建设①

新加坡合作社是指根据新加坡合作社法注册的具有独立董事会及官员的独立法人团体，该注册团体具有永久继承权，并有权持有

---

① 笔者根据现有文献梳理分析形成的案例。

动产和不动产、订立合同、提起诉讼和被提起诉讼，以及为实现其章程的目的而进行一切必要的活动。根据2019年《新加坡合作社年报》，截至2019年3月31日，新加坡共有85家合作社、3145.8万名成员，总资产183亿美元。从合作社级别来看，合作社分为初级合作社（primary society）、中级合作社（secondary society）和顶级合作社（apex organization）。初级合作社①是由个体机构和个人组成的社团（society）或工会（trade union）。中级合作社是由单个或多个合作社或工会组合而成的合作社，使多个组织达成了更大规模的合作。顶级合作社是为促进初级合作社和中级合作社的运作而建立的组织，需要促进合作社的良好管治标准的建立，在合作社的组织和运作方面提供帮助和建议，协助和监督其遵守法律规定，并向合作社提供教育培训、物料供应、市场推广、银行、运输、会计、审计、顾问等方面的服务。以最为著名的新加坡全国职工总会（NTUC）为例，它是全国性的工会联合会（中级合作社），构建了覆盖新加坡各个行业的专业协会和合作伙伴网络。新加坡全国职工总会由59个附属工会、5个附属协会、12个社会企业、6个相关组织组成。新加坡全国职工总会平价合作社在新加坡全岛开设超市，为社区民众供应日用品，新加坡全国职工总会第一校园合作社、新加坡全国职工总会食品合作社、新加坡全国职工总会收入合作社等都是新加坡的合作社品牌。

从合作社功能来看，合作社主要包括供销合作社和信用合作社两类。信用合作社共有23个，可以为成员提供金融服务，包括存款、捐赠、贷款、保险等。供销合作社共有62个，通过业务驱动的模式，向合作社成员提供低成本的商品和服务。合作社的成员需要缴纳会员费和股本，并获得合作社开办的有限责任合伙企业的股份及收益分红，在信用合作社，成员需缴纳认购资本，即定期的强制性储蓄存款，旨在用作成员所借或担保贷款的担保资本。新加坡合作社的重要特点还表现为政府管理与基层民主相结合。一是新加坡

---

① 新加坡合作社法规定年满16周岁的新加坡公民或居民可以申请加入初级合作社，或年满12周岁可以加入学校合作社（school cooperative）。

政府密切参与合作社管理活动，一方面体现在人员管理方面，如文化、社区及青年部的部长可任命一名合作社的登记主管，负责全部合作社的注册和审计；任命一名或多名合作社副登记官和合作社助理登记官，辅助登记主管工作，在登记主管的授权下，可代行权责；部长还可以任命其认为实施新加坡合作社法所必需的公职人员。[①]另一方面体现在资金管理方面，合作社资本可交给投资公司，或由中央合作基金、新加坡劳工基金会运作。二是合作社切实保障民主选举、民主管理、民主决策、民主监督。在初级合作社中，每个成员不论持股数目多少，都可以在该社团的事务中拥有一票表决权；在中级合作社和顶级合作社中，每位成员拥有根据组织章程规定数量的选票。

四 创新专业社会组织和企业参与体制机制

（一）建立党领导的专业社会组织/社会企业体系

一是设立党的社会组织和社会企业管理部门。以枢纽型社会组织为抓手，政府相关部门给予行政支持，逐步建立起对志愿服务组织、社工机构、社会团体、基金会等各类专业社会组织和合作社等社会企业的统一领导。

二是充分发挥已有枢纽型社会组织和其他专业社会组织的作用。在党委领导、政府负责之下，依托国有企业等各类企业支持，统合各类社会组织力量，建设专业社会组织体系，系统解决社会组织发展的合法性问题、资金问题、活动空间问题、进入社区落地生根问题等。同时探索街道和社区层面的社区社会组织联合会、社区社会组织孵化基地等新形式。

---

① 合作社需要在每个财政年度结束后的 6 个月内，向登记主管单位提交其在该年度的活动的年度报告，以及经审计的财务报表的副本。财政年度结束后，合作社提交的财务报表会交由审核员进行检查，需要审核的项目包括逾期债务以及社团资产和负债的估值，如果发现违规行为，审核委员会立即提请登记主管单位和社团管理人员对违规行为进行检查和审核。每个合作社每年至少须有一次，接受公共会计师或经登记主管单位授权的官员的财务审计。注册主管或获授权人士还可以在任何时候对合作社的治理、运作、财务情况、管理事务进行特别审计。一旦证实合作社存在欺诈和不诚实行为，将会视情节轻重对合作社的官员和雇员处以监禁和罚款的处罚。

三是探索发展枢纽型社会企业。重点推动党委领导、政府负责、国有及大中型企业支持的互联网企业、社会团体、基金会等的枢纽型社会企业，与群团组织、枢纽型社会组织、基层群众自治组织等合作，经营居民社群、联合小微企业和个体商户等，发展社区经济综合体模式，共同建设中国特色社会治理共同体和社会经济体。

四是创新社区基金会发展模式。社区基金会的特色在于能够募集资金、资助以及进行独立的项目运作，可以通过动员和整合当地资源（包括政策、人财物等），协调多方主体（包括党委、政府、企业、社会组织、社区、居民等），解决社会治理和民生保障的现实问题。应探索畅通多元筹资渠道、链接各类资源，同时通过特色突出、亮点鲜明的多样化项目运作帮助基金会打开局面，助推募资能力提升。

案例：四川省成都市武侯社区发展基金会①

成都市武侯区根据"党建引领＋政府引导＋社会化运作"理念，由武侯区委社区发展治理委员会筹建，武侯发展集团（国有企业）出资800万元，在四川省民政厅登记注册成立了一个集资源整合、项目支持、赋能培育等多功能于一体的地方性公募基金会——武侯社区发展基金会（见图11－9）。

该基金会资金主要来源于投资合法收益、政府购买服务、多元主体捐赠、资金定向募集、发起人出资等。在基金会成立初期，还没有取得公募资格前，武侯社区发展基金会通过设立"专项基金""微基金"争取政府扶持，以及链接外部基金会的资金配比等多种方式来为基金会筹集资金。在基金会成立满两年，获得公募资格后，则通过面向社会公众开展募捐活动的方式筹集资金。此外，武侯社区发展基金会还探索成为社会企业的投资者，在孵化和培育社会企业的同时实现自我造血并反哺社区基金会，形成资源供给闭环。基金会已制定了《项目管理制度》《微基金及专项基金管理办法》《财务管理制度》等18项规章制度，指导社区专项基金、微基金的建立，规范资金的使用。

---

① 笔者调研案例。

　　武侯社区发展基金会通过整合社会资源，在区内87个社区开放设立8支专项基金及53支微基金支持社区公共事业的发展。一方面，利用基金培育社区社会资本，发展社区社会组织，推动三社联动，激发社区多元主体的参与活力。另一方面，以社区公共议题为切入点，撬动居民直接参与。

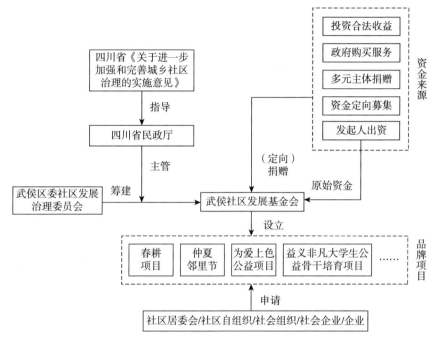

图 11 - 9　四川省成都市武侯社区发展基金会运行模式

案例：新加坡社区基金会管理①

　　新加坡社区基金会是新加坡公共性注册慈善机构（IPC），主要以提供咨询服务的方式指导社区慈善事业，同时开设投资业务与捐赠业务，在新加坡会计与企业管理局（ACRA）和文化、社区与青年部（MCCY）的慈善部门（The Charity Unit）注册，接受其监管。公司设立董事会负责财务管理与内部控制，董事会成员包括文化、社区与青年部副部长，国际知名战略开发公司创始人，花旗、瑞银等知名银行管理委员会成员，法律公司常务董事，普华永道会计师

---

① 笔者根据现有文献梳理分析形成的案例。

事务所审计合伙人，国家志愿者和慈善中心（NVPC）主席等，拥有丰富的专业知识和行业经验。[1]

新加坡社区基金会主要接受教育、卫生、文化遗产、社会服务和动物福利等方面的慈善捐助，对20万新币以上的捐款设立定向基金，并以直接捐赠（一次性向捐赠者当下最看重的社区事业或慈善机构拨款）、捐赠基金（将捐款永久保留在新加坡社区基金会并进行投资，将投资收益拨给捐赠者选择的社区事业或慈善机构）、定期捐赠基金（将捐款在新加坡社区基金会存放10年并进行投资，投资收益以及部分本金将在10年内投入捐赠者在该阶段选择的社区事业或慈善机构）等方式投入对社区助学金和奖学金项目、社区试点项目、社区组织能力建设或一般运营等支持中。鼓励捐赠者（会为他们制定个性化方案）将遗产的一部分，包括现金、公积金（将新加坡基金会作为公积金受益人）、保险（指定新加坡社区基金会为保险受益人）、有价证券（包括股票、债券、单位信托等）、有价资产（包括房地产、艺术品、古董和珠宝等）作为捐赠物品。同时，普通民众还可以通过新加坡社区发展基金会发起的社区影响基金进行小额捐款，如截至2020年3月6日的Sayang Sayang基金，民众可通过网络与基金会联系，为一线医生、护士、后勤保障工作者提高防御措施以及弱势社区中受新冠肺炎疫情影响的老年人和家庭捐款。捐赠者在捐助过程中，会收到每半年一次的对账单，跟踪基金会的收款和对社区事业、慈善机构的支出，在捐赠活动完成后，基金会提供成果报告。同时，基金会会通过年度报告、网站和社交媒体对运营情况进行披露。

（二）充分发挥专业社会组织赋能和企业经营功能

一是健全社会组织登记管理制度，完善政府购买服务制度体系，给予社会组织合作空间与施展舞台。社会各界加强宣传教育，特别是扭转

---

[1] 公共性质的机构（IPC）是免税的注册慈善机构，能够为合格的捐赠者开具可抵税的收据。新加坡积极倡导捐赠文化，几乎各类社会组织都有自己的基金会。除社区基金会以外，新加坡政府下辖的国家志愿者慈善中心（NVPC）等亦具有互助基金会的职能，接受社会捐赠。

或强化基层干部对社会组织的身份认知和期待，使社会组织逐步从社区"两委"的"伙计"变为"伙伴"；社会组织要加强自身能力建设，以专业的理念和方法深入社区实际，在赋能服务中逐步获得尊重与认可。

二是各类专业社会组织和企业发挥各自优势、分工合作。一方面，继续发挥老牌社会组织和企业作用，推动比较成熟的社会组织进行连锁化、专业化、品牌化运行，同时向社会企业转型。另一方面，培育孵化其他各类专业社会组织和企业。根据居民各类需求和政府社会治理需要，打造专业社会组织和企业群。通过与各类企业等合作进行平台建设，与社区居委会、业委会、社区社会组织等合作推动居民广泛参与，让专业社会组织和企业真正与社区、社区社会组织、居民相连。

三是将现有企业联盟做活做实。鼓励并支持地区性（街道或街区）行业协会、地区性商会等枢纽型组织发挥"杠杆作用"，组织引导会员企业积极参与基层治理服务。可以研究将部分政府管理职能委托给地区商会、行业协会，强化商会等行业的自我管理和自我约束功能，引导会员企业积极配合地方政府参与环境治理、质量监督、垃圾分类、法治宣传、便民服务等领域的工作。充分发挥职业社团（律师、医生、教师、规划师等）和学会等专业优势，通过政府购买服务和项目化运作方式来补充政府公共服务在数量和质量上的不足。

四是探索企业经营社群。首先，社区服务企业应树立经营社群理念，在培育社群的基础上拓展社区服务、产品销售等，为根植社区、得到居民信任奠定坚实基础。社区和基层组织在其中发挥重要的传导者和监督者作用。一些省份将社区养老照料中心打造成社区治理综合体，将党建、扶幼、助残、养老统一交给社区服务企业运行，这亦是通过资源整合以降低成本的创新做法和可行形式。其次，可以推动组建社区商业联合体，以企业、专业社会组织合作经营方式，或者社群共生的限定交易方式服务社区、居民，将居于弱势地位的组织和商户联合起来。最后，可以探索建立社区发展公司（属于非营利组织或社会企业）。由街道和社会企业联合持股，由社会企业运营，负责购买、开发和管理住宅及商业财产，或向从事相同工作的其他组织提供贷款和技术援助。其经营目标有三。第一，它提供了一种政治参与机制，通过这种机制，居民能够有意义地参与社区治理。第二，社区发展公司作为一个服务组织向社区提供所需的服务。第三，作为一个经济机构，社区发展公司通过对驻区企事业单位的投资促进社区的经济发展。

案例：美国社区发展公司①

　　美国社区发展公司是非营利组织，其主要工作是在低收入或中等收入社区增加房屋供应量、工作机会并提供社区服务，资金主要来源于政府、基金会和租赁融资收入，图 11－10 为大西南发展公司（GSDC）和西南组织项目（SWOP）两个社区发展公司的运作模式。社区发展公司既可以从政府、私企和中介机构获得资金捐赠和投资，又可以逐渐摆脱对外界资助的依赖，通过自身资产的市场化运作确保发展的稳定性。社区发展公司将筹集资金用于开发建设和商业投资，通过其社区本地化的持有运营，给公司带来营业收入，如房屋租赁费用。这些营利部分只作为公司营业费用的开支，并继续投入下一年的社区开发中，扩大社区建设人员队伍、夯实社区金融资本的基础，以此实现运营上一定程度的自给自足。通过政府的保障资金、市场的刺激投资、高效对接和监管的中介平台以及自身资本市场再生的营业收入，社区发展公司在资金方面逐渐摆脱了对政府的单一依赖，甚至摆脱了对外界企业资助的依赖，发挥政府资助政策的主动调节和资本市场的自发效率功能，形成自身稳定且高效的资金运转。

　　社区发展公司组织架构一般分为三层。第一层是董事会，成员通常包括社区居民、商业客户、从社区发展公司租房的租户、基层活动家、神职人员、社会工作者和当地商人，其职责主要是决策、策划、筹款以及领导实施各类社区工作。第二层是管理执行部门，其主要职责是执行董事会决议，管理组织资源、开发服务项目、拓展业务领域以及一些其他的日常管理工作。第三层是职员和义工，主要负责具体的社区服务项目和建设工作。

　　以美国大西南发展公司和西南组织项目两个社区发展公司为例，社区发展公司的业务范围主要可分为以房地产开发为代表的社区商业发展工作和面向个人/家庭的社区服务两部分。这些开发项目和服

---

① 程又中、徐丹：《美国社区发展公司：结构、模式与价值》，《江汉论坛》2014 年第 1 期。

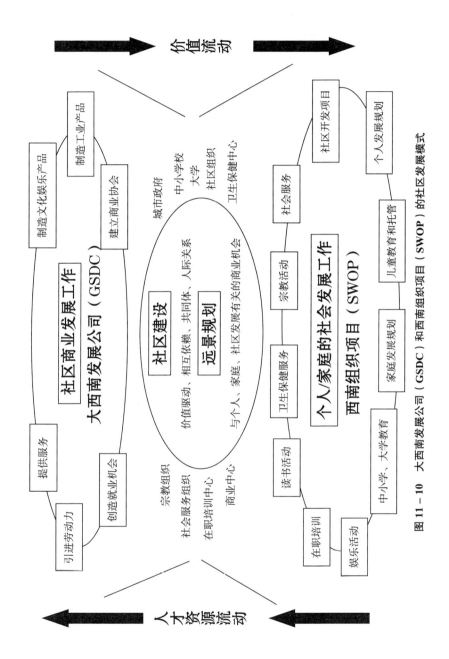

图 11 - 10　大西南发展公司（GSDC）和西南组织项目（SWOP）的社区发展模式

务不全由社区发展公司提供。社区发展公司可在一定程度上为社区居民购买、开发或管理住宅和商业用地，但是很多时候这些服务也可以通过提供贷款或援助的方式转移给其他社区组织，通过购买和合作的方式提供。具体而言，服务主要为以下几项。第一，提供公共服务。提供房屋维修和管理服务；维护社区内公共设施；协助政府救助贫困家庭等。第二，提供廉租房援助。为社区居民提供购房、信贷以及投资咨询服务；以讲座等方式让居民及时了解相关的政策法规；为了缓解社区内房源紧张的现象，从互联网或者房屋中介机构处获取相关的住房信息，定期提供给有需要的社区居民。第三，提供法律援助服务。针对社区居民普遍关注的家庭暴力、儿童教育、未成年人犯罪等问题，联合政府相关部门及法律机构定期在社区内为居民提供一对一法律咨询及援助服务。第四，提供就业和相关培训服务。如贝德福德社区发展公司在进行外观修葺和管道铺设项目施工中，雇用了大批当地劳动力，缓解了社区的就业压力。一些社区发展公司还会和私人企业合作，在社区内为居民争取更多的就业岗位。

第三节　未来展望：建设中国特色现代互助社会

之所以提出现代互助社会是中国社会建设的道路和特色，主要是因为经过多年的实地调研以及文献梳理，笔者认为，互助和竞争代表了中西方社会的根本差异——互助文化/实践（以集体主义和社会为本）和竞争文化/实践（以个人主义和市场为本）。纵观西方市民社会发展历史，以市场为本的理性、权力、分立、制衡思想贯穿于西方市民社会发展之中。再反观中国社会发展历史，传统政治思想中的"仁""善""贤"以及"小国寡民""大同社会""家国同理"等思想都与互助思想相统一，中国古人的政治理想即是构建以民为本、有效治理的社会，现实社会则是一种建立在农业经济、祖先崇拜、互助互利基础上的差序格局的非正式系统（乡土互助社会）。新中国成立尤其是改革开放以来，在中国社会主义制度优势之下，依托基层群众自治制度，同样建立了一套自上而下与自下而上相结合、正式与非正式相结合的"双轨制"的联合治理格局（现代互助社会）。

之所以提出面向未来，要建设中国特色现代互助社会，主要是因为现代中国缺乏实实在在的圈层化的互助共同体。从个体生存角度而言，这是人的本能需要，从国家治理角度而言，这是国家长治久安的需要。故笔者认为，随着中国全面建成小康社会，一直滞后于行政管理体系、社会保障体系、市场经济体系的社会组织治理体系与社会建设将成为新时代推进国家治理体系和治理能力现代化的重中之重，核心是现代互助组织建设。[①]

笔者认为，现代互助社会可以界定为：在党委领导、政府负责之下，延续中国传统非正式互助，以集体主义为原则，通过结合现代市场经济中的正式组织、市场规则、法律契约等外生信用手段，引入公益、慈善、志愿等理念，利用互联网、物联网等先进技术，建设以各类互助组织为单位的互助社会——"人的共同体"基础上的政治、经济、社会、文化、生态共同体，倡导现代互助文化，鼓励居民互助保障、互助服务、互助参与、互助协商、互助合作，同时以组织的形式联动专业社会组织、社会企业等各类资源，创新建立务实的福利经济体、社会经济体、社会治理共同体，以构建具有中国特色的和谐善治的圈层化、正式化的稳定均衡社会系统。

进一步而言，现代互助社会需要在中国共产党领导下，以人民幸福为本位，着重构建社会文化体系、社会组织体系、社会服务体系、社会参与体系和社会经济体系，这既是民生保障中的福利经济体，也是社会治理中的社会治理共同体和社会经济体。[②] 从回天地区基层社会治理研究也可以看出，要进一步推动居民共治和基层社会均衡系统的建设，还需要在中国共产党的领导下，向政治经济整合的互助合作方向推进，这一研究支撑了现代互助社会建设的场景想象。

[①] 中国现代社会建设格局虽然形成，但现代互助组织，即居民参与实际上并没有得到重视和发展，而这正是现代社会共同体的基础，故即使跳过仍需要回头"补课"。

[②] 互助经济体建设是社会建设的动力和关键。乡土社会以农业等第一产业为主，社会部门和经济部门几近合一，纯市场经济只占很小一部分。而现代化国家的突出特点是发达的二三产业与现代市场经济，社会建设将更加偏重于以满足人民需求为核心的参与、福利、服务与保障，但这也并非纯粹的"人"的组织，而是包含社区非正式工作、市场经营社群、合作社等主体在内的互助（社会）经济体。

　　现代互助社会主要特点有六个方面。一是以互助文化为思想基础。中国儒家"仁义""和合""天人合一"等伦理思想以及"人类命运共同体"等国家治理理念均是互助思想的具体体现。二是以中国共产党领导为核心。中国特色社会主义最本质的特征就是中国共产党的领导，党组织是人民的先锋组织，同时是整合政府、市场、社会三种治理机制，破解条块分割、利益固化的领导和抓手，是引领中国政治现代化改革的先锋。三是以中国共产党领导下的各类基层党组织和互助组织为堡垒。人民（个体）与社会之间的连接是圈层化的组织，这个组织既可以是组织化管理方式，也可以是实体化经营方式，目的都是更好地为人民服务。四是以人民为中心。在每个组织中，有保障、有协商、有参与、有服务，要让放学回到家的孩童、工作之余的中青年人、游离于社会组织之外的老人找到包裹家庭的归属感和安全感。五是法治保障和制度规范下的市场经营社会。市场具有原生动力，是释放政府行政压力、进行社会建设的重要力量，但前提是通过法治保障和制度规范约束市场的趋利属性，同时保障社会的安全性，降低人民的生活成本。六是利用现代数字技术助推扁平高效社会治理。通过人联－物联－互联之间的相互促进，达到信息的快速共享和不同区域之间资源的有效统筹、链接，实现社区、企业、社会组织之间的联合，推动党建工作、志愿服务以及社区服务的整合，增加产品供销、储蓄、理财、保险等增值服务的拓展，探索积分货币的使用和流通，推动建设具有中国特色的数字治理共同体。

　　最后，笔者想言，互助是人的一种天然本能，互助合作是个体最本质的生存、交往、安全、尊重以及自我实现的需要。从本质上讲，社会建设实际上就是为了不断更好地满足人们互助合作的需要。这在中西方社会均是如此，故互助的发展并不是中国独有的或仅应在中国倡导推动的，它是人类社会的共有财富，其所代表的集体－社会建设同样遵循人类社会历史发展规律。但从根本上来讲，中国式互助社会不同于西方国家，是乡土互助社会的现代转型，是以中国共产党领导下的互助组织体系为主要特色、满足人民需要为主要目的的社会治理和社会经济部门。正因如此，中国的现代互助社会建设更加务实可行，能够为世界其他国家老龄化社会提供中国之治样板。

参考文献

埃莉诺·奥斯特罗姆、拉里·施罗德、苏珊·温：《制度激励与可持续发展：基础设施政策透视》，毛寿龙译，上海三联书店，2000。

安东尼·吉登斯：《社会的构成——结构化理论纲要》，李康、李猛译，中国人民大学出版社，2016。

蔡长昆、沈琪瑶：《从"行政吸纳社会"到"行政吸纳服务"：中国国家－社会组织关系的变迁——以 D 市 S 镇志愿者协会为例》，《华中科技大学学报》（社会科学版）2020 年第 1 期。

蔡宏进：《社区原理》，台湾三民书局，1998。

蔡莉、杨亚倩、卢珊、于海晶：《数字技术对创业活动影响研究回顾与展望》，《科学学研究》2019 年第 10 期。

蔡屹、何雪松：《社会工作人才的三维能力模型——基于社工机构的质性研究》，《华东理工大学学报》（社会科学版）2012 年第 4 期。

曹海军：《党建引领下的社区治理和服务创新》，《政治学研究》2018 年第 1 期。

曹鹏飞：《基层社会"变迁"与基层党组织"建设"》，《理论前沿》2008 年第 21 期。

曹堂哲、陈语：《社会影响力投资：一种公共治理的新工具》，《中国行政管理》2018 年第 2 期。

陈柏峰、吕健俊：《城市基层的网格化管理及其制度逻辑》，《山东大学学报》（哲学社会科学版）2018 年第 4 期。

陈家刚：《基层治理：转型发展的逻辑与路径》，《学习与探索》2015 年第 2 期。

陈家刚：《数字协商民主：可能性、风险及其规制》，《教学与研究》2022 年第 7 期。

陈家建、赵阳：《"低治理权"与基层购买公共服务困境研究》，《社会学研究》2019 年第 1 期。

陈亮:《超大城市大型社区的治理尺度再造与治理空间再生产——以上海市基本管理单元实践为例》,《内蒙古社会科学》2020 年第 5 期。

陈亮、李元:《去"悬浮化"与有效治理:新时期党建引领基层社会治理的创新逻辑与类型学分析》,《探索》2018 年第 6 期。

陈鹏:《城市社区治理:基本模式及其治理绩效——以四个商品房社区为例》,《社会学研究》2016 年第 3 期。

陈剩勇、马斌:《温州民间商会:自主治理的制度分析——温州服装商会的典型研究》,《管理世界》2004 年第 12 期。

陈水生:《中国城市公共空间生产的三重逻辑及其平衡》,《学术月刊》2018 年第 5 期。

陈伟东、李雪萍:《社区行政化:不经济的社会重组机制》,《中州学刊》2005 年第 2 期。

陈伟东、吴岚波:《行动科学视域下社区治理的行动逻辑及生成路径研究》,《吉首大学学报》(社会科学版)2018 年第 1 期。

陈宪:《发展城市社区经济的思考》,《上海经济研究》2000 年第 7 期。

陈晓运、黄丽婷:《"双向嵌入":社会组织与社会治理共同体建构》,《新视野》2021 年第 2 期。

陈友华、佴莉:《社区共同体困境与社区精神重塑》,《吉林大学社会科学学报》2016 年第 4 期。

陈振明、张成福、周志忍:《公共管理理论创新三题》,《电子科技大学学报》(社科版)2011 年第 2 期。

谌杨:《论中国环境多元共治体系中的制衡逻辑》,《中国人口·资源与环境》2020 年第 6 期。

程又中、徐丹:《美国社区发展公司:结构、模式与价值》,《江汉论坛》2014 年第 1 期。

程又中、张勇:《城乡基层治理:使之走出困境的政府责任》,《社会主义研究》2009 年第 4 期。

党秀云:《论志愿服务的常态化与可持续发展》,《中国行政管理》2011 年第 3 期。

邓辉、周晨松:《我国社会企业的法律形式及其认定标准和路径》,《南昌大学学报》(人文社会科学版)2021 年第 5 期。

邓雅丹、葛道顺：《社会心理视角下的社区参与》，《甘肃社会科学》2020年第 3 期。

邓正来：《国家与社会：中国市民社会研究》，北京大学出版社，2008。

丁学良：《"现代化理论"的渊源和概念构架》，《中国社会科学》1988年第 1 期。

董才生、王远：《论吉登斯结构化理论的内在逻辑》，《长白学刊》2008年第 3 期。

董金秋：《推动与促进：家庭资本对青年农民非农就业行为的影响机制探析》，《青年研究》2011 年第 1 期。

杜园园：《社会经济：发展农村新集体经济的可能路径——兼论珠江三角洲地区的农村股份合作经济》，《南京农业大学学报》（社会科学版）2019 年第 2 期。

范斌、朱媛媛：《策略性自主：社会组织与国家商酌的关系》，《江西师范大学学报》（哲学社会科学版）2017 年第 3 期。

方亚琴、夏建中：《社区治理中的社会资本培育》，《中国社会科学》2019年第 7 期。

斐迪南·滕尼斯：《共同体与社会：纯粹社会学的基本概念》，林荣远译，商务印书馆，1999。

费孝通：《社会学的探索》，天津人民出版社，1984。

费孝通：《乡土中国 生育制度》，北京大学出版社，2020。

费孝通：《乡土重建》，岳麓书社，2012。

冯生尧、谢瑶妮：《扎根理论：一种新颖的质化研究方法》，《现代教育论丛》2001 年第 6 期。

冯欣欣、曹继红：《政府与非营利体育组织合作：理论逻辑与模式转变——基于资源依赖的视角》，《天津体育学院学报》2012 年第 4 期。

付建军：《党群治理转型与基层协商民主的发展逻辑》，《探索》2021 年第 3 期。

富永健一：《关于功能理论、社会系统理论及社会变动问题的再思考》，《社会学研究》1987 年第 1 期。

高传胜：《社会企业的包容性治理功用及其发挥条件探讨》，《中国行政管理》2015 年第 3 期。

高海虹：《发展社会企业：改善公共服务能力的有效途径》，《理论探讨》
　　2011 年第 6 期。

高健：《和谐社会的经济基础——利益共同体》，《生产力研究》2006 年
　　第 6 期。

葛琳：《社会企业参与社区治理的困境与思考》，《党政论坛》2020 年第 1 期。

顾建光：《从公共服务到公共治理》，《上海交通大学学报》（哲学社会科
　　学版）2007 年第 3 期。

桂勇：《略论城市基层民主发展的可能及其实现途径——以上海市为
　　例》，《华中科技大学学报》（社会科学版）2001 年第 1 期。

郭台辉：《共同体：一种想象出来的安全感——鲍曼对共同主义的批评》，
　　《现代哲学》2007 年第 5 期。

韩冬雪、胡晓迪：《论中国共产党领导地位形成的历史逻辑——基于使命
　　型政党特质与中国现代化进程的分析》，《湖南大学学报》（社会科
　　学版）2020 年第 3 期。

韩福国、蔡樱华：《"组织化嵌入"超越"结构化割裂"——现代城市基
　　层开放式治理的结构性要素》，《西安交通大学学报》（社会科学版）
　　2018 年第 5 期。

韩立新：《从国家到市民社会：马克思思想的重要转变——以马克思〈黑
　　格尔法哲学批判〉为研究中心》，《河北学刊》2009 年第 1 期。

何水：《协同治理及其在中国的实现——基于社会资本理论的分析》，
　　《西南大学学报》（社会科学版）2008 年第 3 期。

何翔舟、金潇：《公共治理理论的发展及其中国定位》，《学术月刊》2014
　　年第 8 期。

何欣峰：《社区社会组织有效参与基层社会治理的途径分析》，《中国行
　　政管理》2014 年第 12 期。

何艳玲、汪广龙、高红红：《从破碎城市到重整城市：隔离社区、社会分
　　化与城市治理转型》，《公共行政评论》2011 年第 1 期。

何永红：《论基层协商民主机制的法治化》，《浙江社会科学》2021 年第
　　3 期。

何增科：《政治合法性与中国地方政府创新：一项初步的经验性研究》，
　　《云南行政学院学报》2007 年第 2 期。

侯利文：《国家与社会：缘起、纷争与整合——兼论肖瑛〈从"国家与社会"到"制度与生活"〉》，《社会学评论》2018 年第 2 期。

呼连焦、刘彤：《社区协商民主：新时代社会治理的发展路径》，《哈尔滨工业大学学报》（社会科学版）2018 年第 4 期。

胡贵仁：《基层协商民主中的公共理性培育：实践逻辑与发展理路——以浙江省深化"请你来协商"平台建设为例》，《天津行政学院学报》2021 年第 1 期。

胡伟：《社会经济调查与政府战略决策研究》，《社会科学辑刊》2004 年第 4 期。

胡小君：《民主协商与社会治理共同体建设：价值、实践与路径分析》，《河南社会科学》2020 年第 9 期。

胡志明、程灏、刘旭然：《公共服务能力概念界定及要素解析——基于扎根理论范式的质性研究》，《电子科技大学学报》（社科版）2020 年第 2 期。

黄冬娅：《多管齐下的治理策略：国家建设与基层治理变迁的历史图景》，《公共行政评论》2010 年第 4 期。

黄六招、尚虎平、张国磊：《双重吸纳与空间扩展：社会组织的一个生存模型——基于 S 市 M 区的多案例比较研究》，《公共管理与政策评论》2021 年第 2 期。

黄锐：《城市社区治理中的公共性构筑》，《人文杂志》2015 年第 4 期。

黄晓春：《当代中国社会组织的制度环境与发展》，《中国社会科学》2015 年第 9 期。

黄晓春：《党建引领下的当代中国社会治理创新》，《中国社会科学》2021 年第 6 期。

黄晓春、嵇欣：《非协同治理与策略性应对——社会组织自主性研究的一个理论框架》，《社会学研究》2014 年第 6 期。

黄晓春、周黎安：《政府治理机制转型与社会组织发展》，《中国社会科学》2017 年第 11 期。

黄晓星、杨杰：《社会服务组织的边界生产——基于 Z 市家庭综合服务中心的研究》，《社会科学文摘》2016 年第 2 期。

黄意武、李露：《城市基层党建与社会治理创新的互动关系研究》，《中州学刊》2017 年第 10 期。

霍布斯：《利维坦》，黎思复、黎廷弼译，杨昌裕校，商务印书馆，2020。

季乃礼、阴玥：《微信群、理性与社区治理——以 T 市 A 小区道路维权为例》，《学习与探索》2020 年第 12 期。

贾西津：《国外非营利组织管理体制及其对中国的启示》，《社会科学》2004 年第 4 期。

贾西津：《以私权的名义：公民意识崛起》，《决策》2008 年第 4 期。

贾哲敏：《扎根理论在公共管理研究中的应用：方法与实践》，《中国行政管理》2015 年第 3 期。

江治强：《基层社会治理机制的构建设想和路径》，《中国民政》2013 年第 9 期。

姜振华、胡鸿保：《社区概念发展的历程》，《中国青年政治学院学报》2002 年第 4 期。

杰弗里·莫佛、杰勒尔德·R. 萨兰基克：《组织的外部控制——对组织资源依赖的分析》，东方出版社，2006。

金小红：《安东尼·吉登斯的结构化理论与"第三条道路"》，《郑州大学学报》（哲学社会科学版）2007 年第 1 期。

金小红：《吉登斯的结构化理论与建构主义思潮》，《江汉论坛》2007 年第 12 期。

靳雯、吴春梅：《小农户与现代农业有机衔接背景下的农民经济互助研究》，《农村经济》2022 年第 7 期。

景跃进：《将政党带进来——国家与社会关系范畴的反思与重构》，《探索与争鸣》2019 年第 8 期。

卡尔·波兰尼：《大转型：我们时代的政治与经济起源》，冯钢、刘阳译，浙江人民出版社，2007。

康晓光、韩恒：《行政吸纳社会——当前中国大陆国家与社会关系再研究》，《中国社会科学》（英文版）2007 年第 2 期。

克鲁泡特金：《互助论：进化的一个要素》，李平沤译，商务印书馆，2009。

孔娜娜、张大维：《嵌入式党建：社区党建的经验模式与路径选择》，《理论与改革》2008 年第 2 期。

库少雄：《社会工作实务》，社会科学文献出版社，2002。

莱斯特·M.萨拉蒙等：《全球公民社会——非营利部门视界》，贾西津、魏玉等译，社会科学文献出版社，2002。

郎朗、林森：《结构化理论在"地方"研究中的应用——以北京三里屯的演变为例》，《地理研究》2017年第6期。

郎晓波：《城市社区公共事务分类治理模式的实践与创新——以杭州为例》，《甘肃行政学院学报》2010年第6期。

郎友兴、葛俊良：《让基层治理有效地运行起来：基于社区的治理》，《浙江社会科学》2014年第7期。

李爱龙：《从资本逻辑到人民逻辑：生命政治本土化的主题与方向》，《深圳大学学报》（人文社会科学版）2021年第1期。

李德虎：《基层协商民主的制度性追求与制度化路径》，《探索》2019年第4期。

李汉卿：《协同治理理论探析》，《理论月刊》2014年第1期。

李红专：《当代西方社会理论的实践论转向——吉登斯结构化理论的深度审视》，《哲学动态》2004年第11期。

李慧凤、郁建兴：《基层政府治理改革与发展逻辑》，《马克思主义与现实》2014年第1期。

李珞山：《基层党组织增强服务意识与战斗堡垒作用创新思考》，《学习论坛》2011年第11期。

李明圣：《接诉即办未诉先办与不诉自办》，《前线》2022年第1期。

李强、葛天任：《社区的碎片化——Y市社区建设与城市社会治理的实证研究》，《学术界》2013年第12期。

李文星、郑海明：《论地方治理视野下的政府与公众互动式沟通机制的构建》，《中国行政管理》2007年第5期。

李文钊：《提升"接诉即办"的有效认知》，《前线》2021年第8期。

李晓壮：《党建引领城市社区治理实践路径的体制性探索》，《广东行政学院学报》2020年第3期。

李晓壮：《社区治理现代化的中国逻辑及实现路径研究》，《北京工业大学学报》（社会科学版）2020年第1期。

李岩、张小劲：《快速城镇化背景下"农转居"社区治理机制与类型比较——基于北京市四类典型社区的案例研究》，《北京行政学院学报》2018 年第 3 期。

李迎生：《构建本土化的社会工作理论及其路径》，《社会科学》2008 年第 5 期。

李迎生：《我国社会工作职业化的推进策略》，《社会科学研究》2008 年第 5 期。

李友梅：《关于城市基层社会治理的新探索》，《清华社会学评论》2017 年第 1 期。

李友梅：《基层社区组织的实际生活方式——对上海康健社区实地调查的初步认识》，《社会学研究》2002 年第 4 期。

李友梅：《人文视野中的社区》，载倪安和主编《社会转型与社区发展——社区建设研讨会论文集》，《现代领导》杂志社，2001。

李友梅：《社区治理：公民社会的微观基础》，《社会》2007 年第 2 期。

李友梅：《中国社会管理新格局下遭遇的问题——一种基于中观机制分析的视角》，《学术月刊》2012 年第 7 期。

李友梅：《中国社会治理的新内涵与新作为》，《社会学研究》2017 年第 6 期。

李媛睿：《城市社区自治组织体系与机制创新研究——以哈尔滨市为例》，硕士学位论文，中国地质大学（北京），2010。

厉有国：《中国基层协商民主实践：价值、问题与路径》，《吉首大学学报》（社会科学版）2015 年第 2 期。

梁建、陈爽英、盖庆恩：《民营企业的政治参与、治理结构与慈善捐赠》，《管理世界》2010 年第 7 期。

廖娟、赖德胜：《残疾人就业服务体系的构建：从分割到融合》，《人口与发展》2010 年第 6 期。

林闽钢、尹航：《走向共治共享的中国社区建设——基于社区治理类型的分析》，《社会科学研究》2017 年第 2 期。

林尚立：《当代中国政治：基础与发展》，中国大百科全书出版社，2017。

林尚立：《基层群众自治：中国民主政治建设的实践》，《政治学研究》1999 年第 4 期。

林尚立：《领导与执政：党、国家与社会关系转型的政治学分析》，《毛泽东邓小平理论研究》2001 年第 6 期。

林尚立：《论以人民为本位的民主及其在中国的实践》，《政治学研究》2016 年第 3 期。

林尚立：《社区党建：中国政治发展的新生长点》，《上海党史与党建》2001 年第 3 期。

林雪霏：《当地方治理体制遇到协商民主——基于温岭"民主恳谈"制度的长时段演化研究》，《公共管理学报》2017 年第 1 期。

刘安：《吸纳与嵌入：社区党建背景下中国党社关系的调适策略——以江苏省 N 市 C 区为例》，《黑龙江社会科学》2015 年第 5 期。

刘炳胜、张发栋、薛斌：《由内而外的城市社区更新何以可能？——以 X 社区更新治理为例》，《公共管理学报》2022 年第 1 期。

刘成晨：《国企社会责任及其购买社会工作服务的路径》，《现代企业》2022 年第 3 期。

刘春呈：《疫情社区防控中对网格化管理的再审视》，《理论月刊》2020 年第 6 期。

刘德鹏、贾良定、刘畅唱、蔡亚华、郑雅琴：《从自利到德行：商业组织的制度逻辑变革研究》，《管理世界》2017 年第 11 期。

刘建军、王维斌：《社区物权治理的政治逻辑》，《齐鲁学刊》2019 年第 4 期。

刘景琦：《网格化联动与城市治理"最后一公里"再造——以苏南 Y 社区为例》，《中共福建省委党校学报》2019 年第 6 期。

刘军宁等编《市场逻辑与国家观念》，生活·读书·新知三联书店，1995。

刘康：《习近平以人民为中心发展思想的逻辑阐释》，《河南大学学报》（社会科学版）2021 年第 5 期。

刘蕾、吴欣同：《"两块牌子"：社会企业的资源拼凑逻辑——对市场环境和制度环境的双重回应》，《东南学术》2020 年第 5 期。

刘妮娜：《城市基层社会治理体系的"回天"样本：建构与实践》，光明日报出版社，2021。

刘妮娜、杜鹏：《中国互助型社会养老的定位及发展方向》，《浙江工商大学学报》2022 年第 3 期。

刘妮娜：《互助与志愿的交互合流：以互助型社会养老发展为例分析》，《中国志愿服务研究》2021 年第 3 期。

刘妮娜：《中国互助型老龄社会的系统建构》，《云南民族大学学报》（哲
　　学社会科学版）2022 年第 5 期。

刘妮娜：《中国现代互助社会建设的逻辑溯源与创新方向》，《武汉科技
　　大学学报》（社会科学版）2021 年第 5 期。

刘润忠：《试析结构功能主义及其社会理论》，《天津社会科学》2005 年
　　第 5 期。

刘少杰主编《国外社会学理论》，高等教育出版社，2006。

刘伟忠：《我国协同治理理论研究的现状与趋向》，《城市问题》2012 年
　　第 5 期。

刘耀东：《中国枢纽型社会组织发展的理性逻辑、风险题域与应对策略——
　　基于共生理论的视角》，《行政论坛》2020 年第 1 期。

刘玉焕、尹珏林、李丹：《社会企业多元制度逻辑冲突的探索性分析》，
　　《研究与发展管理》2020 年第 3 期。

刘振、崔连广、杨俊、李志刚、宫一泏：《制度逻辑、合法性机制与社会
　　企业成长》，《管理学报》2015 年第 4 期。

刘志阳、金仁旻：《社会企业的商业模式：一个基于价值的分析框架》，
　　《学术月刊》2015 年第 3 期。

刘志阳、李斌、赵陈芳：《公益创投对社会企业使命偏离的影响研究》，
　　《东南学术》2020 年第 3 期。

刘志阳、庄欣荷、李斌：《地理范围、注意力分配与社会企业使命偏离》，
　　《经济管理》2019 年第 8 期。

卢芳霞：《协商民主化解基层社会矛盾的功能与实现路径——基于浙江基
　　层协商民主经验的研究》，《中共浙江省委党校学报》2017 年第 4 期。

卢宪英：《紧密利益共同体自治：基层社区治理的另一种思路——来自 H
　　省移民新村社会治理机制创新效果的启示》，《中国农村观察》2018
　　年第 6 期。

陆春萍、邓伟志：《社会实践：能动与结构的中介——吉登斯结构化理论
　　阐释》，《学习与实践》2006 年第 2 期。

陆士桢：《建构具有中国特色的志愿服务体系》，《杭州师范大学学报》
　　（社会科学版）2020 年第 4 期。

吕维霞：《基层社会治理中"吹哨报到"的动力机制——基于北京市的

多案例实证研究》,《南京社会科学》2020 年第 6 期。

罗伟、胡哲生、梁夏:《双元价值驱动的社会企业双元经营系统研究——以微客国际服务有限公司为例》,《管理案例研究与评论》2020 年第 3 期。

洛克:《政府论》,瞿菊农、叶启芳译,商务印书馆,2020。

马超、金炜玲、孟天广:《基于政务热线的基层治理新模式——以北京市“接诉即办”改革为例》,《北京行政学院学报》2020 年第 5 期。

马超、孟天广:《“接诉即办”:北京基层治理新模式》,《决策》2021 年第 5 期。

马更新:《社会企业的法律界定与规制》,《北京联合大学学报》(人文社会科学版)2021 年第 3 期。

马海韵:《中国公民志愿精神:价值愿景、成长现状及培育路径》,《南京社会科学》2011 年第 12 期。

马亮:《数据驱动与以民为本的政府绩效管理——基于北京市“接诉即办”的案例研究》,《新视野》2021 年第 2 期。

马清槐等译《潘恩选集》,商务印书馆,1981。

马迎贤:《资源依赖理论的发展和贡献评析》,《甘肃社会科学》2005 年第 1 期。

毛光霞:《使基层协商民主更好的运转起来——观念更新、利益兼容与治理绩效累积的三位一体》,《社会主义研究》2021 年第 1 期。

毛寿龙、李梅、陈幽泓:《西方政府的治道变革》,中国人民大学出版社,1998。

毛一敬:《党建引领、社区动员与治理有效——基于重庆老旧社区治理实践的考察》,《社会主义研究》2021 年第 4 期。

苗青:《社会企业:链接商业与公益》,浙江大学出版社,2014。

苗青、张晓燕:《“义利并举”何以实现?——以社会企业“老爸评测科技有限公司”为例》,《吉林大学社会科学学报》2018 年第 2 期。

闵学勤、贺海蓉:《掌上社区:在线社会治理的可能及其可为——以南京栖霞区为例》,《江苏社会科学》2017 年第 3 期。

闵学勤:《社区协商:让基层治理运转起来》,《南京社会科学》2015 年第 6 期。

宁有才、王彩云:《推进基层协商民主的动力分析》,《山东社会科学》
　　2013 年第 10 期。

欧阳康、曾异:《国家治理语境中的社会主义协商民主:认识历程、制度
　　优势及其治理效能转换》,《西安交通大学学报》(社会科学版) 2020
　　年第 2 期。

潘小娟:《社会企业初探》,《中国行政管理》2011 年第 7 期。

潘毅、陈凤仪、阮耀启:《社会经济在香港——超越主流经济的多元性实
　　践》,《开放时代》2012 年第 6 期。

潘泽泉、辛星:《政党整合社会:党建引领基层社区治理的中国实践》,
　　《中南大学学报》(社会科学版) 2021 年第 2 期。

齐卫平、陈朋:《现代国家治理与协商民主的耦合及其共进发展》,《华
　　东师范大学学报》(哲学社会科学版) 2014 年第 4 期。

祁文博:《网格化社会治理:理论逻辑、运行机制与风险规避》,《北京
　　社会科学》2020 年第 1 期。

钱坤:《从"管理"走向"服务":枢纽型社会组织的实践困境、功能转
　　型与路径选择》,《兰州学刊》2019 年第 11 期。

乔丽英:《吉登斯结构化理论中"行动"概念的深度审视》,《江西师范
　　大学学报》(哲学社会科学版) 2007 年第 5 期。

乔运鸿、龚志文:《资源依赖理论与乡村草根组织的健康发展——以山西
　　永济蒲韩乡村社区实践为例》,《理论探索》2017 年第 1 期。

秦国民、秦舒展:《论激发基层协商民主有效运行的"三维"动力》,
　　《中州学刊》2020 年第 9 期。

秦俊波:《"基层"应该下到哪?》,《当代广西》2004 年第 23 期。

清华大学社会学系社会发展研究课题组:《利益表达制度化,实现长治久
　　安:维稳新思路》,《理论参考》2011 年第 3 期。

任克强:《组织化合作动员:社区建设的新范式》,《南京社会科学》2014
　　年第 11 期。

任勇:《治理理论在中国政治学研究中的应用与拓展》,《东南学术》
　　2020 年第 3 期。

容志、秦浩:《再组织化与社会治理现代化:重大公共卫生事件中社区"整
　　体网格"的运行逻辑及其启示》,《上海行政学院学报》2020 年第 6 期。

沈萌萌：《社区商业的理论与模式》，《城市问题》2003 年第 2 期。

盛显容：《论当代中国文化治理的演进逻辑》，《学校党建与思想教育》2021 年第 8 期。

施远涛、赵定东、何长缨：《基层社会治理中的德治：功能定位、运行机制与发展路径——基于浙江温州的社会治理实践分析》，《浙江社会科学》2018 年第 8 期。

石发勇：《业主委员会、准派系政治与基层治理——以一个上海街区为例》，《社会学研究》2010 年第 3 期。

时立荣、王安岩：《中国社会企业研究述评》，《社会科学战线》2019 年第 12 期。

时立荣：《转型与整合：社会企业的性质、构成与发展》，《人文杂志》2007 年第 4 期。

束锦：《社会管理创新与协商民主的理论契合及实践探索——南京市鼓楼区议事机制调研》，《社会主义研究》2011 年第 5 期。

宋道雷：《共生型国家社会关系：社会治理中的政社互动视角研究》，《马克思主义与现实》2018 年第 3 期。

宋道雷：《国家治理的基层逻辑：社区治理的理论、阶段与模式》，《行政论坛》2017 年第 5 期。

宋道雷：《转型中国的社区治理：国家治理的基石》，《复旦学报》（社会科学版）2017 年第 3 期。

宋连胜、李建：《从"民主协商"到"协商民主"——论中国特色社会主义协商民主制度的历史演进》，《社会科学战线》2015 年第 11 期。

孙柏瑛、蔡磊：《十年来基层社会治理中党组织的行动路线——基于多案例的分析》，《中国行政管理》2014 年第 8 期。

孙柏瑛、邓顺平：《以执政党为核心的基层社会治理机制研究》，《教学与研究》2015 年第 1 期。

孙柏瑛、武俊伟：《"双向建构"中的城市政府基层社会治理转型——路径、困境与未来展望》，《公共管理与政策评论》2018 年第 1 期。

孙柏瑛、张继颖：《解决问题驱动的基层政府治理改革逻辑——北京市"吹哨报到"机制观察》，《中国行政管理》2019 年第 4 期。

孙丽媛：《从利益共同体到命运共同体的共生逻辑》，《求知》2020 年第 1 期。

孙萍：《中国社区治理的发展路径：党政主导下的多元共治》，《政治学研究》2018 年第 1 期。

塔尔科特·帕森斯：《社会行动的结构》，张明德、夏遇南、彭刚译，译林出版社，2003。

谭建光：《中国志愿服务发展的十大趋势——兼论"十三五"规划与志愿服务新常态》，《青年探索》2016 年第 2 期。

谭建光、朱莉玲：《中国社会志愿服务体系分析》，《中国青年政治学院学报》2008 年第 3 期。

唐璨：《论我国志愿者协会的功能定位》，《中共成都市委党校学报》2012 年第 2 期。

唐文玉：《行政吸纳服务——中国大陆国家与社会关系的一种新诠释》，《公共管理学报》2010 年第 1 期。

唐亚林、钱坤：《"找回居民"：专家介入与城市基层治理模式创新的内生动力再造》，《学术月刊》2020 年第 1 期。

唐有财、王天夫：《社区认同、骨干动员和组织赋权：社区参与式治理的实现路径》，《中国行政管理》2017 年第 2 期。

陶传进：《控制与支持：国家与社会间的两种独立关系研究——中国农村社会里的情形》，《管理世界》2008 年第 2 期。

陶传进：《中国环境保护民间组织：行动的价值基础》，《学海》2005 年第 2 期。

陶周颖、王瑜：《主体嵌入与功能融入：基层协商治理中党组织的行动逻辑分析——基于苏州市 L 社区"民生协商项目"的个案研究》，《学习论坛》2022 年第 4 期。

田凯、黄金：《国外治理理论研究：进程与争鸣》，《政治学研究》2015 年第 6 期。

田先红：《政党如何引领社会？——后单位时代的基层党组织与社会之间关系分析》，《开放时代》2020 年第 2 期。

田毅鹏：《城市社会管理网格化模式的定位及其未来》，《学习与探索》2012 年第 2 期。

田毅鹏、刘杰：《中西社会结构之"异"与社会工作的本土化》,《社会科学》2008年第5期。

田毅鹏：《网格化管理的形态转换与基层治理升级》,《学术月刊》2021年第3期。

托尼·本尼特：《文化、治理与社会——托尼·本尼特自选集》,王杰、强东红等译,东方出版中心,2016。

王川兰：《中间层和"双面胶"：枢纽型治理视角下政社关系的创新与重构——基于上海市J区基层社会治理实践的考察》,《西北师大学报》(社会科学版)2021年第6期。

王春光：《城市化中的"撤并村庄"与行政社会的实践逻辑》,《社会学研究》2013年第3期。

王德福、张雪霖：《社区动员中的精英替代及其弊端分析》,《城市问题》2017年第1期。

王法硕、王翔：《我国政府数据开放利用的影响因素与实现路径——一项基于扎根理论的质性研究》,《情报杂志》2016年第7期。

王芳、陈进华：《城市社区协商：从基层民主到社区共治的内在逻辑及实践路径》,《江海学刊》2019年第5期。

王芳：《合作与制衡：环境风险的复合型治理初论》,《学习与实践》2016年第5期。

王汉生、吴莹：《基层社会中"看得见"与"看不见"的国家——发生在一个商品房小区中的几个"故事"》,《社会学研究》2011年第1期。

王辉、金子健：《新型农村集体经济组织的自主治理和社会连带机制——浙江何斯路村草根休闲合作社案例分析》,《中国农村经济》2022年第7期。

王乐夫：《中国基层纵横涵义与基层管理制度类型浅析》,《中山大学学报》(社会科学版)2002年第1期。

王丽平：《中国共产党人民至上的理论逻辑、历史逻辑和实现方式》,《新疆师范大学学报》(哲学社会科学版)2022年第3期。

王名、贾西津：《中国NGO的发展分析》,《管理世界》2002年第8期。

王名：《中国非政府组织的发展和现状》,《中国社会科学》(英文版)2007年第2期。

王名、朱晓红：《社会企业论纲》，《中国非营利评论》2010 年第 2 期。

王妮丽、崔紫君：《非营利组织中的志愿者及其管理》，《云南社会科学》
　　2003 年第 6 期。

王诗宗、宋程成：《独立抑或自主：中国社会组织特征问题重思》，《中
　　国社会科学》2013 年第 5 期。

王思斌、阮曾媛琪：《和谐社会建设背景下中国社会工作的发展》，《中
　　国社会科学》2009 年第 5 期。

王思斌：《社会工作在构建共建共享社会治理格局中的作用》，《国家行
　　政学院学报》2016 年第 1 期。

王思斌：《试论我国社会工作的本土化》，《浙江学刊》2001 年第 2 期。

王思斌：《中国社会工作的嵌入性发展》，《社会科学战线》2011 年第 2 期。

王天夫、郭心怡、王碧妍：《城市社区协商民主的机制、价值和发展路
　　径》，《东北师大学报》（哲学社会科学版）2021 年第 1 期。

王星：《利益分化背景下的城市基层社会秩序建构》，《学习与探索》2012
　　年第 2 期。

王雪竹：《基层社会治理：从网格化管理到网络化治理》，《理论探索》2020
　　年第 2 期。

王永香、王心渝、陆卫明：《规制、规范与认知：网络协商民主制度化建构
　　的三重维度》，《西安交通大学学报》（社会科学版）2021 年第 1 期。

望超凡：《实践型党建：党建引领农村基层治理的实践路径》，《兰州学
　　刊》2021 年第 3 期。

魏娜：《我国城市社区治理模式：发展演变与制度创新》，《中国人民大
　　学学报》2003 年第 1 期。

魏娜：《我国志愿服务发展：成就、问题与展望》，《中国行政管理》2013
　　年第 7 期。

乌尔里希·贝克：《风险社会：新的现代性之路》，张文杰、何博闻译，
　　译林出版社，2018。

吴光芸、杨龙：《社会资本视角下的社区治理》，《城市发展研究》2006
　　年第 4 期。

吴猛：《社区协商民主：理论阐释与路径选择》，《社会主义研究》2011
　　年第 2 期。

吴青熹：《基层社会治理中的政社关系构建与演化逻辑——从网格化管理到网络化服务》，《南京大学学报》（哲学·人文科学·社会科学）2018 年第 6 期。

吴肃然、李名荟：《扎根理论的历史与逻辑》，《社会学研究》2020 年第 2 期。

吴晓林：《党如何链接社会：城市社区党建的主体补位与社会建构》，《学术月刊》2020 年第 5 期。

吴毅、吴刚、马颂歌：《扎根理论的起源、流派与应用方法述评——基于工作场所学习的案例分析》，《远程教育杂志》2016 年第 3 期。

吴莹：《空间变革下的治理策略——"村改居"社区基层治理转型研究》，《社会学研究》2017 年第 6 期。

吴予敏：《城市公共文化服务的结构二重性和社会行动者——以吉登斯结构化理论为视角》，《学术研究》2016 年第 10 期。

吴忠良、肖非：《社会资源整合：推进残疾人支持性就业的关键》，《学术交流》2018 年第 5 期。

吴忠民：《论中国共产党的现代化观》，《中国社会科学》2022 年第 7 期。

武静：《社会企业如何兼顾公益与商业——基于制度逻辑的分析》，《北京社会科学》2018 年第 10 期。

武三中：《基层社会治理视角中的基层党建问题研究》，《探求》2015 年第 6 期。

武小龙：《乡村建设的政策嵌入、空间重构与技术赋能》，《华南农业大学学报》（社会科学版）2022 年第 1 期。

夏建中：《从街居制到社区制：我国城市社区 30 年的变迁》，《黑龙江社会科学》2008 年第 5 期。

夏建中、张菊枝：《我国社会组织的现状与未来发展方向》，《湖南师范大学社会科学学报》2014 年第 1 期。

向春玲：《"红色网格"：基层党建引领社会治理的新探索》，《科学社会主义》2018 年第 5 期。

项继权：《农村社区建设：社会融合与治理转型》，《社会主义研究》2008 年第 2 期。

项赠：《协商民主与预防和化解群体性事件》，《理论探索》2016 年第 2 期。

肖红军、阳镇：《共益企业：社会责任实践的合意性组织范式》，《中国工业经济》2018 年第 7 期。

肖瑛：《从"国家与社会"到"制度与生活"：中国社会变迁研究的视角转换》，《中国社会科学》2014 年第 9 期。

谢家平、刘鲁浩、梁玲：《社会企业：发展异质性、现状定位及商业模式创新》，《经济管理》2016 年第 4 期。

辛向阳、王晰：《服务设计中的共同创造和服务体验的不确定性》，《装饰》2018 年第 4 期。

熊光清、熊健坤：《多中心协同治理模式：一种具备操作性的治理方案》，《中国人民大学学报》2018 年第 3 期。

熊易寒：《社区共同体何以可能：人格化社会交往的消失与重建》，《南京社会科学》2019 年第 8 期。

徐红、付杨：《对话与共识：基层协商民主的制度规范探析》，《广西社会科学》2020 年第 3 期。

徐建宇：《城市社区治理中社区组织化的连接、选择与策略研究》，《中国行政管理》2019 年第 9 期。

徐君：《社会企业组织形式的多元化安排：美国的实践及启示》，《中国行政管理》2012 年第 10 期。

徐琴：《城市化进程中"村转居"社区居民自治的再建构》，《学海》2013 年第 4 期。

徐选国、吴佳峻、杨威威：《有组织的合作行动何以可能？——上海梅村党建激活社区治理实践的案例研究》，《公共行政评论》2021 年第 1 期。

徐永祥、曹国慧：《"三社联动"的历史实践与概念辨析》，《云南师范大学学报》（哲学社会科学版）2016 年第 2 期。

徐永祥：《社区发展论》，华东理工大学出版社，2000。

徐勇：《精乡扩镇、乡派镇治：乡级治理体制的结构性改革》，《江西社会科学》2004 年第 1 期。

徐勇：《农民改变中国：基层社会与创造性政治——对农民政治行为经典模式的超越》，《学术月刊》2009 年第 5 期。

徐勇：《治理转型与竞争——合作主义》，《开放时代》2001 年第 7 期。

薛晓源、刘国良：《全球风险世界：现在与未来——德国著名社会学家、风险社会理论创始人乌尔里希·贝克教授访谈录》，《马克思主义与现实》2005 年第 1 期。

雅克·迪夫尼、帕特里克·德尔夫特雷、赵黎：《"社会经济"在全球的发展：历史脉络与当前状况》，《经济社会体制比较》2011 年第 1 期。

燕继荣：《社区治理与社会资本投资——中国社区治理创新的理论解释》，《天津社会科学》2010 年第 3 期。

杨乘虎、李强：《"十四五"时期公共文化服务高质量发展的新观念与新路径》，《图书馆论坛》2021 年第 2 期。

杨贵华：《重塑社区文化，提升社区共同体的文化维系力——城市社区自组织能力建设路径研究》，《上海大学学报》（社会科学版）2008 年第 3 期。

杨积堂：《"接诉即办"：基层社会治理的机制革新与效能驱动》，《北京联合大学学报》（人文社会科学版）2021 年第 2 期。

杨君、彭少峰：《超越与反思：风险社会的三种研究传统及创新尝试》，《哈尔滨工业大学学报》（社会科学版）2013 年第 4 期。

杨敏：《作为国家治理单元的社区——对城市社区建设运动过程中居民社区参与和社区认知的个案研究》，《社会学研究》2007 年第 4 期。

杨中艳：《党领群治：十八大以来农村社区协商的经验成效与路径优化》，《社会主义研究》2016 年第 4 期。

姚茂华、舒晓虎：《技术理性与治理逻辑：社区治理技术运用反思及其跨越》，《吉首大学学报》（社会科学版）2019 年第 6 期。

叶晨璐：《镇级市设市研究——以福清市域镇级市设市为例》，硕士学位论文，福建师范大学，2015。

叶楚生：《社会工作概论》，台湾同泰印刷局，1986。

叶岚：《城市网格化管理的制度化进程及其优化路径》，《上海行政学院学报》2018 年第 4 期。

叶敏：《新时代党建引领社会治理格局的实现路径》，《湖南师范大学社会科学学报》2018 年第 4 期。

叶敏：《政党组织社会：中国式社会治理创新之道》，《探索》2018 年第 4 期。

叶小文、张峰:《从现代国家治理的高度认识协商民主》,《中央社会主义学院学报》2014 年第 1 期。

尤琳、罗志强:《中国城乡社区协商治理:分析框架、运行机理与实践成效——以南昌市西湖区"幸福微实事"为例》,《江汉论坛》2022 年第 3 期。

于海:《结构化的行动,行动化的结构——读吉登斯〈社会的构成:结构化理论大纲〉》,《社会》1998 年第 7 期。

于海:《行动论、系统论和功能论——读帕森斯〈社会系统〉》,《社会》1998 年第 3 期。

于淼:《推动城市社区参与的在线微观公共领域——一个业主微信群的实证研究》,《新闻与传播评论》2019 年第 3 期。

于晓静:《以社会企业创新推动公共服务供给》,《前线》2018 年第 9 期。

于燕燕:《社区居委会工作手册》,中国法制出版社,2006。

俞可平主编《治理与善治》,社会科学文献出版社,2000。

郁建兴、关爽:《从社会管控到社会治理——当代中国国家与社会关系的新进展》,《探索与争鸣》2014 年第 12 期。

郁建兴:《社会治理共同体及其建设路径》,《公共管理评论》2019 年第 3 期。

郁建兴:《治理与国家建构的张力》,《马克思主义与现实》2008 年第 1 期。

袁彦鹏、鞠芳辉、刘艳彬:《双元价值平衡与社会企业创业策略——基于创业者身份视角的多案例研究》,《研究与发展管理》2020 年第 3 期。

曾琰:《超越"结构性自主":中国社会组织发展的"内在性自主"导向及启示》,《中南大学学报》(社会科学版)2017 年第 6 期。

詹姆斯·N. 罗西瑙主编《没有政府的治理》,张胜军、刘小林等译,江西人民出版社,2001。

张宝锋:《现代城市社区治理结构研究》,中国社会出版社,2006。

张光直:《关于中国初期"城市"这个概念》,《文物》1985 年第 2 期。

张桂蓉:《企业社区参与:外在压力抑或内在需求?》,《国外理论动态》2015 年第 10 期。

张国献、李燕:《市域基层协商治理现代化何以可能?——以特大城市上海为例》,《理论探讨》2021 年第 4 期。

张汉：《"地方发展型政府"抑或"地方企业家型政府"？——对中国地方政企关系与地方政府行为模式的研究述评》，《公共行政评论》2014 年第 3 期。

张汉：《"社会中的政党"与"政党中的社会"：政党社会学的历史传统与研究路径》，《经济社会体制比较》2017 年第 4 期。

张汉：《统合主义与中国国家 - 社会关系研究——理论视野、经验观察与政治选择》，《人文杂志》2014 年第 1 期。

张紧跟：《从结构论争到行动分析：海外中国 NGO 研究述评》，《社会》2012 年第 3 期。

张紧跟：《主体、制度与文化：基层协商民主建设的三维审视》，《云南大学学报》（社会科学版）2021 年第 2 期。

张荆红、丁宇：《互依联盟何以可能？——中国枢纽型社会组织与国家之关系及其改革走向》，《北京师范大学学报》（社会科学版）2018 年第 6 期。

张静：《法团主义》，中国社会科学出版社，2005。

张静：《公共空间的社会基础——一个社区纠纷案例的分析》，载倪安和主编《社会转型与社区发展——社区建设研讨会论文集》，《现代领导》杂志社，2001。

张静：《私人与公共：两种关系的混合变形》，《华中师范大学学报》（人文社会科学版）2005 年第 3 期。

张君：《基层矛盾协商化解的基本类型与实践样态》，《理论月刊》2020 年第 10 期。

张克中：《公共治理之道：埃莉诺·奥斯特罗姆理论述评》，《政治学研究》2009 年第 6 期。

张磊、刘丽敏：《物业运作：从国家中分离出来的新公共空间——国家权力过度化与社会权利不足之间的张力》，《社会》2005 年第 1 期。

张磊：《业主维权运动：产生原因及动员机制——对北京市几个小区个案的考查》，《社会学研究》2005 年第 6 期。

张立荣、冷向明：《协同治理与我国公共危机管理模式创新——基于协同理论的视角》，《华中师范大学学报》（人文社会科学版）2008 年第 2 期。

张立伟：《我国农村社区协商治理的现状、困境及发展对策——基于全国
　　7个农村社区治理实验区的分析》，《行政论坛》2019年第3期。

张琦：《关于经济法的社会经济功能研究》，《山西青年》2016年第16期。

张曙光、王晓娜：《党建引领：物业纳入社区治理体系的逻辑和路径——
　　基于北京实践的分析》，《中共福建省委党校（福建行政学院）学
　　报》2022年第2期。

张维维：《社会企业与社区邻里关系的重建——以四个社会企业为例》，
　　《浙江社会科学》2020年第4期。

张艳国、李非：《"党建+"在城市社区治理中的独特功能和实现形式》，
　　《江汉论坛》2018年第12期。

张云鹏：《试论吉登斯结构化理论》，《社会科学战线》2005年第4期。

赵泉民：《论转型社会中政府信任的重建——基于制度信任建立的视角》，
　　《社会科学》2013年第1期。

赵宇峰：《社会互助：社会治理共同体建设的新驱动》，《南京社会科学》
　　2021年第12期。

赵玉增、毕一玲：《基层协商民主与治理能力现代化及其程序规制》，
　　《济南大学学报》（社会科学版）2020年第6期。

郑杭生、黄家亮：《论我国社区治理的双重困境与创新之维——基于北京
　　市社区管理体制改革实践的分析》，《东岳论丛》2012年第1期。

郑杭生：《社会建设和社会管理研究与中国社会学使命》，《社会学研究》
　　2011年第4期。

郑政鑫：《深圳"社工+义工"社区服务模式研究》，硕士学位论文，南
　　京大学，2014。

中国李大钊研究会编注《李大钊全集》，人民出版社，2006。

周定财：《基层社会管理创新中的协同治理研究》，博士学位论文，苏州
　　大学，2017。

周飞舟：《行动伦理与"关系社会"——社会学中国化的路径》，《社会
　　学研究》2018年第1期。

周庆智：《基层社会自治与社会治理现代转型》，《政治学研究》2016年
　　第4期。

周雪光：《中国国家治理的制度逻辑——一个组织学研究》，《读书》2017年第2期。

周毅：《城市化理论的发展与演变》，《城市问题》2009年第11期。

周永新：《社会工作学新论》，香港商务印刷局，1994。

朱健刚：《城市街区的权力变迁：强国家与强社会模式——对一个街区权力结构的分析》，《战略与管理》1997年第4期。

朱健刚、严国威：《从庇护性就业到支持性就业——对广东省残疾人工作整合型社会企业的多个案研究》，《残疾人研究》2019年第1期。

朱丽叶·M.科宾、安塞尔姆·L.施特劳斯：《质性研究的基础：形成扎根理论的程序与方法》（第3版），朱光明译，重庆大学出版社，2015。

朱萌：《空间生产视角下城市社区网格的构建与重塑——基于T市B社区的案例研究》，《社会建设》2021年第6期。

朱仁显、邬文英：《从网格管理到合作共治——转型期我国社区治理模式路径演进分析》，《厦门大学学报》（哲学社会科学版）2014年第1期。

竺乾威：《政社分开：从资源依附走向共生性资源依赖》，《福建行政学院学报》2017年第4期。

B. G. Pertes, "Governance: A Garbage Can Perspective," *IHS Political Science Series* 84 (2002).

C. Ansell & A. Gash, "Collaborative Governance in Theory and Practice," *Journal of Public Administration Research and Theory* 18 (2007).

C. Sabel, "A Quiet Revolution of Democratic Governance: Towards Democratic Experimentalism," *Governance in the 21st Century* (2000).

E. Anderson & B. Weitz, "Determinants of Continuity in Conventional Industrial Channel Dyads," *Marketing Science* 8. 4 (1989).

J. Emerson & F. Twersky, *New Social Entrepreneurs: The Success, Challenge and Lessons of Non-profit Enterprise Creation* (San Francisco: The Roberts Foundation, 1996).

J. Thompson & W. McEwen, "Organizational Goals and Environment: Goal-setting as an Interaction Process," *American Sociological Review* 23. 1 (1958).

J. W. Creswell, *Qualitative Inquiry and Research Design: Choosing among Five*

Traditions (CA: Sage Publications, 1998).

Keon S. Chi, *Four Strategies to Transform State Governance* (Washington, DC: IBM Center for The Business of Government, 2008).

Mark T. Imperial, "Using Collaboration as a Governance Strategy: Lessons from Six Watershed Management Programs," *Administration & Society* 37.3 (2005).

M. T. Dacin, P. A. Dacin & P. Tracey, "Social Entrepreneurship: A Critique and Future Directions," *Organization Science* 22.5 (2011).

N. Pless, "Social Entrepreneurship in Theory and Practice—An Introduction," *Journal of Business Ethics* 3 (2012).

Pepper D. Culpepper, "Institutional Rules, Social Capacity, and the Stuff of Politics: Experiments in Callaborative Governance in France and Italy," *SSRN Electronic Journal* (2003).

R. A. W. Rhodes, "The New Governance: Governing without Government," *Political Studies* 44.4 (1996).

R. M. Emerson, "Power-dependence Relations," *American Sociological Review* 27.1 (1962).

Sara Vissers & Dietlind Stolle, "The Internet and New Modes of Political Participation: Online Versus Offline Participation," *Information, Communication & Society* 17.8 (2014).

T. Casciaro & M. J. Piskorski, "Power Imbalance, Mutual Dependence, and Constraint Absorption: A Closer Look at Resource Dependence Theory," *Administrative Science Quarterly* 50.2 (2005).

Van Leeuwen, *Mutual Insurance* 1550 – 2015: *From Guild Welfare and Friendly Societies to Contemporary Micro – Insurers* (London: Palgrave Macmillan, 2016).

后　记

　　笔者团队于 2018～2022 年面向北京市回天地区的回天专班及相关党政部门、1 镇 6 街道、31 个典型社区（村）、7 家社会组织、8 家社会企业进行了近百次个案访谈和小组座谈，形成了社区、专业社会组织、社会企业典型个案 60 余个，撰写了 150 余万字的访谈转录稿，回收 25 份社区问卷、10 份社会企业问卷。本书就立足于以上实地调研材料，借助社会系统理论、结构化理论、协同治理理论，建立中国特色城市基层社会治理体系的治理结构和治理过程分析框架，总结城市基层社会治理体系的重点机制和主要策略工具。前三章为理论研究，包括文献综述、理论基础、概念界定、均衡治理模型分析，第四至第十章为案例研究，主要对基层社会治理所涉及的党建引领大型社区治理、社区网格化治理、社区协商民主治理、社区互助合作治理、专业社会组织赋能式治理、社会企业经营性治理六项重点机制进行了理论建构和案例分析。

　　本书主要理论创新有六个方面。一是不同于西方国家与社会分立制衡的市民社会二元框架，笔者提出将国家与社会关系中的政党提取出来，把市场带入进来，中国特色国家 - 社会关系是以集体主义和有效治理为目的的国家领导的均衡社会系统建设，包括国家领导的社会与市场、党领导的政府 - 社会 - 市场。二是提炼了党委领导、政府负责、多方共建、监督制约、互助合作、专业赋能、市场经营、智治支撑、法治保障的基层社会治理结构模式。三是提出党建引领大型社区治理应当以党的领导为主线，以居民共治为着眼点，通过战斗堡垒、多方共建、监督制约、互助合作四个战略路径，达到相互强化、内外结合、层层递进地建设社区均衡治理体系的目的。四是提出市场是基层社会治理的动力源泉，应当在市场与社会合作制约的基础上引入市场经营社会理念，发展适应中国社会建设的约束性市场工具和新型市场经济。五是提出中国"社会"包括自治和专业两个方面，要发挥基层组织的基础性、综合性作用，同时利用专业社会组织赋能基层。六是提出社区既是居民情感利益共同体，也是居民集体，要推动居民自治和居民共治，应当在居民切实参与网格治理、协商民主、服务供给的基础上，向党领导的居民互助合作方向推进。

事实上，我之所以研究基层社会治理，还有一个目的，就是从实践总结上论证党领导的互助组织、互助服务、互助保障、互助合作对基层社会治理的重要意义，以此推动互助养老、互助社会发展以及社会认知转变。我认为，一是互助是基层社会治理的基础和核心。以基层自治组织体系为主体的现代互助组织是其基础性的组织形式，要依赖其探索基层社会治理，即便搁置仍需要回头"补课"。二是要充分发挥党建引领的领航和主线作用。中国特色互助是中国共产党领导下的互助，中国特色基层社会治理也是党领导的基层社会治理，需要将党的政治引领、组织引领、思想引领与基层社会治理的价值多元紧密结合起来，探索建设统合动态均衡的基层社会治理系统。三是市场经营是推动互助发展和基层社会治理完善的主要动力。中国已然不是计划经济时代，互助也不可能走党政社企不分的老路，需要主动将人的本能需求和现代化需求纳入治理框架，也需要通过引入市场经营，使其与社会组织相互吸纳、合作制约，以此推动居民共治，探索现代城市互助合作的多元化样态。

回想起来，从事互助养老与互助社会研究已经近 10 年时间，在这期间，很多朋友、老师问我怎么能一直坚持，在不被理解或力不从心时，我也会问自己为什么要坚持，心里默默的答案就是：一份责任与一种坚信。我相信在基层探索出来的经验做法是具有中国特色的、在中国国情下可行的。我既然从事这项研究，就有责任发挥专长，用理论和文字为之努力，让这些经验在更大范围内被熟知、推广、实施。当然，受限于理论储备以及调研所及，我对互助社会的研究还是更多局限于一些提法、观点，国家领导的社会与市场合作制约的多元化模式还需要进一步实践总结和理论提升，这也是我在未来研究中继续努力的方向。

最后，感谢国家社科基金后期资助项目的支持，感谢在回天地区调研期间，给予帮助的北京市发改委回天专班和昌平区发改委回天专班，感谢四年时间走过和走进的回天地区每个街道、社区、社会组织和社会企业，他们的探索、努力是本书理论文字的实践源泉。感谢给予我指导和鼓励的老师，感谢华北电力大学的领导、同事，感谢马倩、李鑫鑫、何浩天、任逸非、李相宜、王炯、徐惟妙、刘文超、朱嘉琪、程舒琦、马可、张伟程、黄民坤、宫正敏、蒋卓彧、华思学等同学，这些同学陆续参与了问卷提纲设计、实地调研、访谈编码、案例撰写、文稿校对等工作。我相信，历史发展有规律可循，能够参与其中备感荣幸，以所思所学为社会发展贡献力量的初心也永不褪色。

写于华北电力大学

2023 年 2 月 22 日

图书在版编目（CIP）数据

社会治理的基层经验：以北京市回天大型社区治理
实践为例／刘妮娜著． -- 北京：社会科学文献出版社，
2023.7
国家社科基金后期资助项目
ISBN 978 - 7 - 5228 - 2034 - 7

Ⅰ.①社…　Ⅱ.①刘…　Ⅲ.①社会管理 - 研究 - 北京
Ⅳ.①D671

中国国家版本馆 CIP 数据核字（2023）第 114788 号

国家社科基金后期资助项目
社会治理的基层经验
　　——以北京市回天大型社区治理实践为例

著　　者／刘妮娜

出 版 人／王利民
责任编辑／胡庆英
文稿编辑／胡金鑫
责任印制／王京美

出　　版／社会科学文献出版社·群学出版分社（010）59367002
　　　　　　地址：北京市北三环中路甲 29 号院华龙大厦　邮编：100029
　　　　　　网址：www.ssap.com.cn
发　　行／社会科学文献出版社（010）59367028
印　　装／三河市龙林印务有限公司

规　　格／开　本：787mm × 1092mm　1/16
　　　　　　印　张：19.5　字　数：308 千字
版　　次／2023 年 7 月第 1 版　2023 年 7 月第 1 次印刷
书　　号／ISBN 978 - 7 - 5228 - 2034 - 7
定　　价／128.00 元

读者服务电话：4008918866